FAZHIZHONGGUO BEIJING XIA DE
SHUISHOU ZHIDU JIANSHE YANJIU

法治中国背景下的
税收制度建设研究

王乔 席卫群 等著

人民出版社

责任编辑:吴炤东
封面设计:汪　阳

图书在版编目(CIP)数据

法治中国背景下的税收制度建设研究/王乔 等著. —北京:人民出版社,
2017.11
ISBN 978-7-01-018282-7

Ⅰ.①法…　Ⅱ.①王…　Ⅲ.①税收制度-研究-中国　Ⅳ.①F812.422

中国版本图书馆 CIP 数据核字(2017)第 233507 号

法治中国背景下的税收制度建设研究
FAZHI ZHONGGUO BEIJING XIA DE SHUISHOU ZHIDU JIANSHE YANJIU

王　乔　席卫群　等著

人民出版社 出版发行
(100706　北京市东城区隆福寺街 99 号)

北京汇林印务有限公司印刷　新华书店经销

2017 年 11 月第 1 版　2017 年 11 月北京第 1 次印刷
开本:710 毫米×1000 毫米 1/16　印张:17.5
字数:250 千字

ISBN 978-7-01-018282-7　定价:58.00 元

邮购地址 100706　北京市东城区隆福寺街 99 号
人民东方图书销售中心　电话 (010)65250042　65289539

目　录

第一章　法治中国背景下税收制度建设概述

第一节　研究背景及意义

一、研究背景

2013年年初，在如何做好新形势下政法工作问题上的一个批示中，习近平总书记首次提出了建设“法治中国”。同年11月，党的十八届三中全会将“推进法治中国建设”确立为我国新时期法治建设的新目标和全面深化改革的重大内容。中国共产党于2014年10月20日至23日召开了党的十八届四中全会，研究推进“依法治国”等重大问题，这是中国共产党历史上首次以“依法治国”为主题的一次全会，全会通过了《中共中央关于全面推进依法治国若干重大问题的决定》(以下简称《决定》)。[①]《决定》中提出要深入推进依法行政，加快建设法治政府。此次党的四中全会，不论在中国共产党历史上，还是在中国法治史上，都是一次划时代的、具有里程碑意义的全会。党的十八届四中全会从“全面推进依法治国”角度对如何推进国家治理体系和治理能力现代化做了比较详细的描述，并将“全面推进依法治国”视为“推进国家治理体系和治理能力现代化”的“必然要求”。从法理上来看,《决定》确立了“依法治国”与“国家治理体系和治理能力现代化”之间的“必要条件”关系，实质上是提出了“国家治理体系和治理能力现代化首先是法治化”的命题。也就是说，没有国家治理

① 赖早兴:《国家治理体系和治理能力现代化的法治内涵》,《光明日报》2014年5月14日。

体系和治理能力的“法治化”，也就没有“国家治理体系和治理能力现代化”。2015 年 10 月，习近平总书记再次提出“法治是治国理政的基本方式”，将坚持依法治国提高到了全新的高度。要实现国家治理体系和治理能力的现代化，需将法治作为推动国家进步、文明的治国方略。法治，作为治国理政的基石，凸显了其在国家和社会治理中发挥的重要作用。它既是对改革开放三十多年法治建设的反思和总结，也是对其的延续和发展，是对三十多年改革开放成果的巩固和保护，更是为党的十八届三中全会开启的我国全面深化改革进行全方位的保驾护航，为“国家治理”打下了坚实的法治基础。

从当前我国经济发展形势来看，经济增速已落入中高速的范畴，淘汰落后产能、产业结构性调整正在积极进行。当前我国经济运行正处于向新阶段“换挡时期”，如何确保顺利、平稳地向“新常态”过渡是我国现阶段宏观调控的重点任务。“新常态”预示着一个更为长远的阶段的到来，从这个意义上讲，维持的难度要高于推动的难度。经济“新常态”下，我国发展面临着多重风险和挑战，也面临着新的机遇，当前我国各方应主动适应经济发展“新常态,”引领经济发展“新常态”，而财政作为国家治理的基础和重要支柱，更应尽快作出相应调整，以适应当前新的经济发展形势，为经济平稳转入新常态和“十三五”顺利开局奠定良好基础。我国税制如何在“法治中国”背景下，紧紧围绕经济发展的主线促进我国经济发展，就成为当前研究的一个重要命题。

依法治税是依法治国的重要组成部分，也是依法治国对税收工作的基本要求，是衡量税收质量的基本标准。因此，如何适应新形势、新变化，加快税收制度建设，就成为本书研究的目标。当前，在以推进国家治理体系和治理能力现代化为目标的同时，我国法治建设应依法全面履行政府职能，完善行政组织和行政程序法律制度，推进机构、职能、权限、程序、责任法定化，对我国税制建设提出了新的明确要求。

二、研究意义

随着改革开放进程的不断推进，我国的经济与社会发展取得了举世瞩目的成绩。随着“四个现代化”的逐步实现，国家治理在法治的轨道逐步走向正轨，具有中国特色的社会主义法制体系逐步建立与完善。目前来看，我国现行的法律制度基本体系已经构建，但在法律执行、实施等方面还存在诸多问题，完整的法治社会意识还未完全建立起来。社会中还存在着诸多社会矛盾，政治领域中的不和谐等问题也比较突出。如：民主选举、民主决策、民主管理和民主监督等制度不完善；经济发展过程中存在着产业结构不均衡，经济效益和社会效益之间存在冲突；文化在社会主义核心价值领域的培育，文化管理、文化建设、文化市场体系和服务体系均存在着不成熟的现象；在生态自然资源的有效利用领域、生态环境的保护领域和生态环境补偿等方面受到社会的质疑，存在着不和谐因素。在现代国家治理制度的形成过程中，不仅要改革不适应时代要求的制度和机制、法律法规，而且要建立新的制度和机制，制定能够反映时代要求的法律法规。不符合时代要求的制度，应当依法废除，符合时代要求的新制度应当依法予以实施。在国家治理能力的现代化进程中，应该以发展实践为基础，加强治理能力建设，根据制度加强法律意识，善用国家制度和法律，将制度优势纳入国家行政效率，提高执政能力和水平。

党的十八届四中全会对“依法治国”作出了全面的重要部署，其中，涉及税收领域多项改革。成熟的政府财政体制，是政府弥补市场失灵、发挥财政职能的基本保障。从分税制改革至今的财政发展历程可以看出，当前的税收体制存在着税制结构与经济发展不匹配、税收法律体系不够完善、税收执法和税收立法有待进一步完善、中央与地方财权与事权不匹配、地方主体税种缺失、税收征管无法适应现代化的需求等，这对我国社会主义市场经济建设造成较大阻碍。而我国当前的税收制度现状也反映了对依法治国的内在需求。政府作为提供公共产品的主体，建立合理规范的税制体系是推动我国财政体制科学化、法治化，深化分税制改革的重要表现，也是从建立社会主义市场经济制度框架迈向公共财政的重要一步。

第二节　文献综述

一、法治与税制建设逻辑关系

（一）法治建设是现代国家治理体系的基石

法治建设与国家关系研究始于20世纪的欧洲，研究者对于法律与国家的讨论主要界于法律与国家“一元论”“二元论”之间。早在1945年，作为一元论的主张者，美籍奥地利法学家凯尔森在《法与国家的一般理论》中提出法治与国家关系一元论，第一次明确了法治与国家关系。一元论强调国家建设与法治建设高度统一性即法律和国家被认为是同一件事物的两个面，国家作为一个政治组织，通过法律行使国家权力。一元论第一次肯定了国家与法律之间存在着高度的内在联系，在寻求法治与国家建设共同发展中具有重要意义。但一元论过分强调国家在法律制定当中的作用，当把国家、法律视为一元的同时可能会将国家作为代替法律发挥作用而忽视法治在国家建设当中的重要作用，限制了法治在国家中建立的成长空间。F. A. 哈耶克（Friedrich August von Hayek）以强调人的无知的知识论和进化的理性主义为理论基础，提出了其二元的法律观和新自由主义法哲学。他提出法治与国家建设二元理论，主张法治与国家建设是两个相互独立的个体，且单独具有各自的独立性，但法律与国家具有紧密的内在关联性；他辨别了两种类型的社会秩序，从中相应地推演出两种不同的社会规则；他强调对保护其所独特界定的最高价值“自由”更为关键的内在规则，而反对外在规则的膨胀和对内在规则的挤压。①

依据我国的基本国情，一些学者也对法律与国家关系展开了研究。李步云（1997）在研究资本主义与社会主义法治建设异同中，认为“依法治国”对于一个国家而言具有全局意义，应作为一项国家治理基本方针来对

① 王保民：《哈耶克的二元法律观及其对我国法治建设的意义》，《陕西省行政学院陕西省经济管理干部学院学报》2004年第18期。

待。资本主义国家需要法治建设，社会主义社会也仍然适用。社会主义法治国家需要建立具有社会主义属性的法律制度，而这种法律制度是治国的方法，应具备社会主义属性——“以公有制为主体，以促进生产力不断发展和实现人民共同富裕为目的”。[①] 卓泽渊（2002）则从法与国家关系一元论和二元论的角度剖析了法治与国家建设的关系，提出“法治国家”是我国经济社会发展的目标，且最终在法治国家的建设过程中向法治社会目标转进，“法治”在国家建设中具有举足轻重的重要意义。[②] “依法治国”是国家长治久安的必要保证和治国的基本方针和政策，需要将法律的功能、属性与现代社会主义社会民主政治、市场经济相结合。法治经济是建设现代社会主义市场经济的必经途径，法律可以规范公平、有序的市场秩序以保障多元经济在市场中自由平等的公平交易，建立现代市场经济只能是选择法治建设作为经济发展的必经道路即法治经济，是市场经济健康发展和正常运转的必备。[③]

近年来，学者们对于法治建设与国家治理的研究从不同角度开展。蓝志勇、魏明（2013）通过对现代化国家发展经验的梳理和政治理论的回顾，探索中国建立现代化治理体系的理论范式，回顾了其他发达国家发展经验，提出当前我国建设社会主义现代化国家治理体系需要顶层设计的同时，还需要不断建立和完善复杂系统，建立起一套完整的理论与实践策略设计。国家建立权威需要民主与法制建设，法治是建立在能够有效提供公共服务、职能机构能够有效管理经济和社会活动的状态上。姜晓萍（2014）站在管理学角度提出国家治理与社会治理要充分发挥民主法治，而建立社会主义国家基本政治制度的根本内容就是要充分发扬民主与法治，民主是国家和社会治理过程中必须坚持的，而法治可以从根本上保证实现民主。[④] 李龙（2014）提出法治体系是国家治理现代化的坚实基础，

① 李步云：《跨世纪的目标：依法治国，建设社会主义法治国家》，《中国法学》1997 年第 6 期。
② 卓泽渊：《论法治国家》，《现代法学》2002 年第 5 期。
③ 李步云：《跨世纪的目标：依法治国，建设社会主义法治国家》，《中国法学》1997 年第 6 期。
④ 姜晓萍：《国家治理现代化进程中的社会治理体制创新》，《中国行政管理》2014 年第 2 期。

更好地推进国家治理体系和治理能力现代化必须以法治体系作为基础和重要支柱，而良好的法治体系是治国之本和强国之路，也是国家促进公平、以人为本、发扬民主的必要基础。现代国家治理体系框架下的法治体系内涵包含“依法执政和完备的法律体系”的核心内容。必须保持法治国家、法治政府和法治社会的一体化建设和促进司法制度建设。[①] 国家司法文明协同创新中心首席科学家、中国法学会学术委员会主任张文显（2014）发表在《中国法学》杂志上的《法治与国家治理现代化》一文剖析了法治与国家治理体系和治理能力两者的联系，提出两者既有内在联系又存在外在契合。在国家治理体系中，法治体现了五大价值：（1）秩序价值。即法律的根本直接目的是维护国家治理，建立和谐稳定有序的社会秩序。（2）公平价值。中国特色社会主义其内在要求就是保障、促进社会公平，解决公众的诉求，这与现代法治所追求的核心价值高度统一。（3）人权价值。人权是公民的基本权利，国家治理现代化的精髓是尊重人权、保障人权，公民对人权的诉求随着国家经济发展不断上升到政治层面和精神、文化层面，而法治是体现这一诉求的途径。（4）效率价值。效率作为社会的核心价值可以通过法治来得到体现，且法治化比人治具有高效和可持续性特点。（5）和谐价值。国家发展必然产生社会矛盾，国家与公民、群体间、阶层间、区域间、国与国之间、公民间都可能产生不和谐，法治是构建和谐社会的基础之一。[②]

（二）法治建设与税制建设逻辑

1. 法治：税收制度建设的依据

谢旭人（2007）提出“法治”应在税务工作中具体体现，依照法律治税是治国的基本方针。从社会发展的进程来看，从原始走向文明的过程中法治建设是建设社会主义和谐社会的根本内容，也是发展的必然产物。当前，我国的税收法治水平还需要全面提高，我国的税收工作应当顺应时代发展潮流，发挥其作为国家经济发展的重要保障作用。税收行政工作最基

① 李龙：《建构法治体系是推进国家治理现代化的基础工程》，《现代法学》2014 年第 3 期。

② 张文显：《法治与国家治理现代化》，《现代法学》2014 年第 3 期。

本的要求——“执法为民”，应为税收工作的宗旨，且需要以法治精神作为指导，法治应当全面贯穿在税收工作的源头与终点。①

2. 法治指导税收制度建设

刘剑文（2010）借用亚里士多德的解释提出法治的内涵：法律本身应当合理制定，已成立且制定良好的法律才能服众。宪法具备的“两性”——公平性和正义性是税法的核心要义。征税的前提必须是在法律的指导下实现税收法定，征税过程贯穿税收法治正是为了确保公民权利。税收制度建设必须以“良法”为指导，“良”以是否具备公平性和正义性为判别标准，宪法以公平正义为基本原则，可以有效保障国民实现自身的基本权利，运用此原则指导税收活动才能体现税收法治。②

3. 税收法治建设促进法治建设进程

北京大学法学院教授刘剑文（2003）研究了日本、英国、法国、美国、意大利等国家宪法，发现发达国家的思想家、理论家们从多个角度强调了法治中的税收问题。在国外研究者的理论基础上，他提出在国家法治进程中，税收的法治性扮演着不可或缺的角色，在当前我国的社会主义市场经济条件下，我国的税收法治问题往往被忽视，税法及税收程序法等的法定可以推动国家法治进程，促进国家法治化的更好实现，是构建法治社会的突破口。③

二、税收制度改革相关理论研究

早在2007年党的十七次全国代表大会上，胡锦涛在《高举中国特色社会主义伟大旗帜　为夺取全面建设小康社会新胜利而奋斗》报告中总结了我国经济和社会发展的新阶段性特征，主要是：国家综合实力增强，但生产力水平还比较低，创新能力还有很大差距，经济增长粗放、产业结构性矛盾的问题依然存在；已经初步建立了市场经济体制，但还存在影响市场经济发展的障碍，进一步深化改革将面临更深层次的矛盾和问题；人民

① 谢旭人：《大力推进依法治税全面提高税收法治水平》，《中国税务》2007年第8期。

② 刘剑文：《贯彻依法征税促进公平正义实现税收法治》，《中国税务》2010年第7期。

③ 刘剑文：《税收法治：构建法治社会的突破口》，《法学杂志》2003年第3期。

生活已经较大程度改善，但还存在较大收入差距并有进一步加大的趋势，城乡发展还不平衡，区域发展存在较大差距，农村发展滞后，还有为数不少的贫困人口及低收入家庭，综合协调及统筹兼顾的工作任重道远。因此，报告认为要促进我国国民经济又快又好发展，就必须深化财税、金融等体制改革，完善宏观调控体系。通过完善公共财政体系，来完善公共服务和推动主体功能区的建设，进一步完善中央和地方财力与事权相匹配的体制建设，完善省以下财政体制，提高基层政府的公共服务能力；加大预算制度改革，加强预算监督与管理，打造透明规范的财政转移支付制度，实行有利于科学发展的财税制度。马洪（1994）研究了社会主义市场经济的内涵及目前所存在的问题及现状，认为改革正从多个方面实施，宏观调控体系已初步形成，发挥了财政货币政策的调控作用；税收体制改革正在探索，一定程度上发挥了税率对经济活动的调节作用。但是，目前财税制度、金融市场领域和国有企业的改革已进入瓶颈期，政府对经济干预的行政色彩过浓，市场机制的作用不能得到充分发挥。现在我国经济运行错综复杂，要解决深层次的问题必须继续强化市场机制的作用。作者建议尽快健全宏观经济调控体系，改变政府对经济的管理办法，由直接管理为主转向间接管理为主，逐步形成宏观调控及财政、金融之间的协调机制；对中央和省及省以下事权和财权进行合理划分。强艺璇（2015）针对我国就业形势不乐观的现象进行了分析，探讨解决当前就业问题的措施，其中包括如何运用财税政策来降低失业率。他认为面对严重的失业形势，要通过税收调整和财政补贴等政策缓解就业难，提高就业率。在税收方面，将税收政策与国家产业政策相结合，促进国家鼓励产业的发展同时吸收安排剩余劳动力，在产业结构的调整下影响劳动的需求结构。通过税收调节来刺激政府和民间投资，促进经济增长，增加劳动就业。同时，针对剩余劳动力和高校毕业生，政府应给予一定的财政补贴、支持创业及再就业的税收优惠政策。另外，还可以通过财政转移支付来促进就业，一是增加这方面的财政转移支付力度，二是有选择地对失业率高、低收入地区增加转移支付。

奥地利维也纳经济大学税法与国际税法研究所教授杰弗里・欧文斯

（2015）认为中国的税制发展应与国家经济发展保持同一条水平线，当前中国税制改革面临着五大挑战，中国政府应当在国际贸易竞争中保护税基，即中国企业和个人意愿在本国合规缴税，且税制的调整要考虑中国从资本输入国向净资本输出国的转变，通过改进税制来改善环境和缩小贫富差距，创建中国主导的国际税收体系。①

吴俊培、张帆（2015）基于税收管理体制的角度分别从宏观和微观两个层面分析我国税收制度存在的问题，提出税制改革设计需要将税收法定主义的基本原则贯彻到税制改革的具体实施方案。宏观层面：当前我国宏观税负较高，我国税收体系划分“有悖”税收中性原则，迫切需要调整宏观税负以保证稳定税负和平衡地方财政收支以加强地方财政管理。目前，税制改革要全面服务于国家经济活动的各个领域，发挥“扩大税基、稳定税负、合理分权及优化结构”的作用，有效地调节资源的合理配置。②

姚春芸（2015）对于我国税制改革发展趋势问题，提出了我国当前存在着税制结构不合理和税收体制不合理两个方面的问题。税制结构不合理主要表现在税制设计、产业间税收负担不均；而税收体制不合理表现在税收征管、监督出现管控漏洞。③

岳树民、尹磊（2015）基于税收能力角度研究了我国税制改革方向，对比税收能力与税制结构、税制体系、征管制度三者的兼容性，通过对比分析了我国的税收能力，提出目前我国税基被忽视导致税制格局失衡，且市场中资源配置受到干扰；评估了所得税、财产税、商品税三大主体税系税收能力，得出财产税系税收能力与税基严重不匹配，企业所得税税收能力较为合理而个人所得税税收能力相对较弱，商品税系应进一步推进营改增从而调节相应税收能力使之相匹配；中央、地方分权的“分成”制约了地方税收能力和税收信息的获取，税收征管和监督能力的落后都成为制约

① 杰弗里·欧文斯、李娜：《税收制度与经济发展保持同步——今后20年中国税制改革面临的挑战》，《国际税收》2015年第1期。

② 吴俊培、张帆：《基于税收管理体制对中国税制改革探讨》，《中央财经大学学报》2015年第1期。

③ 姚春芸：《关于我国税制改革发展趋势的思考》，《人民论坛》2015年第2期。

税收征收能力的限制。[①]

高培勇（2015）在《中国近期税制改革动向与趋势》一文中提出当前国家发展正在经历转折点，税制也应跟随国家发展变化调整改革方向。应当建立与党的十八届三中全会提出的“国家治理体系与治理能力现代化”相匹配的现代化税收制度。其从三个方面提出政策建议：应建立综合与分类相结合的个人所得税制、房地产税的立法、开征遗产和赠与税来逐步提高直接税比重，同时通过“营改增”进一步减少间接税占税收总收入比重；构建规范的地方税可以考虑以房地产税作为“未来”地方税的主体税种，同时推动资源税改革和环境保护“费改税”，增加地方税收收入和占总税收收入的比重；逐步转向现代化的税收征管制度。[②]

李晶（2015）根据党的十八届三中全会对税制改革的基本要求提出了具体的改革方案，从增值税、消费税、资源税、环境保护税、房地产税和个人所得税六个税种和地方税系改革提出了“六点一面”的税制改革具体操作方案；并从完善立法角度提出完善增值税、保证营改增的顺利实施及推进环境保护税立法、税收征管法等相关法律的厘定，确保税收管理有法可依，保证企业税收待遇的平等有效。[③]

三、法治背景下的税制结构研究

马国强（2015）从时序角度和横截面角度重新定义了税制结构，他提出现代税制结构是建立在国家不断发展后的城乡税制一体化基础之上，其特点有所改变，在设置税种、转变税制结构的同时必须依照经济发展流程进行，而不能单纯地讨论直接税与间接税地位转变，现阶段税制结构不能很好地展现各类税制结构特点。优化我国税制结构必须以优化税种组合方式、改善税种相对地位作为比较可行的方案：商品税和所得税分别独立，商品税、所得税主次搭配，所得税、商品税并重进行分配，按照原有各类

---

① 岳树民、尹磊：《基于税收能力视角的中国税制改革》，《中国人民大学学报》2015年第6期。

② 高培勇：《中国近期税制改革动向与趋势》，《国际税收》2015年第1期。

③ 李晶：《中国新一轮税制改革的重点与安排》，《宏观经济研究》2015年第1期。

税制结构的 3、2、1 的值作为标志，并通过五分法模式量化我国税制结构调整的目标，制订改革税制结构的基本方案。① 杨志勇（2014）认为目前以间接税为主的税制结构面临着多方挑战，已经出现不可持续性的问题。从狭义的税制结构和广义的税制结构角度来看，由于境外消费增加倒逼消费税下调，土地收入不断攀升带来的直接税被替代都需要再造增值税、改革个人所得税和房地产税以优化现有税制结构，增加直接税的比重。再造增值税可以通过纳入扩大固定资产作为进项税额抵扣范围进一步发挥增值税中性作用；将原有的一档增值税税率调整为两档；在完善企业所得税制度的同时重点改造个人所得税制度。推进分类与综合相结合的个人所得税制应当作为改革的主要目标。② 郭婧、岳希明（2015）从税制结构促进经济增长角度进行实证分析，并提出了税制结构改革方案。李绍荣、耿莹（2005）认为在现行的税收结构中，税收份额的增加对经济总体会产生规模扩大影响，按照影响大小依次排序：行为税类、资源税类和所得税类；降低经济总体规模的税类依次是财产税类和特定目的税类。研究数据表明流转税类的税收份额对经济总体规模没有显著影响。

李升（2015）基于纵向、横向税负归属视角分析了当前税制结构深层次问题：认为当前我国存在着税负分布不合理、税收功能未完全凸显、地方税体系未发挥正常效率等一系列问题，提出了优化我国税制结构的方案。优化当前税负的分布状况以稳定税负，通过提高个人所得税和房地产税比重来增加直接税比重，构建和完善现行地方税体系，从纵向对税负归属进行进一步优化以促进更为有效率的地方税体系。从近期角度来看，资源税改革作为在企业所得税和增值税进一步调整之后可作为地方税的主体税种；而从长远看，还是应继续以构建消费品支出主导的销售税和针对不动产征税的税种作为地方主体税种。③ 刘虎（2012）从税制结构调整遵照效率与公平角度，分析了收入差距分配过大是造成国家不稳定、社会动荡

① 马国强：《税制结构基础理论研究》，《税务研究》2015 年第 1 期。

② 杨志勇：《税制结构现状分析与优化路径选择》，《税务研究》2014 年第 6 期。

③ 李升：《税制结构优化研究——基于税负归宿的视角》，《税务研究》2015 年第 1 期。

和经济不稳定的原因之一，当前我国税制结构存在着由于高收入者和低收入者的边际消费倾向不同而导致的公众消费税负分布机制不均问题，导致间接税比重过高、财产税缺位严重，没有充分发挥税收的调节功能。[①] 覃毅（2013）以“哈伯格三角”和柯布—道格拉斯效用函数作为理论依据，通过调查 3 万户城镇居民对基本公共品的补偿性需求弹性与价格弹性，测算出增值税产生的超额负担，得出目前我国宏观税负总体偏高、税收负担水平逐步增加，并提出建议：进一步为小微企业减税，减少企业生产、流通环节税收；通过结构性减税和减少税收负担来改进税制结构，进一步增加税制结构弹性，以降低社会净损失以减轻资源配置的扭曲。[②] 谭崇钧、杨默如（2013）采用实际税率与税收比重、企业所得税税率、经济周期消费课税的稳定性，以及公平、效率原则来分析中国近中期的税制结构，提出基于风险抵御能力和兼顾公平效率原则，近中期的税制结构应以消费课税为主以保持消费课税增长潜力。[③] 高培勇（2014）指出税制结构能够反映社会各层次成员间的税收负担情况和分配情况，是国家税收发展文明程度的重要体现。而人类对税收公平、公正的追求从未间断过。我国当前的直接税和间接税结构不合理，无法充分体现税收的公平性原则，与当前我国经济发展与税收发展不相匹配，我国税制结构还需调整。[④] 何茵、沈高明（2009）通过对所得税类和流转税类研究发现，通过收集个人所得税、营业税、增值税与企业所得税等数据对中国的经济发展水平产生的影响的同时，借鉴阿诺德（Arnold，2008）的模型，在考虑了不同税种税收负担加重分别对经济发展产生副作用变化量的基础上得出结论：增加企业所得税和营业税对经济增长的消极作用最小，与其他税种相比而言，增加个人所得税的税收负担对经济发展影响的副作用最甚，而后则是增值税。刘溶

① 刘虎：《税制结构与收入分配——理论、现状和建议》，《税务研究》2012 年第 11 期。

② 覃毅：《我国现行增值税的超额负担——兼论税制结构效率》，《经济学动态》2013 年第 3 期。

③ 谭崇钧、杨默如：《中国近中期税制结构分析——坚持以增值税为本》，《财政研究》2013 年第 2 期。

④ 高培勇：《由适应市场经济体制到匹配国家治理——新一轮财税体制改革基本取向的讨论》，《财贸经济》2014 年第 3 期。

沧、刘拴友（2002）等分析不同的税种影响我国的劳动、消费支出及资本收入程度，并寻求一种有效的途径征税。通过模拟有效税率与经济增长的关系及影响程度，发现资本征税对经济增长有一定负效应；对劳动征税，总效应应是降低经济增长；对消费征税，不妨碍或弱促进经济增长。

四、法治背景下的分税制研究

楼继伟（2013）在《中国政府间财政关系再思考》一文中，立足国情对我国财税改革进行深入的探讨，提出了一系列对未来财税改革有启示意义的观点。回首1994年分税制财政管理体制改革，他认为此次改革奠定了最近20年中国经济社会发展的基础，政府间财政关系的基本框架得以确立。我国财政能力在过去二十年不断增强，财政收入也大幅提升，GDP占比从10%增至20%，为政府调控能力奠定了良好的财力基础。中央财力在这二十年也不断增强，改变了过去中央和地方的财力比例，保障了中央的宏观调控能力。但这种体制也存在缺陷并一定程度地导致了土地财政的形成。楼继伟认为1994年所确定的“财权与事权匹配原则”在2007年分税制改革变成“财力与事权匹配”，这有助于解决地方财力困难的问题，但同时也缺乏财权的激励作用，因为财权更能调动“中央和地方的积极性”，如果采用“财权、财力与事权相匹配”则更好。此外，根据近年数据看，中央拨款在地方每年花费的钱中占比过大，因此需要巨大的税收返还和转移支付，而资金转移会带来效率损失和加剧地方政府跑部要钱，也不易形成对地方政府资金节约的约束机制。而要解决这种转移支付规模较大的弊端，楼继伟提出有两种思路：一是扩大中央事权；二是下移财权和财力，扩大地方财权。因此，必须通过税制改革来配合解决中央和地方的分权难题，通过重构税制体系来调整政府间的财政关系，例如地方政府可以在履行必要流程后开征符合当地特征的税种，可以赋予地方对地方公共服务有关的地方税种调整税率的一定权限。①

① 楼继伟：《中国政府间财政关系再思考》，中国财政经济出版社2013年版，第20—31页。

财政部财政科学研究所课题组（2010）提出中国财税体制改革的总体思路是：深化财税体制改革、财政预算管理改革和财政管理体制改革，通过财政层级的减少来促进省以下分税制的改革；在发展中牢牢秉持科学发展观促进增长方式转变。按照简税制、宽税基、低税率、严征管的原则，形成以流转税和所得税为主，财产税、资源税及其他特定目的税类为辅的复合税收体系。此外，通过财政管理体制改革来提高财政资金分配和使用的效率。具体建议为：(1) 建立财力与事权相匹配的财政体制，积极推进财政扁平化。通过减少省以下的财政层级来推动政府层级的减少，对各级政府的事权进行划分，尤其是在公共领域一些交叉或重叠的事权划分，逐渐减少县乡级政府的事权和支出责任，在完善分税分级财政体制方面，要按照三级基本架构原则来塑造。(2) 优化政府间财政收入的划分，进一步完善地方税体系。通过地方税体系的充实，来增加地方税收，进而保障地方公共服务的能力。稳步推进房产税、城市建设税和资源税改革，以调节收入差距。(3) 完善财税政策措施，促进经济增长方式转变和科学发展观的落实。在改革中要遵循简税制、宽税基、低税率、严征管的原则，优化税制结构，完善以流转税和所得税为主体税种，财产税、资源税及其他特定目的税类相互配合的复合税制体系，规范健全财税制度，充分发挥税收筹集国家财政收入和调节经济、调节收入分配的作用，推动经济发展方式转变和和谐社会建设。(4) 深化财政管理制度改革，尽管我国通过改革预算管理制度已经初步建立现代预算管理制度，初步完善了公共财政体制框架，但财政资金分配运作机制并不完整。财政资金分配和使用的规范性、安全性及有效性在实际运作中并不理想。要更好地发挥财政职能，应进一步对国库管理制度、政府采购制度和财政预算分配机制进行改革，建立完整的财政资金分配、使用和管理机制，以提高财政资金的规范、安全和有效性。此外，还需要对政府预算管理制度的各个环节进行改革创新，以进一步实现财政资金使用和分配的规范性、安全性和有效性。①

---

① 财政部财政科学研究所：《中国财税体制改革的战略取向：2010～2020》，《改革》2010年第1期。

国内不少学者结合最新形势，分析了目前财税体制的问题，并提出建议或者制度设计。李齐云（2013）对新的形势下事权和财权的具体含义进行了重新定义，他认为事权就是如何对公共职责进行界定与划分。按照这个内涵，他认为构建财政体制的前提是合理划分政府的事权，使事权与财力相匹配尤为关键，这也必然要求进行税权配置。而要达到区域均衡发展的目标，宜选择分税种共享税的方式进行税收分享。而对省级政府应给予其有条件的举债权，对省以下宜采用命令式模式的财政体制。而财政转移支付制度方面要重视完善省以下财政转移支付，试点以横向转移支付制度来保证地区间财力均衡及匹配政府的事权与财力。[①] 贾康（2013）设计了“分税制”改革的三级框架模型，论述了该模型的改革目标及优化要领，模型的前提是各级政府职能合理界定，整个框架由预算体系、中央转移支付地区间横向支付及财政体制等因素构成，这些因素互相配合、互相作用并形成反馈，目标是建立规范、系统、透明的预算体系、上下贯通三级分税分级的财政体制以及因素法为主的中央地方转移支付、生态补偿的地区间横向支付，构建一级政权，搭建一级合理事权，呼应一级合理财权，配置一级合理税基。贾康还提出应大力研究财政税收等各项制度的创新以及设计合理的激励约束机制。[②] 马万里（2013）对现有财税体制理论进行了分析，在此基础上进一步研究了我国财力与事权匹配财税体制。他认为目前体制存在的问题有：财政支出的下移加剧了地方财政收支不平衡；地方政府债务膨胀，拖累了经济增长；相关法制尚不健全；地方税萎缩导致财政自主性的降低。因此，作者从政府事权划分、完善地方税体系及优化转移支付结构等多方面提出了针对性的政策建议。

长期以来，学者对包括分税制在内的政府经济学领域的研究都是运用主流经济学的分析范式，包括理性人、模型均衡，在严格遵循一系列假设基础之上进行研究。而越来越多的学者开始采用新的分析工具，如实验经济学、博弈论、行为经济学等分析工具，加速了该研究领域的创新。谭建

① 李齐云：《建立健全与事权相匹配的财税体制研究》，中国财政经济出版社 2013 年版。

② 贾康：《深化财政体制改革，建立现代财政制度》，《深圳特区报》2013 年 12 月 3 日。

立（2010）通过建立数量控制模型，在对财政收入、财政支出、国内生产总值三者关系研究的基础上，进而对中央政府和地方政府收入划分和支出划分对社会公平的影响进行了实证分析，根据分析结果指出了目前政府财权事权划分所存在的问题，并针对性地提出了对策和建议。其研究发现，每年经济增长 1%，城市基尼系数降低 0.16%，这说明经济发展的同时，收入差距在减小。但对滞后一年期的变量进行分析发现，经济发展对基尼系数为正影响，即经济增长 1%，城市基尼系数增长 0.14%，这说明经济增长在即期会一定程度减少收入差距，但是长期效应却是扩大收入差距，也就是城市收入水平并不能通过现有转移支付改善。另外，数据分析发现，净转移支付每增加 1%，即期城市基尼系数增加 0.0015%，滞后期增加 0.0027%，也就是现有转移支付水平并不能改善城市收入水平，1994 年税费改革没有给发达地区带来政策好处的原因是当时中央地方转移支付致力于缩小地区间经济差距，而发达地区虽然收入差距大但人均收入高。而实证结果表明经济增长不仅没有减小农村收入差距反而进一步加重。统计表明，经济增长 1%，当期农村基尼系数降低 0.089%，滞后一期增加 0.0068%。导致此现象的原因与城市问题类似，但区别在于农业比工商业发展速度慢，导致了农村收入差距并未因为经济发展而得到明显缩小。因此，根据以上分析，作者提出应通过控制中央向地方纵向转移支付的总量，其占全国财政支出总量的比重应控制在 32.9%左右，同时中央转移支付到各地区的总量百分比也对应控制。[①] 余可（2008）则在分税制条件下，对地方财政支出结构与经济增长的关系进行了研究。他拓展了德瓦拉坚（Devarajan）、斯次若普和邹（Swaroop & Zou，1996）的经济模型的分析框架，在宏观生产函数中加入中央财政支出与地方财政支出变量，并建立了分税制下地方财政支出结构与地区经济增长的经济计量模型，通过使用结构突变检验技术和协整检验等方法对我国大陆各地区数据进行计量分析和空间经济计量分析，分析得出结论认为：只有当地方和中央财政支出结构

① 谭建立：《中央与地方财权事权关系研究》，中国财政经济出版社 2010 年版。

二者实现结构互补时，地方财政生产性支出才能够促进地区经济增长；否则，地方财政生产性支出与地区经济增长的相关性不显著甚至具有负效应。

有学者试图对分税制较成熟的发达国家进行研究，运用其先进经验来启示我国分税制的发展与改革。李海、张达芬（2014）分析了英、法、德、美分税制的现状，总结其分税制的共同特点，结合我国目前分税制存在的问题，提出了相关建议：完善中央和地方政府间事权和支出责任划分的法制建设，合理配置中央及地方政府的财力与事权，构建房产税等地方税主体税种，通过规范透明的转移支付制度来缩小地区间的差距。不少学者就我国纵向财政不平衡的问题，提出应增加地方税比重或者强化地方税体系等建议。[①] 朱青（2010）对此观点却持反对意见，他通过国际比较发现，包括一些发达国家在内的国外地方政府自有财源与支出之间存在缺口也很常见，而且其经验表明如果扩大地方政府的财权和税源，反而可能会加大地区间财力差异。因此，他认为我国不仅不应该减少共享税比重，而且应该继续完善其相关制度，并从完善转移支付制度、改进分税办法和明确中央在公共服务领域支持责任等角度提出了有益的政策建议。[②]

五、法治背景下的地方税研究

我国地域辽阔、人口众多、地区发展不平衡，当前，我国正处在转型、升级、调结构的关键时期，地方政府承担的政治经济职能繁重，因此，科学合理地构建符合我国国情的地方税体系，实现事权与财力的基本匹配，直接关系到地方政府的执政能力与公共服务的提供水平，这也是我国深化财政体制改革乃至全面改革的重要组成部分。党的十八届三中全会明确提出“深化税制改革，完善地方税体系”。1994 年分税制财政体制改革后，关于地方税的理论探讨和实践探索始终没有停止。而我国现行地方

① 李海、张达芬：《分税制国际经验介评——以英、法、德、美四国分税制为例》，《税务研究》2014 年第 11 期。

② 参见朱青：《从国际比较视角看我国的分税制改革》，《财贸经济》2010 年第 3 期。

税体系整体架构存在许多不合理的地方，一些问题的解决迫在眉睫。我国学术界早在20世纪80年代就对地方税的问题进行了研究讨论，这对之后产生的“分灶吃饭”的地方财政现象产生了重要的推动作用。而从1994年分税制财政体制改革以来，关于地方税体系的讨论逐渐成为我国学术界的重要课题，主要基于以下几方面的讨论：随着地方财政问题不断显现，学者们对地方财政体制的思考近年来不断增多，且众多学者从不同角度积极探讨了地方税体系的改革和完善问题。

奥茨（Oates，1999）提出，地方税主体税种可以设计为地方政府收入的主要来源——财产税，以更好地发挥地方政府提供主要公共品的职能，税种设置的前提是各项职能应在中央与地方政府间合理划分，以更好地实现政府职能。① 世界著名的银行专家罗宾（Robin Boadway，2001）等在马斯格雷夫的研究基础之上提出了特定税种的划分原则，将研究的视角置于地方税体系主体税种设置的基本理论、原则等方面。② 诺雷加特（Owens-Norregaard，2001）通过研究“描绘”了地方税主体税种的特征，认为地方税课征的税基应基于受益原则，税源具有稳定性且不能在中央政府与地方政府间自由流动，不同税源在不同地域间表现出显著的差异性，由于差异性导致的不同政府实行税收征管的税务行政效率不同。与此相对应，英国学者大卫（David，1992）对地方政府征税时应避免的几种情况进行研究，他发现：地方政府不应征收高额累进税、税基流动性大的税种、税收容易转嫁给非本地居民的税种以及不直接为本地居民所察觉的税种也都不适宜征收。威尔逊（Wilson J. D. T.，1999）对美国的财税体制做了进一步研究，设计了美国实行分税制的具体实施方案，认为三级政府分别应将所得税、财产税和销售税对应作为本级政府的主体税种。③

国内学者对地方税研究的展开主要分为以下几类：

① Gates，“An Essay on Fiscal Federalim”，*Journal of Economic Literature*，1999.

② Robin Boadway，“Inter-Govemmental Fiscal Relations the Facilitator of Fiscal Decentralization”，*Constitutional Political Economy*，No. 12，2001.

③ Wilson J. D. T.，“About the Perfection and Development of Enterprise Income Tax Law”，*Social Sciences*，No. 11，1999.

一类研究是就财税政策在特定问题和特定行业上的应用角度进行研究。徐桂庭（2015）从政府经济学角度对职业教育资源配置方式进行研究，他认为政府应该有所为和有所不为，平衡市场调节和政府调控机制，将如职业教育等有关公共产品的决策权下放到最低决策单位，实行地方分权，通过地方税及财政补贴等机制合理引导并充分发挥地方的积极性，因地制宜地引入市场竞争，增加消费者的选择空间，让“看不见的手”在“看得见的手”的引导下，恰如其分地发挥作用，是职业教育长久发展和日益兴盛的必由之路。①

也有学者从实证角度，对地方税进行了数据分析。袁飞、陶然（2008）根据数据研究，认为近年来我国财政体制收入与支出不平衡的问题越来越严重，呈现出中央收入集权和支出下移地方的局面。这直接导致中央转移支付比例的不断上升，地方财政对上级转移支付的依赖性越来越强。迫于财政压力，地方政府不断增加地方税费项目以满足日益增长的支出，在一些西部地区地方政府可支配财力中，中央补助所占的比重已经超过了50%。他们利用县级面板数据和工具变量研究转移支付规模和财政供养人口增加的关系发现，随着财力增加，对落后地区的转移支付确实较大幅度增长，但在目前没有一个机制来保证上级财政资源得到合理高效的利用，反而导致地方政府人数增加和财政供养人口比重上升。因此，他们认为无论选择哪种转移支付都会有两难处境，深层次原因是我国没有一个财政上更分权、行政管理上基层政府参与更深的管理体制。②

也有不少学者对地方税现状进行分析，并对完善地方税体系提出政策建议。李升（2012）首先对地方税体系的各个构成部分进行了现状分析，分析发现，地方税权存在局限性，只能在税率指定范围内进行选择，省级及以下政府无法对经济主体税负作出有实质影响的决策，导致与财力并不

---

① 徐桂庭：《政府经济学视角下的职业教育资源配置方式的演进与思考》，《中国职业技术教育》2015年第27期。

② 袁飞、陶然、徐志刚、刘明兴：《财政集权过程中的转移支付和财政供养人口规模膨胀》，《经济研究》2008年第5期。

匹配，同时缺乏从法律角度对地方税权配置进行整体安排的思路和框架。另外，省及省以下地方政府缺乏主体税种，对共享税收依赖度较高；从纵向财力配置上看，地方财力与其事权不匹配问题日益凸显。他建议赋予省级政府适当的税政管理权，如开征区域性特征明显的地方税种房产税、环境税等；合理界定各级政府间的财力，调整和优化中央与地方税收收入划分，如改革增值税扩围；深化分税制改革，遵循财力与事权相匹配原则，逐步确定各级财政的主体税种；科学、合理地改革地方税种，完善地方税制，如推广资源税和房产税改革及重构个人所得税制度。[①] 杨斌（2006）对学术界现行的几种地方税体系存在依据的研究理论进行分析，认为这些理论均不能解释目前我国地方税存在的必要性。例如“福利改进说”在经济发展不均衡时，公共产品提供和成本分担在“用足投票”机制下不一定能实现平衡；“国际借鉴说”也不能作为依据，因为各国政治经济制度、发展程度及历史文化背景决定了各国分税制和地方税体系没有唯一的模式可以借鉴；而不少持“一级事权一级财权一级税权说”观点的学者认为，西方分税制是绝对的收支对称即纯粹的分税体制，这是一种误解，因为各国都存在纵向或横向财政平衡机制且税权集中、事权分散；“地方无税权导致收费泛滥说”所提的地方滥用收费权并不是因为地方没有征税权，实际情况是地方政府拥有几乎不受限制的征税权，因为对老百姓来说，政府所征的“费”和“税”并没有不同。他还设计了符合我国国情的非对称型分税制，即中央税占全部税收总额的大部分、地方支出占全部财政支出大多数，他认为这种模式既能便于中央宏观调控，又有利于调动地方积极性。[②] 贾康、梁季（2014）认为我国地方税主体税种缺失，存在营改增后地方政府税收收入大幅下降无法满足支持需求、共享税比例划分不合理等一系列问题。针对这些问题，他们提出了一系列切入重点，首先应在近期和中期，以消费税和所得税为主来组成地方税税基，在远期以财产税和消费税为主来组成地方税基；其次，通过下放地方税税权等方式来加强地方

① 李升：《地方税体系：理论依据、现状分析、完善思路》，《财贸经济》2012 年第 6 期。

② 杨斌：《完善我国分税制，合理划分税收管理权限》，《经济研究参考》2006 年第 7 期。

政府的激励机制；再次对可纳入地方税体系的主体税种进行改革，如推行营改增，加快资源税改革，完善二手房交易和租赁税，将车辆购置税归入汽车消费税，推进环境费改税以及适时推进新一轮个人所得税改革；最后，还应构建涉税信息共享机制等。[①] 郭庆旺、吕冰洋（2013）认为分税制改革后，地方税对促进我国经济增长发挥了重要作用，但也产生了一些不良影响，这些不良影响对经济发展的制约作用越来越明显。一是由于一些重要的地方税种在生产环节征收，会促使地方政府盲目扩张产能，导致生产过剩和破坏环境；二是一半的营业税收入来源于建筑和地产，因此，容易促使地方政府有推动地产投资和房价上涨的冲动；三是由于企业而非个人是地方税的主要纳税主体，使得地方政府更倾向于向企业提供支持保护，不利于转变政府职能。针对这些问题，作者认为应该理顺事权分配关系、政府与市场的关系以及税和非税的关系。在此基础上，作者构建了两个地方税体系的方案，其认为新方案的关键是开征零售税、将个人所得税纳入地方税和改变增值税分成规则。[②]

戎生灵（2005）在《中外地方税比较》一书中，从几个维度构建了地方税理论的框架图，并通过对中外地方税收制度、行为背景、改革变化进行系列研究得出相应的结论并提出改进我国地方税收体制现状的政策建议。[③] 财政部（2007）出版的《地方税改革与税收政策研究》一书对地方税体系及其内涵进行了理论脉络的梳理。邓子基（2007）编写的《地方税系研究》通过对地方税研究的相关文献进行梳理，在其他相关学者的研究基础上进一步深入阐述了地方税体系在构建过程中所存在的技术改进、制度变迁等问题。[④] 刘尚希（2013）认为构建地方税基本格局的基础前提就是了解地方税的真正内涵，对其进行系统性分析及具体界定。[⑤] 刘佐（2011）在地方税改革研究的基础之上，对新时期的地方税体系进行了进

---

① 贾康、梁季：《我国地方税体系的现实选择：一个总体架构》，《改革》2014 年第 7 期。
② 郭庆旺、吕冰洋：《地方税系建设论纲：兼论零售税的开征》，《税务研究》2013 年第 11 期。
③ 戎生灵：《中外地方税收比较》，中国经济出版社 2005 年版。
④ 邓子基：《地方税系研究》，经济科学出版社 2007 年版。
⑤ 刘尚希：《当前需要正确认识地方税》，《中国财经报》2013 年 8 月 20 日。

一步的探索，研究的重点领域主要是关注与民生利益密切相关的房产税。[①]贾康（2005）指出地方财税体制是国家财政体制的重要组成部分和中央对地方财政体制的贯彻和延伸，改进地方财政收入状况、缓解基层财政困难具有明显的迫切性。[②]

关于地方税权划分的讨论。在财产税立法权方面，谷成（2006）认为在当前经济形势下，财产税的立法权应进一步下放，财产税的相关法律应由我国最高立法机关制定，监督权与实施细则的制定应当交由省级人大常委会负责制定。最高立法机关应赋予省级政府一定的税率、税收优惠政策、税目的制定及建议权。[③] 汤贡亮（2008）认为中央与地方政府对税收权进行合理的分配有利于中央和地方进一步的税收划分，有助于不同地区采取差异性的经济发展策略以及保障税制统一，税收立法权的分配一般都应在宪法中作出明确规定。[④] 朱丘祥（2008）认为自1994年分税制改革以来，中央政府在整个税权分配中起到主导的作用，中央政府在进行税权分配时欠缺对地方政府利益的考虑，没有相关的法律依据和科学的事实依据，造成与地方政府争夺税收利益的不良结果，从而地方政府的利益受到了一定的损害。[⑤] 汤贡亮、何杨、李俊英（2012）研究经济合作与发展组织成员国经验，提出以中央政府税权为主体的前提下，在部分范围内放开地方政府的税收管理权对于中国地方税体系的完善具有一定的借鉴意义。汤贡亮等（2012）指出，全国人大常委会应逐步上收税收的立法权，保持税收法律制定的权威。授权下级政府应制定行政条例等加以规范，并应进一步强化立法监督。[⑥] 匡小平、刘颖（2013）基于税制改革制度变迁与税权划分路径依赖视角，提出地方税制进一步改革方案需突破路径依赖产生

---

① 刘佐：《宏观税负调整》，《税收经济研究》2011年第1期。

② 贾康、白景明：《关于中国分税分级财政体制安排的基本思路》，《经济学动态》2005年第2期。

③ 谷成：《财政分权下的中国财产税改革》，《经济理论与经济管理》2006年第8期。

④ 汤贡亮：《完善我国地方税收法律制度的建议》，《涉外税务》2008年第5期。

⑤ 朱丘祥：《中央与地方行政分权的转型特征及其法治走向》，《政治与法律》2009年第11期。

⑥ 汤贡亮、何杨、李俊英：《借鉴OECD成员国经验完善我国地方税税权划分》，《涉外税务》2012年第1期。

的低效锁定，应采用适度分权的政策，妥善处理好中央与地方间税权划分配置，所得税和财产税等地方主体税种应着重培养以增强地方政府财政自给能力，在税权配置过程中立法、执法和收入分配等方面不应由中央政府全权包揽，而应更多地让地方政府参与进来，具体划分标准为：对宏观经济发展、社会稳定影响较大在全国范围统一开征的税种如企业所得税、增值税由中央统一立法；全国统一开征且对地区经济发展产生影响的税种，如房产税、城镇土地使用税及城建税等税种，在中央制定基本法律法规的前提下，税收征管、执法、实施、调整解释等权限由地方制定细则；地域性且收入受限税种可由各省级人民政府通过省级人民代表大会制定实施。①

关于地方税主体税种选择的研究主要分成以下几派：支持以财产税作为主体税种的学者观点。李波（2006）认为财产税较之其他税种有其显著特点：一是能够为政府筹集稳定可靠的收入，财产税与间接税如增值税等税种相比较，有其独特的优越性——透明化，因此其能促进政府高效、透明地使用财政资金及规划支出，并使得支出能够控制在有效的范围内；二是财产税需要对财产价值进行有效评估，且由专门的技术部门负责监控，能够有效规避风险。刘蓉（2005）也赞同将财产税设置为地方主体税种，并设计了财产税改革的具体架构。其认为财产税的收益性质、均衡稳定财政收入、提高征管效率等特点决定着财产税适合作为中国地方税主体税种。② 秦蓉（2005）则认为，在目前中国的经济情况下，房产税应成为地方税的主要税种之一，而经济发展速度、经济效益状况、人均额度情况，可作为地方政府选择主体税种的判断标准。③ 叶少群（2005）提出，地方税的两大支柱应该是财产税和土地税，因为它们具有税基宽广、收入规模较大、弹性适中、税基稳定、符合利益原则等特点。④

郭庆旺、吕冰洋（2013）认为，“营改增”背景下，地方税制建设面

---

① 匡小平、刘颖：《制度变迁、税权配置与地方税体系改革》，《财经问题研究》2013 年第 3 期。

② 刘蓉：《我国政府间税收竞争的形成条件、框架及其规划》，《税务研究》2005 年第 5 期。

③ 秦蓉：《浅谈地方税体系的构建》，《皖西学院学报》2005 年第 2 期。

④ 叶少群：《论地方税主体税种》，《闽江学院学报》2005 年第 2 期。

临两大问题亟待解决：政府间财政关系与地方税系重构。而完善地方税系的前提是厘清政府与市场、政府与政府间、税收收入与非税收入的关系。地方税主体税种建设可以实施两套地方税主体税种方案：(1) 零售税+个人所得税+房产税；(2) 增值税分成+个人所得税+房产税。地方税系重构的关键是改变增值税分成规则或开征零售税，在营业税进一步退出历史舞台的同时改变房产税和个人所得税的归属。① 随着我国在国家治理和制度建设的不断推进，靳继东（2015）在对研究国家治理现代化中地方税体系进行研究得出：当前地方税制度建设复杂而牵涉面广，地方税体系建设应着重着眼于政策制定的整体性、协同性和系统性，地方税制建设以主体税种建设为主的同时应防范财政能力可能引致的财政风险，稳定地方税收收入，压缩地方非税收入。

六、法治背景下的税收征管研究

宋京津（2014）从经济学角度剖析了税收征管的市场基础有效理论，认为应将委托代理理论、纳税人的权利保护和关系契约理论作为税收征管法契约、价值观和主体三大基础，当前我国传统型税收征管制度需要向现代性积极转型，税收征管法的修订能够促进相关法律法规制度的配套完善，强化法律在税收征管中的执行力度。完善我国现有税收征管法对规范我国税收的缴纳和征收、保障税收收入和保护纳税人合法权益具有显著作用，并能有效促进我国社会与经济的发展。②

在税收征管实务方面，林雄、陈孟媛（2010）对现行税收征管在执行和实施中存在的问题进行研究，提出现行税收征管中在强制执行方面存在的五大问题：(1) 税务机关执行税收征管未被赋予冻结欠税人银行存款的权力；(2) 税务机关应当被赋予对非生产经营性纳税人强制执行的权力；(3) 增加对留置送达文书标准作具体规定的权力；(4) 税收征管中存在着

① 郭庆旺、吕冰洋：《地方税系建设论纲：兼论零售税的开征》，《税务研究》2013 年第 10 期。
② 宋京津：《税收征管法修订的经济学分析》，《税务研究》2014 年第 2 期。

滥用职权的空间，未被法律限定；(5) 未对欠税人的知情权作出具体规定。[①] 樊勇、赖先云（2008）针对现行税收征管法问题，提出我国目前税收征管法律需要修订的以下几方面内容：从保护纳税人合法权益的角度来改善征税人与纳税人间征管关系，保护纳税人合法权益，规范纳税人权利与义务，提高纳税条例的完整性；现行税收征管法存在着对偷税行为无统一的处罚标准，且处罚标准存在着上限高、幅度宽的问题，对税收违法行为存在着法律空白等问题，应明确税收征管法的实施细则；完善税收法律制度包含税收追征、税收的强制执行和保全制度。[②] 包雪（2014）认为电子商务发展使得电子商务税收征管遇到了新瓶颈，电子商务不断发展给税收征管带来了新挑战和新要求，因此电子商务环境下税收征管建设是现有税收征管法治的有益补充，电子商务的健康发展也能体现税收征管的公平性和合理性。[③] 陈国英（2015）提出税收征管体系的现代化建设是当前我国税收工作的重要载体，严密、科学、有效的税收征管体系能够促进旧税收征管格局改造，并对能有效解决实际工作中的难题具有较强的现实意义。[④] 陈隆（2015）认为税收征管的“旧常态”体现在结构失衡、能力欠缺、效力低下、方式单一等方面问题。[⑤] 陈兵、程前（2015）认为，未来税收征管信息化水平和“以票控税”水平建设将尤为重要，加大建立和健全电子交易凭证、监管及涉税信息的有效收集能够更有效地促进税收征管的现代化、信息化与法治化。[⑥] 崔文秀（2013）认为税务组织的扁平化与垂直管理并行和建立高绩效税务组织是提升税务组织绩效管理水平的重

---

① 林雄、陈孟媛：《税收征管法中亟待解决的若干税收强制执行措施问题》，《涉外税务》2010 年第 11 期。

② 樊勇、赖先云：《现行〈税收征管法〉中需要修订的若干问题》，《税务研究》2008 年第 10 期。

③ 包雪：《电子商务环境下税收征管体系的完善研究》，华中师范大学，博士学位论文，2014 年。

④ 陈国英：《打造新型征管格局　推进税收征管体系现代化》，《中国税务》2015 年第 2 期。

⑤ 陈隆：《国家治理体系和能力现代化框架下税收征管“新常态”的构建》，《税收经济研究》2015 年第 2 期。

⑥ 陈兵、程前：《〈税收征收管理法〉修订下网络交易税收征管问题解读——以第三方平台管控为中心》，《上海财经大学学报》2015 年第 4 期。

要环节。①

七、研究动态评述

根据对法治背景下税收制度研究方面的相关文献梳理，本书在研究中将主要解决以下三个方面问题。

（一）研究立意有升华空间

随着人们对国家治理能力的研究，如何加强法治建设以构建现代国家治理体系等问题成为深入探讨的话题。税收作为国家治理的重要手段，如何科学定位，实现税收法治的研究还需进一步加强。

（二）规范的政府权责关系要求进一步完善分税制税收管理体制

建立科学的分税制税收管理体制，规范各级政府之间的权责关系也是我国建立现代税收体系的一个重要组成部分。现有研究从理论和实践多个角度，较为全面地涵盖了相关分税制税收管理体制完善的各方面内容，对分税制税收管理体制的完善起到了很好的指导作用。然而，大部分文献研究偏重从社会学或经济学角度进行分税制管理制度完善的研究，缺乏对其进行跨学科理论上的综合研究。

（三）法治政府的建设对税收征管提出了更高要求

长期以来，我国税收征管实质上采用的是“税收计划契约+固定工资契约+分成契约”的混合体，对于这一现象，目前大多数文献主要从新制度经济学中的交易费用理论出发，分析政府在选择征税合同时的选择，但其研究大都局限于对包税制的分析与解读。因此，如何进一步推进我国税收管理的法治化进程、如何在一个统一的框架下分析税收计划契约的利弊得失、如何评判税收征管的绩效等问题均有待于进一步研究。

① 崔文秀:《如何提升税务组织行政绩效水平》,《税务研究》2013 年第 8 期。

第三节　研究思路和研究方法

一、研究思路

通过分析当前经济新常态背景下研究税收制度建设的重要意义，梳理国内外专家、学者在该研究领域内的基础理论、学术研究史、税制改革、理论前沿、实证研究等文献，在充分了解学者们所作研究的基础之上确立本书的研究脉络。

本书沿着法治背景下的税收制度建设理论分析框架，深入探讨现代国家治理体系的时代特征、多元协调构架、体系及优势，分析了法治中国的内涵及对税收制度建设的要求。在基于法治背景视角下分析我国现行税制建设现状及缺陷，提出法治背景下的税制结构优化、分税制建设、法治背景下的地方税建设及税收征管建设的政策建议。

二、研究方法

（一）文献分析与归纳演绎研究方法

本书搜索现有关于税制体系的经典文献，梳理不同学者、不同学科对于现代税制体系的内涵、功能定位、目标、制度框架等的观点。在梳理国内外现代税制体系相关文献的基础上，结合我国国情，服务于国家治理体系和治理能力现代化目标，综合运用经济学、财政学、政治学、社会学、公共管理学、法学等多学科的研究成果和方法，对完善和构建我国现代税收制度体系进行系统研究。通过对相关研究学者的研究动态进行梳理，了解地方税研究的当前的学术动态与理论前沿，较全面地、系统地了解和掌握地方税制改革的当前研究状况，为本书的后续研究奠定了理论基础。

（二）经验问题比较研究方法

本书在两个方面运用比较研究的方法。首先，在介绍国外实践经验时，就同一问题，对中外的实践进行比较，分析总结中外的经验；其次，在提炼中外经验时，将比较我国税制实践与国际先进经验，以总结出可资借鉴的更符合我国实际的现代税制体系制度建设方案。

（三）定性分析研究方法

定性分析法将贯穿本书研究的全过程。在收集一手资料后，对一手资料进行定性分析，归纳和总结出国内外税制建设的先进经验。此外，在对国内外实践经验进行比较的同时，也运用定性分析的方法对相关做法的优劣进行归纳。

（四）模型分析与实证研究方法

在本书研究中，运用统计年鉴数据以及调研数据等，分析税制改革的成本和收益；借助于 Matlab 进行数值模拟等经验分析方法，提高政策判定的有效性，从而为税收制度的构建创造更好的条件。

三、研究难点

（一）辩证地处理好法治中国、现代国家治理以及依法治税等概念的逻辑关系

多学科辩证地研究现代国家治理体系依法治税税制体系的内涵与外延、本质、特征；税制结构优化与现代治理国家体系和依法治税的逻辑关系；分税制税收管理体制与依法治税的逻辑关系；税收法治、税收征管与现代治理国家体系的逻辑关系是本书重点研究的几个问题。

（二）税收制度重构面临多重关系待解

如集权与分权的关系、税制统一与地方税权的关系、税负稳定与结构性减税的关系、事权划分与财权（税权）匹配的关系等。如何在理论和理念上正确处理好这些关系，无疑是当前税收制度重构研究的难点。

（三）税收制度重构触及面广

税收制度的重构涉及现有制度的完善、新制度的建立，触及面广，涉及不同部门、不同人群权利和利益格局调整，涉及制度、技术、管理等多层面的问题，这些无疑增加了本书研究的难度。

（四）国际经验与我国如何结合

如何恰当地借鉴国外经验并与我国国情相结合，从而建立起符合中国国情、政情的税制优化理论、发展路径是本书的难点之一。

第四节　研究结构和体系

一、技术路线图

以“法治中国建设”为背景，以“完善税收法制”“完善分层治理”为突破口，以实现税收中性、税收法治、税收公平、税负稳定为出发点，沿着“法治中国的内涵与税制体系的逻辑关系—优化税制结构—建立规范的分税制税收管理体制，厘清中央和地方财权、事权与支出责任关系—重构规范的地方税体系—健全税收征管法制建设”的技术路径展开研究（如图 1-1 所示）。

二、分析框架

本书主要分五个部分，总体框架结构安排如下：

第一部分：法治中国的内涵及对税收制度建设的要求。

运用治理理论，通过历史和制度比较分析，在理论上厘清法治建设是建立现代国家治理体系的基本要求，以及税制建设在打造“法治中国”中的重要地位和作用。具体包括：现代国家治理体系的内涵、要素；现代税收制度的特征和要义；现代税收制度与国家治理体系、国家治理能力和法治中国的关系；当前我国税制体系重构应坚持的税收法定主义原则等。在此基础上，指出税收法治需要从优化税制结构、完善分税制体制、地方税体系和税收征管体制着手。

第二部分：法治背景下的税制结构优化。

首先，通过国际比较分析税收结构发展的一般规律；其次，梳理我国税制结构发展状况，指出其存在的缺陷；最后，基于法治中国建设的要

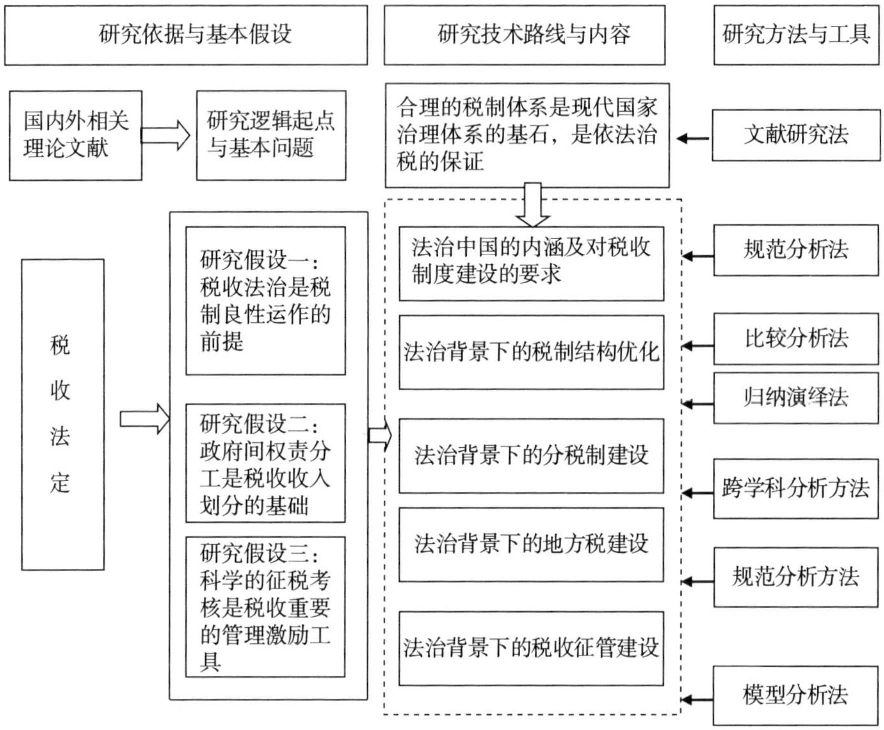

图 1-1　项目研究技术路线

求，明确我国税收结构优化的目标及方向。

第三部分：法治背景下的分税制建设。

首先，明确中央与地方财权、事权与支出责任规范的原则；其次，合理划分中央与地方的财权、事权和支出责任的范围；再次，明确税收立法权、执法权和司法权的模式；最后，在借鉴国外分税制税收管理体制构建做法的基础上，提出完善我国事权与财权相匹配的分税制税收管理体制思路。

第四部分：法治背景下的地方税建设。

建立规范的地方税是税收法治的重要内容。随着"营改增"的推进，重构地方税体系，体现各级政府财权、事权与支出相匹配原则，就成为税制改革的重头戏。为此，本部分首先明确构建规范的地方税体系的原则，其次分别从中央与地方各级政府两个层面探讨各级地方政府主体税种的选择。按照中央、省、县三级财政的思路，首先需解决省一级的地方税主体税种问题，其次再考虑县级财政的地方税主体税种的选择。在打造地方主体税种的基础上，推进资源税、环境保护税等税种的改革。

第五部分：法治背景下的税收征管建设。

随着经济全球化发展，现行税收征管模式面临着一系列的挑战，离法制化要求还有较大差距，尤其是依法治税和依法纳税有待加强，纳税人权益保护有待规范，税收法制环境有待优化。因此，实现税收征管法制化建设需要多管齐下。在借鉴其他国家经验的基础上，深化税收法治理念，完善税收法律体系，提升公民纳税意识，完善税务救济制度，完善税收征管模式，优化税收法治环境，以适应“法治中国”建设的需要。

第五节　创新及不足

一、创新之处

（一）问题选择的创新

党的十八届四中全会《决定》中指出要“全面推进依法治国”，本书从法理视角深入探寻了现代国家治理体系涉及政治体制、经济体制、文化体制、社会体制、生态文明体制、党的建设等各领域的体制、机制、法律法规安排，研究了治理能力现代化涉及的治理主体、治理理念、治理内容和治理方式等内容。在实现税收服务于国家治理能力现代化的目标上，选择了通过税收制度重构达到“完善税收法制”为突破口，以实现税收法治。这一研究的切入点紧贴当今社会的关注焦点，抓住了问题的实质，与以往的相关研究相比具有创新性。

（二）学术观点的创新

从跨学科的研究视角，提出了与国家治理能力提升相匹配的税收制度建设新模式，提出了基于税收法治原则的税制体系重构新思路。

（三）研究方法的创新

通过经济学、财政学、政治学、社会学、法学、公共管理学、历史学、计量经济学等多学科研究视角，采用理论研究、比较分析、实证研究、计量模型等相结合的研究方法和研究工具，进行科学、系统、全方位的研究。

二、不足之处

本书研究过程中，因受研究水平和其他客观因素的局限，还存在着一些不足，有待在今后的研究中加以改进。

（一）数据收集有待加强

本书的研究主要以理论分析和政策分析为主，而在数据的实证分析方面主要侧重于税制结构的优化，在分税制体制、地方税体系和税收征管方面的实证研究还有所欠缺。如果能进一步通过收集数据，对政策效应进行实证检验，研究会更具意义。

（二）研究内容有待深入

本书通过多学科交叉融合，运用归纳演绎法、比较分析法、定性和定量分析等方法从“税收法治”角度探讨我国税收制度建设中存在的问题，并着力分析税制结构、分税制体制、地方税体系、税收征管等建设中存在的问题，但由于研究内容宏大，研究的力度还有待加强，“税收法治”与“法治中国”和“国家治理”的逻辑关系也有待进一步挖掘。

（三）政策建议还需斟酌

本书基于“税收法治”的目标提出了促进我国税收制度建设的建议，但这些建议是否可行还需进一步论证，可操作性和针对性也需进一步提高，这些都需要在今后的研究中继续加强。

第二章　法治中国的内涵及对税收制度建设的要求

第一节　法治中国建设：国家治理体系现代化的必由之路

一、国家治理与现代国家治理体系

（一）治理与国家治理

1. 治理和善治

（1）治理。

“治理”（governance）的概念源于古典拉丁文和古希腊语，原义是控制、引导和操纵之意。传统上，“治理”就是统治的意思，长期以来与“统治”（government）一词交叉使用，并且主要用于与国家的公共事务相关的管理活动和政治活动。[①] 1989 年世界银行首次使用“治理危机”一词，用于描述当时非洲的政治、经济和社会状况。自此以后，“治理”一词被广泛运用于政治学、经济学、社会学等各个领域。通过在治理前面加上限定词而衍生的词汇大量产生，如“全球治理”“公共治理”“社会治理”“地方治理”“社区治理”“危机治理”“多层次治理”“多中心治理”“网络治理”“没有政府的治理”等。治理的理论与实践已波及社会、经济、政治生活的方方面面。

① 俞可平：《治理与善治》，社会科学文献出版社 2000 年版，第 2 页。

一般意义上，我们可以把“治理”理解为：人们按照一定的目标或者价值，对人、事、物进行的控制、管理活动，它包括统治、管理的意思，但不能等同于“统治”和“管理”。治理理论的主要创始人之一詹姆斯·N. 罗西瑙在《没有政府统治的治理》中将治理界定为一种由共同的目标支持的活动，这些管理活动的主体未必是政府，也无须依靠国家的强制力来实现。① 格里·斯托克则指出：“治理的本质在于，它所偏重的统治机制并不依靠政府的权威和制裁。治理的概念是，它所要创造的结构和秩序不能从外部强加；它发挥作用，是要依靠多种进行统治的以及互相发生影响的行为者的互动。”②

在治理体系中，政府治理的作用主要体现在：一是制度供给。政府所提供的有关制度，决定着社会力量能否进入、怎样进入公共事务治理领域，并且对其他治理主体进行必要的资格审查和行为规范。二是政策激励。在某些公共事务治理领域，即使政府主动开放，社会力量也往往未必会主动进入，尤其是公共物品的生产领域，这就需要政府采取相应激励政策措施。三是外部约束。公共事务治理也需要“裁判员”，政府应依据法律和规章制度，对其他治理主体的行为进行监督、仲裁甚至惩罚。③

（2）善治。

“善治”一词的正式定义来自于联合国、世界银行、国际货币基金组织、经济合作与发展组织（OECD）等。例如联合国开发计划署认为：“善治是政府、公民、社会组织和私人部门在形成公共事务中相互作用，以及公民表达利益协调分歧和行使政治、经济、社会权利的各种制度和过程。”善治就是使公共利益最大化的社会管理过程。

善治概念的提出，赋予了治理理论更多的价值色彩，使治理不仅仅是关涉谁治理和如何治理的工具理性，而且也对治理如何有了一整套价值评

① ［美］詹姆斯·N. 罗西瑙：《没有政府统治的治理》，江西人民出版社 2001 年版，第 45 页。

② ［英］格里·斯托克：《作为理论的治理：五个论点》，《国际社会科学杂志（中文版）》1999 年第 1 期。

③ 陈广胜：《走向善治》，浙江大学出版社 2007 年版，第 124—125 页。

价目标，从而使治理具有工具性和价值性相统一的特征。善治的本质特征在于它是政府与公民对公共生活的合作管理，是政治国家与社会的新颖关系，是两者的最佳状态。[①] 善治所包含的价值，诸如民主、自由、法治、责任、公开、平等是人类社会的共同追求。国家治理是不是善治，关键看治理的目的、机制、方式和方法。西方的治理更强调社会的作用，强调政府放权和向社会授权，实现多主体、多中心治理，并且主张社会自我治理以及社会组织与政府的平等共治。在中国的语境中，善治远远超出了西方学者赋予的语义，其本质特征：一是以人为本，二是依法治国，三是公共治理。

2. 国家治理

国家治理是一个开放性和系统性的概念。从横向上可以把国家治理分为经济治理、政治治理、社会治理、文化治理和生态治理。从纵向上可以把国家治理分为基层社会治理、地方治理和全国性的治理等。从治理主体来看，国家治理强调多主体，执政者及其国家机关是主体，广大人民群众也是治理主体，还有其他各类经济组织、社会组织都是参与主体。

国家治理涉及三个基本问题：由谁治理？如何治理？治理的效果如何？

（1）由谁治理——治理的主体。

国家治理体系是由政治权力系统、社会组织系统、市场经济系统、宪法法律系统、思想文化系统等构成的有机整体。治理强调合作与参与，以主体多元化为显著特征。我国国家治理主体主要包括：中国共产党的各级组织、各级人民政府、各类社会组织以及广大人民群众。第一是作为执政党的中国共产党的各级组织。在实现中华民族伟大复兴的伟大征程中，党的领导始终处于整个治理体系的政治核心地位，因此中国共产党的各级组织是国家治理最重要的治理主体。第二是各级人民政府。推进国家治理体系和治理能力现代化需要从中央到地方的各级政府来完成，各级政府在经

① 俞可平：《治理与善治》，社会科学文献出版社 2000 年版，第 8—9 页。

济建设、政治建设、文化建设、社会建设、生态文明建设等国家治理体系的各个领域发挥第一责任主体的作用。第三是各类社会组织。社会组织对社会治理有重要的协同作用，在推进国家治理体系现代化过程中，应该加大社会组织的培育力度，构建政府与社会组织之间良好的伙伴关系，让更多的社会服务功能交由社会组织来承担，将更多的公共资源和领域向社会组织开放，这是由政府一元管理向多方参与治理转变，构建政府、社会、市场良性互动的国家治理格局的必然选择。第四是广大人民群众。国家权力向公民回归，吸纳公众参与社会治理，实现社会善治，是国外治理的普遍做法，是人类社会发展的必然要求。

（2）如何治理——治理的机制。

相对于传统的统治，治理所强调的是具有现代民主政治和参与特征的善政良治；相对于一般的管理，治理所强调的是具有人性关怀和互动构建的公行良序。因此，治理机制首先体现为一定的价值理念，其次涵盖一系列的方法，治理机制包括价值和方法两个维度（张小劲、于晓虹，2014）。[①]

首先是治理的价值维度。根据世界各国的治理经验，治理需要包括以下价值理念（俞可平，2012）：一是合法性，即社会秩序和公共权威被自觉认可和服从；二是法治，即法律是公共政治管理的最高准则，在法律面前人人平等；三是透明性，即政治信息的公开；四是责任性，即管理者应当对自己的行为负责；五是回应性，即公共管理人员和管理机构应该对公民的要求作出及时和负责任的回应；六是有效，即管理者应当有很高的效率；七是参与性，即公民广泛的政治参与社会参与；八是稳定，即国内的和平、生活的有序、居民的安全、公民的团结、公共政策的连贯等；九是廉洁，即政府官员奉公守法；十是公正，即不同性别、阶层、种族、文化程度、宗教和政治信仰的公民在政治权利和经济权利上的平等。我国的国

① 张小劲、于晓虹：《推进国家治理体系和治理能力现代化六讲》，人民出版社2014年版，第57页。

家治理也体现了以上价值理念。①

其次是治理的方法维度。治理的方法体系主要包括法律、行政、道德、教育、协商等手段，涉及那些联结政府与社会、官员与公众的技术与方法。例如，治理要求完善协作机制，加强主体间沟通、合作、协同；治理包含网络化的信任和互惠机制；治理需要健全责任机制，厘清治理主体的权责配置；治理需要强化监督机制，形成科学有效的制约机制；治理需要完善信息交流机制，构建透明运作型的国家治理模式等。

（3）治理效果——治理的评估。

科学有效的治理评估机制对于衡量国家治理效果至关重要，治理评估的目的在于改善治理，推动民主治理，引导治理改革。中国国家治理的评估体系既需要借鉴国际经验，也应体现中国特色，反映中国国情，评估体系必须以科学发展观、社会主义和谐社会、中国特色社会主义政治文明、全面建设小康社会、建设创新型国家、建设生态文明等为重点，应注重将民主、法治、公平、效率、责任、透明等作为评价指标。有学者认为，中国治理评估框架应包含12个基本内容，即公民参与、人权与公民权、党内民主、法治、合法性、社会公正、社会稳定、政务公开、行政效益、政府责任、公共服务、廉洁。②

（二）国家治理体系和治理能力现代化

国家治理包括治理体系和治理能力两大维度，涉及经济、政治、文化、社会、生态文明等各领域。衡量治理体系和治理能力是否现代化，可以通过如下一些标准（俞可平，2013）：（1）公共权力运行的制度化和规范化。推进治理体系和治理能力现代化，要求政府治理、市场治理和社会治理有完善的制度安排和规范的公共秩序。（2）民主化。推进治理体系和治理能力现代化，要求公共治理和制度安排必须保障主权在民或人民当家做主，所有公共政策要从根本上体现人民的意志和人民的主体地位。

① 俞可平：《敬畏民意——中国的民主治理与政治改革》，中央编译出版社2012年版，第128页。

② 俞可平：《国家治理评估——中国与世界》，中央编译出版社2009年版，第122页。

(3) 法治。推进治理体系和治理能力现代化，要使宪法和法律成为公共治理的最高权威，在法律面前人人平等。(4) 效率。推进治理体系和治理能力现代化，要使国家治理体系有效维护社会稳定和社会秩序，有利于提高行政效率和经济效益。(5) 协调。现代国家治理体系是一个有机的制度系统，从中央到地方各个层级，从政府治理到社会治理，各种制度安排作为一个统一的整体相互协调，密不可分。①

二、国家治理体系现代化与法治中国建设

改革开放以后，我国的法治建设不断深化，法治进程不断推进。党的十五大提出“依法治国”，此后提出“依法行政”，建设“法治政府”。党的十八大报告强调，依法治国是党领导人民治理国家的基本方略，法治是治国理政的基本方式，要更加注重发挥法治在国家治理和社会管理中的重要作用，全面推进依法治国，加快建设社会主义法治国家。2013 年 2 月，习近平总书记在中央政治局第四次集体学习时强调：“全面推进科学立法、严格执法、公正司法、全民守法，坚持依法治国、依法执政、依法行政共同推进，坚持法治国家、法治政府、法治社会一体建设，不断开创依法治国新局面。”② 党的十八大之后，习近平总书记就做好新形势下政法工作，提出“法治中国”的概念。党的十八届三中全会把完善和发展中国特色社会主义制度、推进国家治理体系和治理能力现代化作为深化改革的总目标，并明确提出推进法治中国建设。

所谓“法治中国”，是指法治主体在法治信念与法治精神的导引下，以法治思维和法治方式制约法治的客体，实现全体人民平等参与、平等发展的权利，通过提升中国在全球的法治竞争力实现国家发展的根本价值。法治中国建设与国家治理体系、治理能力现代化具有密切关系。没有法治，就不可能有成熟、定型的制度，就不可能实现党的十八大提出的“道

---

① 俞可平：《沿着民主法治的道路，推进国家治理体系现代化》，凤凰网，2013 年 11 月 30 日。

② 《习近平总书记系列重要讲话读本》，学习出版社、人民出版社 2014 年版，第 81 页。

路自信、理论自信、制度自信”。世界各国现代化的历史也已经证明，现代国家都是法治国家，都以法治为本，国家一切事务、政务无不以法律为根据。可以说，离开法治的轨道，就不会有现代政治，也不会有现代国家。因此，“法治中国”概念的提出，既借鉴吸收了人类共同的法治文化遗产，也反映了中国法治的发展规律，契合法治普遍原理。

我们可以从不同的维度理解法治中国的含义：(1) 从纵向维度，法治中国包括国家法治、地方法治和行业法治。(2) 从政府与社会关系维度，法治中国是涵盖法治国家、法治政党、法治政府、法治社会等层次的概念，或者说，法治中国涵盖经济法治、政治法治、文化法治、社会法治和生态文明法治等领域。(3) 从治理的维度，需要从治理的主体、目的、原则等方面全面理解法治中国建设。从治理主体看，建设法治中国，就必须明确政党、政府和人民群众均为治理主体，强调治理主体的双向性。从治理目的看，建设法治中国，就是要坚持人民的主体地位，法治应当以人为出发点和归宿点。从治理原则看，建设法治中国，就是要强调和充分体现实质平等、实质正义。从治理依据看，建设法治中国，就是要强调良治善治，法治中国建设追求的是实质法治，要以“良法”求“善治”。从治理的依托看，强调依法治国和以德治国相结合。宪法法律居于最高地位，是治国理政的最高权威规范。但是“法”有其局限性和弱点，“德”可以弥补“法”的弱点和不足，因此在治国理政中还要坚持依法治国和以德治国相结合，把以德治国作为依法治国的基础和依托。

具体地，法治中国建设包含以下要义：(1) 维护宪法权威。这是建设法治国家的核心要义。宪法作为国家基本法律秩序的基础和公民的基本生活规范，其核心精神是规范公共权力运行，保障公民基本权利，是凝聚社会共识、维护社会稳定、维护国家利益的基础，也是整个法律制度体系的根基。(2) 加快法治政府建设。这是建设法治中国的关键。法治政府必然是责任政府，必须坚持“法无授权不可为、法无禁止即自由”，这是确定公权力和私权力的一条重要原则，也是划定政府权力范围界限的依据。(3) 推进法治社会建设。这是建设法治中国的固本之举。“人人守法”是全民守法的基本要求，必须弘扬法治精神，建设法治文化，形成守法光荣、违法可耻的社会氛围。(4) 坚持党的领导。这是建设法治中国的根本保证。把坚持党的领导贯彻到推进依法治国，加快法制中国建设的全过程，是社会主义法治建设的基本经验。

三、国家治理法治化：国家治理体系现代化的必由之路

推进国家治理体系与治理能力现代化，必然要求推进国家治理的法治化，这是国家治理体系现代化的题中应有之义。改革开放以来，我国各项治理制度的创新发展始终与法律制度体系的建构、法治进程的发展同步。社会主义市场经济是法治经济，社会主义民主政治是法治政治，法治已经成为我国的治国方略，法治已经成为中国共产党执政的基本方式。党的十八大指出，必须运用法治思维和法治方式治国理政，这些科学论断和丰富实践充分表明，国家治理体系现代化的过程也就是国家治理的法治化过程，法治化是国家治理体系和治理能力现代化的必由之路。

(一) 国家治理体系法治化

国家治理体系本质上就是国家制度体系。中国特色社会主义国家治理体系是由一整套制度构成的，包括以中国共产党党章为统领的党内法规制度体系、以党的基本路线为统领的党和国家的政策制度体系、以宪法为统领的法律体系及由法律体系构建起来的法律制度体系。

这套制度体系，从治理事务角度，包括有关改革发展稳定、内政外交国防、治党治国治军等治理制度；从治理活动角度，包括治理主体制度、治理权能制度、治理程序制度、治理评价制度等。国家治理制度只有上升为宪法和法律，实现法治化，才能定型化、精细化，才能增强执行力和运行效率。从治理制度法律化的路径看，党和政府先是以党内法规和政策的形式确认其治国理念、治国经验、治国方略、治国原则，待这些党内法规和政策在治国理政的实践中进一步成熟后，再通过立法程序将其上升为法律，由宪法和法律加以定型。法律化、定型化的政策作为国家治理制度，具有更广泛的普遍性、长效性和可诉性。

（二）国家治理能力法治化

进入21世纪以来，国家治理的社会历史条件和国内国际环境都发生了重大变化，社会利益格局发生深刻变动，不同的利益阶层和利益群体不断形成和分化。与此相应，全社会普遍认同的统一的道德观念和道德规范已缺乏坚实的经济和社会基础；同时，人民群众的法治观念、权利意识、维权动力普遍增强。作为社会共识最大公约数的法律，理所当然地在国家治理中起着主导作用，实行法治合乎规律地成为治国理政的第一选择，成为政治文明发展的时代潮流。这就要求在国家治理中必须遵循法治的规律和原则，不断提高运用法治思维和法治方式治国理政的能力，摒弃人治思维、运动思维。

善用法治思维和法治方式治国理政，必须把法治理念、法治精神、法治原则和法治方法贯穿到政治治理、经济治理、社会治理、文化治理、生态治理、治党治军治国等国家治理实践的全过程，逐步引导全体国民形成“办事依法、遇事找法、解决问题用法、化解矛盾靠法”的法治观念，形成法治建设的良好社会氛围，这是国家治理体系和治理能力现代化的必然选择，也是法治中国建设的现实要求。

第二节　推进税收法治：法治中国建设的必然要求

一、税收法治的内涵与要义

（一）税收法治的内涵

如果说法治的核心是限制国家权力，保障公民权利，那么税收法治就是法治原则在税收领域的集中表现和具体运用。税收的本质是一种分配关系，是政府为保障履行公共服务职能，提供公共产品和服务，凭借国家强制权力对公民财产权的必要“侵占”，是公民为获得政府提供的公共产品和服务所付出的“对价”。但是，国家的这种强制性权力（国家征税权）的范围和界限应得到合理和有效控制，才能有效避免国家征税权与公民私有财产权的矛盾冲突，而税收法治是现代法治国家有效防范和处理这种矛盾冲突的基本理念，依法治税则是防范和处理这种矛盾冲突的基本框架。

税收法治是法治中国建设的重要组成部分，是法治中国建设的重要突破口。具体来说，税收法治的内涵有以下几个方面：

第一，税收法治是一种重要的法治形态。传统上，我们一般把税收理解为“国家对国民的财物的一种征收”，或“国家凭借国家政治权力无偿地征收实物或货币所形成的特定分配关系”（“国家分配论”）。基于“国家分配论”，税收的出现和存在，主要是出于国家作为“暴力工具”的存在，或基于组织国家财政收入的需要，对于税收的这种认识本身没有错，但这种税收概念与法治的要求有一定距离。更为重要的是，基于这种税收概念的“依法治税”与基于法治概念的“税收法治”有本质区别，“依法治税”只是“税收法治”的手段。在法治背景下，有必要将税收进行重新界定，应从“国民为获得公共物品和服务而支付的对价”的角度理解税收，从现代国家治理的法治形态角度界定税收法治，才能准确理解税收法治的丰富内涵。

第二，税收法治是一种税法理念、原则、价值。作为理念、价值、原则的税收法治，不能等同于一般意义上的税收法制（税法）。税收法治需要通过税收法律制度来落实，税收法制是实现税收法治的途径、手段或措施，而税收法治作为一种理念和价值观，为税收立法、执法、司法提供总的指导方向，是税收法制的灵魂。税收法治的前提是税收“良法”，但只有具备灵魂的税收法制才是“良法”。税收法治是“良法”之治，这与“依法治税”具有重要区别。区别税收法治与依法治税，关键不在于法律的有无与执行的好坏。税收法治既包含了对什么是“良法”的判断，也包含了对如何制定和执行“良法”的原则和程序的要求。

第三，税收法治的基本要求是“限制权力”和“保障权利”。税收法治强调税法的至上性、连续性、稳定性，排斥任何个人或单位的任意征税或免税行为。同时，法律的制定和实施以权力和权利为核心内容，税法也应以税收权力和纳税人权利为核心内容。税收法治不仅需要确立税法在税收中的权威地位，更要求对税收权力作出必要的制约，而对纳税人权利则要提供充分的保障，制约与保障两者相辅相成，因为没有对权力的制约就不会有对权利的保障。税收法治就是要从政治制度、法律制度等多方面对各种涉税权力进行最大限度地限制。

（二）税收法治的要义

综上所述，税收法治是指在税收“良法”的前提下，对征税权进行充分制约，税法权威得到树立，征税机关的权力、纳税人的权利得到确认与有效保护的一种法治状态，具有以下几个方面的要义：

第一，税收良法得到确立。所谓税收“良法”是指在充分行使民主权利的条件下，体现纳税人共同意志而制定的税收法律。在这个意义上，人们遵循税法，就是遵循自己的意志。

第二，税收立法权得到制约。在宪法框架下，税收立法权在宪法中予以明确规定，税收司法审查制度得到完善，成为制约税收立法权的主要举措。

第三，税收执法权得到制约。表现为税收征管机关严格依法治税，充分遵循税收法治理念，为纳税人提供充分、高效的服务，充分保障纳税人的基本权益。

二、税收法治：法治中国建设的必然要求

（一）税收法律制度是规范税收行为的利器

税收法治是国家治理现代化的重要内容，因为在国家（政府）权力体系中，财政资源的支配权力是国家权力中最核心、最具有实质意义的权力。税收作为连接国家与公民之间的纽带，取自于公民及其家庭的收入和财产，位列于私有财产权之后，只有法律制度能够构成对国家（政府）财政税收行为的约束，也只有约束了这部分权力（税收权力），才能有效约束国家（政府）的其他权力。

纵观税收制度发展，无论是古代社会还是现代社会，税收都具有宪法和法律意义，因为国家和政府自身并不创造财富，税收手段对于国民财富

的再分配、占有、使用，其正当性只有通过宪法和法律进行规范和约束，宪法和法律必须对国家财富的来源、使用、支配问题，以及谁在使用国家财富，及其程序性、合法性等作出规范。总之，现代税收制度的确立需要在法治精神下进行，税收制度改革也需在严格的法律程序下展开。

（二）税收法定原则是法治理念的有力彰显

税收法定主义原则与现代国家相伴而生，植根于市场经济和法治社会的土壤。纵观人类社会发展史，在封建社会，税收作为维护封建统治的物质基础，不过是帝王、君主的私财。在计划经济国家，尽管存在税法，但是税收仅仅作为任由国家汲取、分配、使用的国家财产，还难以体现税收法定的核心要义。只有在市场经济国家，税收作为“文明的对价”的地位和纳税人权利才得以彰显，税收法定原则才获得广泛的理念基础。在国家治理体系现代化背景下，贯彻税收法定主义原则的过程，就是法治理念、法制原则和方法在税收领域得到不断体现和运用的过程。在税收法治理念回归与制度转型的双重背景下，税收法律体系才能真正展现其作为公共财产法、纳税人权利保护法和收入分配正义法的强大生命力，进而为经济的持续健康发展、社会的公平正义和国家的长治久安筑牢财政基石。

长期以来，尤其是在我国计划经济条件下，税收法定主义并没有得到充分的尊重和重视，政府、理论界和社会公众对税收法定原则的理解一度出现偏差。在推进法治中国建设的进程中，必须高度重视运用法治思维和法治方式处理政府与纳税人、立法与行政、中央与地方等多种复杂关系。因此，只有建立起了科学的、高效的财税体制，才能切实实现资源配置的优化，维护市场的统一，促进社会的公平正义，为实现经济持续健康发展和国家的长治久安提供制度保障，而科学的财税体制，其本质就是财税法治，是要通过对公共财产的科学、法制化的治理，最大限度地实现国家、社会、市场、公众利益的平衡。

（三）税收法治是法治中国建设的必然要求

从近现代法治进程、法治水平提升和税收法律变迁来看，一个国家税收领域的法治状况，往往深刻地影响着整个社会的法治水平，引领着其他领域的法治进步。在这个过程中，税收执法者的法治理念、纳税人的法治观念和权利意识，都会直接影响税收法治水平的提升。

1. 税收法治与法治中国建设内在契合

税收与法治的内在契合性自法治原则确立之日起就已形成。在近现代民主、法治诞生和成长的过程中，税收成为国家治理体系中最先推行民主、法治的领域。税收法治与法治中国建设的内在契合性，决定了税收法治在法治中国建设中的基础性地位。很显然，各级政府和税收征管机构是税收法治建设的主体，但同时纳税人也是税收法治建设的主体，只有两个主体良性互动，建立和谐的税收征纳关系，税收法治才有可能顺利推进。

2. 税收法治深刻影响社会法治水平

税收法定主义对于近代法治主义的逐步形成和牢固确立，起到了重要的先导作用。近现代法治的最终确立是从各国制定宪法或宪法性文件开始的，这些宪法或宪法性文件无一例外地强调了税收法治的重要性。《英国权利法案》申明，"国王不经国会同意而任意征税，即为非法"。《美国宪法》第 1 条规定，"一切征税议案应首先在众议院提出，但参议院得以处理其他议案的方式，表示赞同或提出修正案"。《法国宪法》第 34 条规定，"征税必须以法律规定"。《日本国宪法》第 84 条规定，"课征新税及变更现行的税收，必须依法律或依法律确定的条件"。《意大利宪法》第 23 条规定，"不根据法律，不得规定任何个人税或财产税"。这些宪法或宪法性文件关于税收的规定，可以抽象为"税收法定主义"。"税收法定主义"这一宪法原则，科学地界定了纳税人和国家、征税机关之间的法律关系，在法律面前，纳税人依法纳税，征税机关依法征税，国家依法取得财政收入，而法律的确立又是基于纳税人同意。这样，"依法办事"这一法治的核心要求在税收领域逐渐确立起来并延伸至其他领域。

3. 依法治税是依法治国的现实要求

税收法律体系是否科学、完备，税收法律能否得到有效实施，税收法律关系是否和谐，直接反映着依法治税水平，直接影响国家治理现代化水平。党的十八届三中全会从推进国家治理体系和治理能力现代化的高度，对税制改革作出部署。需要指出的是，税收的职能和作用已远远超越经济领域，全面拓展到包括经济、政治、文化、社会、生态文明建设等诸多领域，因此在“五位一体”战略布局中，税收治理作为国家治理体系的重要基础和支柱，将更加全面深入地参与到国家治理的各个方面。

4. 税收法定是依法治税的重要基础

党的十八届三中全会《决定》指出，“财政是国家治理的基础和重要支柱”。纵观世界法治史，法治的历史渊源与征税权的关系密切，因为宪法的产生与征税权紧密联系在一起，即宪法要规定由谁征税，谁来确定如何征税，世界各国的法治由此起步。可见，从历史的逻辑来看，我们今天所要持续推进的依宪治国、依法治国事实上是从税收法定原则的确立开始的。税收法定的实质，一方面是必须限制公权，避免税收征管权的随意扩大；另一方面要保护私权，防止个人、企业等市场主体的财产权益受到非法侵害。税收法定对于形成合理的市场经济秩序，促进经济的可持续发展至关重要，因为如果税收法定原则不能落实，税收具有不确定性，经济主体就无法形成合理预期，税收的不确定性甚至随意性将导致投资预期的不确定性，这将导致经济运行的不确定性。

第三节 推进税收法治需处理好的若干关系

按照加快推进法治中国建设的要求，必须在更深层次、更高水平上推进税收法治。推进税收法治，首先要落实税收法定原则，加快推进税收制度改革和税收法律体系完善，提升税法层级和效力，加快建立与国家治理体系和治理能力现代化相匹配的科学完备的税收法律制度体系；通过科学完备的税收法律制度，科学界定政府（国家）与市场之间、中央与地方之间、不同层级政府之间、税收征纳之间等的税收经济利益关系，具体地，应在推进税收法治进程中着重处理好以下问题。

一、优化税制结构

税制结构反映着社会不同群体间、各阶层间的税收负担和分配关系，是税收公平性、公正性的重要体现，也是国家税收发展文明程度的重要体现。从发达国家税制结构变迁的历史来看，由间接税为主的税制结构过渡到以直接税为主的税制结构，是历史发展的必然趋势。从税制中最重要结构关系，即直接税和间接税结构关系来看，当前我国直接税和间接税的结构不合理，表现为货物和劳务税（流转税）比重过高，而所得税比重偏低，不仅导致税制的调节功能受限，而且无法充分体现税收的公平性原则，与当前我国经济发展与税收发展也不相匹配。党的十八届三中全会提出建立与“国家治理体系与治理能力现代化”相匹配的现代化的税收制度，为此必须完善立法，通过建立综合与分类相结合的个人所得税制、完善房地产税制、开征遗产和赠与税等，通过逐步提高直接税比重，推动税制结构的渐进优化。

二、完善分税制体制

从成熟法治国家分税制的实践看，政府间的分税（分权）都有明确的法律制度保障，例如：对政府间财权税权的划分有明确的法律规定，一般都在宪法或基本法中体现；对财政转移支付制度通过宪法和法律进行明确规范等。与成熟法治国家相比，我国当前的中央主导型分税制体制，还存在政府间财权关系随意调整、政府财力缺乏稳定性和确定性、地方政府利益维护缺乏法律渠道、转移支付制度的法定性不足、“财权”调整与“事权”改革分离脱节等种种弊端，而这些弊端的根源，在于分税制缺少法律制度保障。为此必须通过立法，完善分税制体制，例如：以法律形式明确政府间财权与事权划分，即在合理界定事权的基础上，理顺各级政府间财政分配关系，推进政府间财政收支关系法治化；完善税法，合理划分中央和地方税收收益权；完善财政转移支付法律体系，明确财政转移支付主体间权利义务，规范转移支付行为等。

三、完善地方税体系

地方税体系是分税制体制的产物，体现着中央政府与地方政府以及地方政府间的收入分配关系。当前我国地方税体系还存在地方税种设置不合理、地方税制结构不完善、地方税权失范等突出问题。推进税收法治，必须通过完善立法，深化税收制度改革，不断完善地方税体系，例如：通过完善立法，合理划分税收立法权、税收执法权（征管权）、税收司法权；加快房地产税立法并适时推进改革，以房地产税作为未来地方税的主体税种；推动资源税改革和环境保护“费改税”，增加地方税收收入和占总税收收入的比重等。

四、完善税收征管体制

推进税收法治，必须加快税收征管现代化。为此必须加快修订《税收征管法》，从规范税收征管基本程序、建立纳税人识别制度、明确自然人税收征管和服务制度、建立涉税信息共享制度、完善纳税人权益保护体系等方面着力完善征管法。要更加注重维护纳税人合法权益，在立法、决策、救济等诸多环节综合施策。在立法环节，平衡配置税务机关与纳税人的权利和义务；在决策环节，健全民主决策机制和程序，把涉及重大公共利益、纳税人权益的涉税事项纳入决策范围；在救济环节，全面贯彻执行行政复议法和行政诉讼法，完善税务行政复议等税收争议化解体制机制。

第三章　法治背景下的税制结构问题及优化

税制结构是一国税制设计的根本性问题。其合理与否，不仅关系到政府税收职能的顺利实现，而且决定着政府税收作用的范围和深度。所以，在“十二五”规划中，优化税制结构就已成为我国财税体制改革的重大任务之一。该规划提到，“按照优化税制结构、公平税收负担、规范分配关系、完善税权配置的原则，健全税制体系，加强税收法制建设”。“十三五”规划进一步明确提出，“按照优化税制结构、稳定宏观税负、推进依法治税的要求，全面落实税收法定原则，建立税种科学、结构优化、法律健全、规范公平、征管高效的现代税收制度”。因此，在法治背景下，进一步全面、系统、深入进行税制结构优化问题研究，具有重大的理论价值和实践意义。

第一节　税制结构优化的理论分析

一、税制结构的内涵及分类方法

（一）税制结构的内涵

近年来，关于税制结构问题的研究成果有不少。然而，学者们对于税制结构这一基本概念的认识却很不统一，甚至差异较大。

目前，关于税制结构的内涵大致有三种观点。第一种观点认为税制结构只包含各税类、税种的单一层次或两个层次的组合配置。如靳万军和石坚（2010）认为，税制结构是根据本国国情，各种不同功能的税种经过组合和配置，从而形成有序的整体。[①] 车萃玉（2007）认为税制结构是指税收制度的构成，是不同税类之间、不同税种之间所形成的相互耦合、相互协调的构成方式。[②] 丁淑芳（2004）也认为，税制结构是各税类、税种的组合以及它们在组合中的相对地位。[③] 胡怡建和徐曙娜（2014）指出，税制结构是在按一定标志进行税收分类的基础上所形成的税收分布格局及其相互关系。[④] 马国强（2016）认为税制结构是税收制度中各税种的组合方式与相对地位。[⑤] 第二种观点认为税制结构应包含各税类、税种和税制要素三个层次的组合配置。如王乔和周全林（1999）认为，税制结构是一国税制中各税类、税种和税制要素之间相互配合、相互制约、相互协调的构成体系和布局。[⑥] 岳树民等（2007）对税制结构的内涵做了更清晰的阐述，认为税制结构包括三个层次的内容：一是微观层次即税种构造；二是中观层次即税种结构；三是宏观层次即税系结构。[⑦] 第三种观点认为税制结构除了包含各税类、税种和税制要素三个层次的组合配置外，还应包含税收征管等层次的内容。如王诚尧等（1997）认为，税制结构是各税类、税种、税制要素以及征收管理层次间，分主次、分层次相互联结、结合、制约、协调关系的整体系统构成。[⑧] 郝如玉等（2002）认为，税制结构是一国合理设置各税类、税种、税制要素和征收管理等而形成的相互协调、相互补充的体系和布局。[⑨]

可见，多数学者对于税制结构包含各税类、税种两个层次的内容是一致的。那么，第一种观点不包含税制要素层次的内容是否合理？本书认

① 靳万军、石坚：《税收理论与实践》，经济科学出版社 2010 年版。
② 车萃玉：《我国税制结构优化问题研究》，硕士学位论文，山东大学，2007 年。
③ 丁淑芳：《我国税制结构的优化与完善》，《宏观经济研究》2004 年第 4 期。
④ 胡怡建、徐曙娜：《我国税制结构优化的目标模式和实现路径》，《税务研究》2014 年第 7 期。
⑤ 马国强：《经济发展水平、税收政策目标与税制结构模式》，《税务研究》2016 年第 5 期。
⑥ 王乔、周全林：《税收理论与实践》，江西高校出版社 1999 年版。
⑦ 岳树民等：《优化税制结构研究》，中国人民大学出版社 2007 年版。
⑧ 王诚尧等：《国家税收》，中国财政经济出版社 1997 年版。
⑨ 郝如玉等：《税收理论研究》，经济科学出版社 2002 年版。

为，这种观点是欠合理的。其理由是，合理的税制结构必须要提前考虑到税种的设计必须合理，也就是税收的各种要素必须更加优化。这是税制结构优化的微观基础。而对于第三种观点，把税收征收管理等内容也硬塞入税制结构的内容，存在税制结构研究范围扩大化的倾向。对于第三种观点，其内容基本合理，只是表述上稍有欠缺，且两者内容有一定的相互补充效果。

因此，笔者对税制结构的内涵作出如下界定：

税制结构是指一国税制中各税类（税系）、税种和税制要素之间相互配合、相互协调的构成体系和布局。它包括三个层次的内容：一是税类（税系）结构。属于宏观层次的税制结构。它是指一国税制内部的不同税类（税系）的构成。如按课税对象的性质，可分流转税类、所得税类、财产税类等。二是税种结构。属于中观层次的税制结构。指的是各税类（税系）内部的税种搭配。不同税种的主次搭配，可能会构成不同的税类（税系）特征。三是税制要素结构。即微观层次的税制结构。它是指每个税种的所有税制要素的组合搭配。不同的税制要素组合，可能会构成不同的税种。如生产型增值税与消费型增值税。上述三个不同层次的税制结构互为一体，构成完整的税制体系（如图 3-1 所示）。

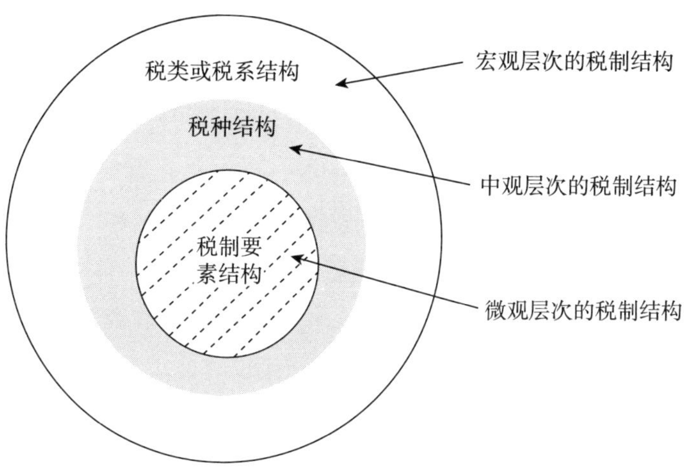

图 3-1 税制结构三个层次之间的关系

（二）税制结构的分类方法

研究税制结构及优化问题，必然首先要剖析宏观层次的税制结构状况，即对税类或税系结构进行深入分析。这就涉及税制结构如何分类或其是否有标准。现在有部分学者采用的税制结构分类方法或标准有些混乱，甚至存在错误。如税制结构按税种性质，可分成直接税系与间接税系，进一步还分为货物与劳务税系、财产税系、所得税系与其他税系（国家税务总局课题组，2009）。① 所以，明确和统一规范税制结构的分类方法或标准，将有助于深入研究税制结构及优化问题。

从现有的研究成果来看，笔者认为税制结构的分类方法或标准主要有三种：

1. 以税收是否转嫁为标准：直接税与间接税

长期以来，西方学者通常都是采用直接税与间接税的关系来表述税制结构。1994 年税制改革以后，我国有部分学者也开始采用这种分类方法。它一般是以税种的税负是否具有可转嫁性来划分。如果纳税人与负税人一致，不能转嫁，为直接税；如果纳税人与负税人不一致，能够转嫁，则为间接税。

早在 18 世纪，法国重农学派的创始人弗朗斯瓦·魁奈（Francois Quesnay）就提出了直接税与间接税的概念。19 世纪英国经济学家约翰·穆勒（John Stuart Mill）提出，税负是否转嫁应以国家进行税收立法时，预期是否转嫁为划分标准，而不完全以现实生活中实际是否转嫁为划分标准。这种观点，现为世界许多国家普遍采用。现代西方学者的普遍观点是，对收益、所得和财产为课税对象的各种税，包括所得税、财产税、遗产税和社会保险税等均列为不转嫁的税，由纳税人直接负担，归属于直接税；课税对象是商品、营业或劳务收入的各种税，包含增值税、营业税、销售税、消费税、关税等均列为转嫁的税，归属于间接税。当然，也有少部分学者不太赞同这种分类方法。如美国著名财政学者马斯格雷夫（Musgrave，1996）认为，采用直接税与间接税的关系来表述税制结构，不

① 国家税务总局课题组：《借鉴国际经验　进一步优化中国中长期税制结构》，《财政研究》2009 年第 5 期。

是一种好方法。[①] 经济合作与发展组织（OECD）财政事务部原主任麦锡尔（Messere，1997）认为，将税收划分为直接税与间接税的标准是矛盾的、模棱两可的，不具有可操作性，因而本组织有意不使用这种税收分类。[②]

另外，直接税和间接税各自的利弊得失比较明显，如表 3-1 所示。因此，一般来说，一国的直接税比重较大，就表明该国的富有者负税较多；而间接税的比重较大，则表明该国的广大群众负税较多。目前，世界各国除美国、日本、法国、英国等发达国家的直接税占较大比重外，其他国家的情况是直接税、间接税比重大致相同，或者间接税比重较大。

表 3-1 直接税和间接税的优点与缺点比较[③]

	直接税	间接税
优点	（1）适合量能课征原则，可采用累进税率	（1）大多数为消费品，价格、数量均极明确，易于征收
	（2）收入较有弹性，国家需要财源时，只要提高税率，就可增加收入	（2）每个人都要购进商品消费，负担于无形，不感痛苦
	（3）能抑制高所得者、富有者，保护低所得者、贫困者，有助于平均社会财富	（3）征税范围普遍，收入较大，在经济不发达国家，有助于资本形成
	（4）征管费用一般较少，合乎经济原则	（4）对某些商品提高征税，可寓禁于征
缺点	（1）纳税人直接感到负担，易遭抵制	（1）违反公平原则，税负累退性
	（2）需要有财产登记、税源统计、财务会计等健全制度，稽征工作较难	（2）收入缺乏弹性，如要增加收入而提高税率，则消费减少，税收反而下降
	（3）易出现讨价还价、逃税、受贿等流弊	

2. 以课税对象的性质为标准：流转税、所得税、财产税和其他税

在 20 世纪中叶以后，有些西方学者和国际组织开始采用课税对象的性

① 马斯格雷夫：《比较财政分析》，上海人民出版社、上海三联书店 1996 年版，第 160 页。

② 麦锡尔：《经济合作与发展组织成员的税收政策：选择与冲突》，中国财政经济出版社 1997 年版，第 62 页。

③ 王诚尧等：《国家税收》，中国财政经济出版社 1997 年版。

质来表述税制结构。我国 1994 年税制改革是税制结构定义的分水岭。1994 年以前，学者们基本上是以流转税与所得税的关系来表示税制结构。之后，这种情况出现了一些逆向变化，有少数学者开始以直接税与间接税的关系表示税制结构。

采用课税对象的性质来表述税制结构，可以较明确地看出各税类（税系）的不同效应。流转税是以商品生产流转额和非商品生产流转额为课税对象征收的一类税种。通常认为，流转税在促进经济增长方面具有微弱的正效应，但可能会扩大收入分配差距，又具有一定的累退性。当然，这类税种有利于保障政府财政收入，也有利于政府干预经济。这类税种为我们熟悉的营业税、增值税、消费税和关税等。而所得税是对企业和个人在一定时期内获得的所得征收的税类。在促进经济增长方面，所得税具有显著的负效应，但可以缩小收入分配差距，特别是累进税制更有利于实现社会公平目标，具有一定的累进性。所得税主要包括公司（企业）所得税和个人所得税。财产税是以纳税人所有或属其支配的财产数量、价值为课税对象征收的税类。一般认为，财产税在促进经济增长方面具有显著正效应，且有利于缩小社会财富分配差距，具有一定的累进性。财产税主要包括房产税、遗产税、赠与税等。

尽管国内外学者和国际组织认同按课税对象的性质来表述税制结构，但是，他们在划分具体的税类（税系）时存在一定的差异，如表 3-2 所示。按照经济合作与发展组织（OECD）的税种分类标准，各成员国的税种主要分为六个大类：一是所得税，指的是对所得、利润和资本利得的征税；二是工资与劳动力税，指的是对工资、薪金和劳动力的征税；三是社会保险税，指的是对雇员、雇主及私营人员的征税；四是财产税，指的是对财产、财产增值、遗产和赠与的征税；五是货物与劳务税，包括各种对商品和劳务征收的产品税、销售税、增值税、消费税及进出口关税等；六是其他税种。从表 3-2 中可以看出，国际货币基金组织（IMF）的税种分类标准与经济合作与发展组织的分类标准基本一致，差别在于国际货币基金组织把货物与劳务税进一步分为国内货物与劳务税和国际贸易税（主要包括进出口税)。在我国，由于没有开征社会保障税，因此，税种主要分为四个大类：一是所得税，包含企业所得税和个人所得税；二是财产税，包含房产税、契税等；三是流转税，[①] 包括增值税、消费税、关税等；四是其他税。

表 3-2 经济合作与发展组织、国际货币基金组织和我国学者的税种分类

<table>
<tr><th>经济合作与发展组织的税种分类</th><th>国际货币基金组织的税种分类</th><th>我国学者的税种分类</th></tr>
<tr><td>1. 所得税</td><td>1. 所得税</td><td rowspan="3">1. 所得税</td></tr>
<tr><td>2. 工资与劳动力税</td><td>2. 工资与劳动力税</td></tr>
<tr><td>3. 社会保险税</td><td>3. 社会保险税</td></tr>
<tr><td>4. 财产税</td><td>4. 财产税</td><td>2. 财产税</td></tr>
<tr><td rowspan="2">5. 货物与劳务税</td><td>5. 国内货物与劳务税</td><td rowspan="2">3. 流转税</td></tr>
<tr><td>6. 国际贸易税</td></tr>
<tr><td>6. 其他税</td><td>7. 其他税</td><td>4. 其他税</td></tr>
</table>

资料来源：根据经济合作与发展组织“Revenue Statistics（1965—2010）”和国际货币基金组织“Government Finance Statistics Manual（2001）”等资料进行整理得到。

3. 以税收的所有权和管理权限为标准：中央税、地方税和中央地方共享税

根据税收的所有权和管理权限不同，税制结构也可以用中央税、地方税和中央地方共享税的关系予以表述。这种税种分类，有利于体现税收贯彻财权与事权相一致的原则。因此，在财政分权体制下，合理划分中央税与地方税，是分税制财政体制中长期争议的一个关键内容。

一般情况下，中央税是由中央统一立法，管理权、使用权都固定属于中央政府的税类。通常，需要维护国家整体权益并有利实施全国调控所需的税种列为中央税，如关税、消费税等。地方税是指由中央统一立法，或

① 在国内，有部分学者按照很多西方学者的习惯，把流转税称为商品税。另外，还有部分学者按照经济合作与发展组织和国际货币基金组织的习惯，把流转税称为商品和劳务税。尽管使用名称各异，但其实质内容均同。

由中央授予地方一定的立法权，收入划归地方，并由地方政府管理的税类。地方税一般与地方经济挂钩较紧密、涉及地区调控、适合地方征管的税种，如房产税、车船税、土地使用税等。对于立法和管理权都归中央，但其收入由中央、地方分享的税类，称为中央地方共享税，一般是把那些与经济发展直接相关、收入较大，便于兼顾各方面的经济利益的税种列为中央地方共享税，如增值税、企业所得税、资源税等。

自 1994 年分税制改革以后，我国中央与地方政府间的财政关系开始由过去的财政包干制转变为较规范的分税制财政体制。随着经济社会的发展和财税体制的不断改革，我国中央与地方政府间的税收关系也经历了多次变迁。目前，我国以中央税、地方税和中央地方共享税关系表述的税制结构如表 3-3 所示。

表 3-3 我国现行的中央税、地方税和中央地方共享税分类

税类	立法权归属	主要税种
中央税	维护国家权益、实施宏观调控所必需的税种，立法权在中央	消费税、关税、车辆购置税、海关代征的增值税和消费税
地方税	全国统一实行的地方税，立法权集中在中央	土地增值税、印花税、城市维护建设税、土地使用税、房产税、契税、车船税等
中央地方共享税	与经济发展直接相关的主要税种，立法权在中央	增值税、企业所得税、个人所得税、证券交易印花税、资源税等

二、税制结构优化的理论基础及判定

（一）税制结构优化的内涵

优化是指“加以改变或选择使优良”①。所以，税制结构优化，就是指国家根据经济社会发展的变化和要求，调整原有税制结构的不合理状况，使之更趋合理和完善。具体来说，它应该包括三个层次的优化问题：一是

① 中国社会科学院语言研究所词典编辑室：《现代汉语词典》（第五版），商务印书馆 2007 年版，第 1643 页。

税类（税系）结构的优化。此乃宏观层次的税制结构优化，也就是一国税制的不同税类（税系）之间的优化配置。其实质是一国税制结构模式或税制模式的选择问题。如在国际上，采用较多的主要有以流转税为主体、以所得税为主体、以流转税和所得税为双主体等税制结构模式。二是税种结构的优化。此为中观层次的税制结构优化。指的是各税类（税系）内部的税种优化配置问题。如在各税类（税系）的内部，通常是由少数税种为主、其他税种为辅的多个税收相匹配，从而形成一个协调、互补的税收制度。三是优化税制要素结构。此乃微观层次的税制结构。指的是各具体税种的构成要素的组合搭配问题，包括课税对象的选择、税率形式和税率水平的选择、减征或免征政策选择等。税收结构优化与否直接关系到税收功能的有效发挥的作用，这有关健康、高效、国民经济的协调发展。

从内容上看，税收结构优化实际上是税收制度优化。因为税收制度优化不仅强调税收的提高，还要求所有的税收优化。在内容方面，这两个元素的优化包括优化税制，即结构的税收，以及税收（税制）结构优化。因此，税收结构优化和税制优化的概念区别也许是两个分歧的焦点：即税收制度优化是基于提高税收和税收制度的优化，但税收系统的目标是实现合理和完善税收制度，包括税收（税收系统）结构和税收结构的优化。相反，税收结构优化是基于优化税收结构（税收系统），然后优化税收结构的起点，但税收因素结构优化为前提，税率设计不合理，税收结构优化是不可能的。

税制结构优化是一个无止境的动态过程。随着经济发展水平的提高和经济结构的调整，以及税收征管能力的不断提高，原相对优化的税制结构内部各构成要素又会出现新的不平衡和不适应。这必然要求对原税制结构进行适时调整和优化，以促进国民经济的全面协调可持续发展。

（二）税制结构优化与税制结构调整的关系

在实际中，经常可以看到“优化税制结构”或“调整税制结构”等用词。那么，税制结构优化与税制结构调整究竟是一种什么关系？是否为同一概念呢？

根据《现代汉语词典》的释义：调整是指“改变原有的情况，使适应客观环境和要求”。[①] 可见，税制结构调整与税制结构优化存在密切的联系：两者都要求根据经济社会发展的状况，改变原税制结构的不合理构成要素，使其能够“适应客观环境和要求”。但是，两者又存在一定的区别：一是调整的概念外延要大于优化的概念外延，或者说，只有被认为是“科学合理的”税制结构调整，才属于税制结构优化范畴。然而，由于改革者的认知有限等多方面因素的影响，有时也会导致税制结构调整劣化的现象。如在1973年的“简化税制”改革后，我国税制结构几乎变成了单一税制模式。二是税制结构优化不仅要求“改变原有的情况，以适应客观环境和要求”，而且要求这种改变能够达到“优良”的效果，这正是各国进行税制结构调整之根本目的（如图3-2所示）。

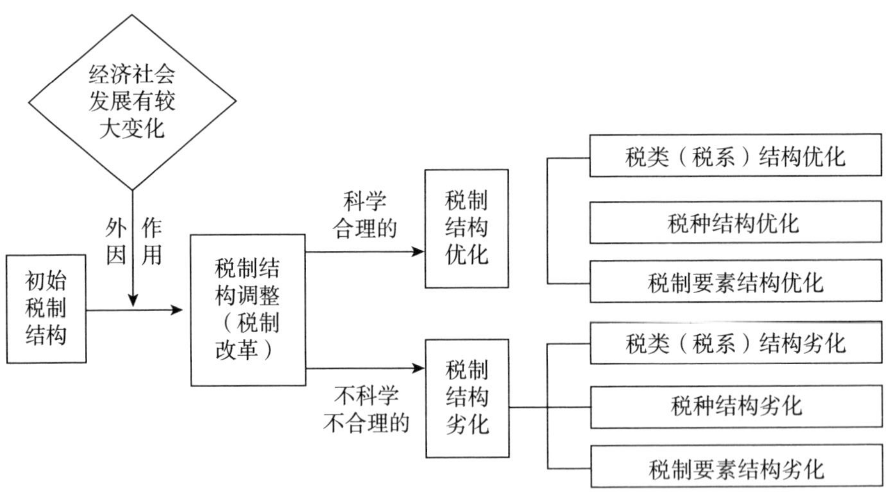

图3-2 税制结构优化与税制结构调整的关系

在税制结构调整（税制改革）时，作为理性的经济人，各国政府都期望实施科学合理的税收政策，以实现税制结构优化之目标。所以，政府调整税制结构的真实愿望与根本目的，实质上是使“税制结构优化”，

① 中国社会科学院语言研究所词典编辑室：《现代汉语词典》（第五版），商务印书馆2007年版，第1354页。

而不可能是使“税制结构劣化”的极端情况。从这一角度来理解，税制结构调整与税制结构优化是同义的。这也正是人们有时混用两个概念之原因。

（三）优化税制结构的三大理论基础

一般认为，根据税制优化理论的发展的基本思想和政策主张，西方学者已经形成了最具代表性的最优税收理论、税收制度供给优化理论和公共选择学派税制优化理论三个学派。这三个理论依据已成为西方税制优化理论发展的主线（郝春红，2005）。①

1. 最优税收理论

最优税收理论自 20 世纪 20 年代以来，已成为重要理论。其代表主要是拉姆齐（Ramsey）、阿特金森（Atkinson）、斯蒂格里茨（Stiglitz）、米尔利斯（Mir-rlees）、费尔德斯坦（Feldstein）、戴蒙德（Diamond）等。政府提高收入，必须支付一定的价格，这个价格体现在“超额税收负担”，也就是说，税收所造成的干扰，影响了资源分配，导致经济效率的损失。因此，有必要寻求一个最优税收工具，使它在产生最小的超额负担的前提下提高财政收入（张赫诚，2007）。②

为了找到这个最优税收工具，西方学者研究了三个核心最优税收理论问题。(1) 最优商品税理论。拉姆齐（1927）通过严格的数学证明发现，最优商品税应该有一组微分税率结构，每种商品的税率高低应该与该商品的供给和需求的价格弹性成反比。这就是著名的拉姆齐法则。其政策含义是：生活必需品税收应该重于奢侈品税收。这个结论是与税收公平原则相违背的，也受到了许多学者的批评。(2) 最优所得税理论。维克里（Vick-rey）在 1946 年第一次提出了一个先进的累进所得税理论。他研究如何使个人累进所得税既能促进收入分配目标的实现，而又不影响个人工作的热情。之后，这项研究由米尔利斯（Mir-rlees）完成。这一理论的主要结论是：改善穷人的福利不需要通过高累进税率，最优税率应当近似是线性

① 郝春红：《多元目标约束下的中国税制优化研究》，中国财政经济出版社 2005 年版。

② 张赫诚：《最优税研究》，博士学位论文，东北财经大学，2007 年。

的，并给予特定的免税水平；最优的边际税率很低，一般20%到30%，不超过40%（张维迎，1997）。[①]（3）商品税与所得税的最优均衡理论。怎样匹配商品税和所得税以达到最好的政策效应，同时考虑到效率与公平的两个原则，许多经济学家发表了自己的看法。主要集中在两个方面：第一，商品税和所得税同时存在的必要性。所得税是一个很好的税收，但在资源配置方面，商品税的作用是所得税无法取代的。第二，税收模式的选择取决于政府的政策目标。一个国家最终选择什么样的税收模型，取决于公平与效率之间的平衡问题（李曦，2012）。[②]

2. 供给学派的税制优化理论

供给学派是继凯恩斯主义经济学之后的一个重要经济学流派，其代表性人物有拉弗（Laffer）、蒙德尔（Mundell）、罗伯茨（Roberts）、图尔（Ture）等。供给学派的基本经济思想是强调经济的供应因素作用，提倡政府应该以刺激供给、提高生产效率为主要目标。因此，供给学派倡导的理想税收制度就是效率优先和兼顾公平。他们认为采用高累进税率去获得公平目标是不可取的。因为这既会破坏效率，又不利于改善公平分配。所以，扩大税收基础和降低名义税率，是协调公平与效率的最佳方式（王雍君，1995）。[③]

此外，税收优惠的供应是供给学派税收优化理论的重点。他们认为刺激供给，税收制度是最有效的方法、最有效的手段，关键因素是降低边际税率。因为边际税率决定了人们从事经济活动的税后净回报率，从而影响人们从事经济活动的经济动因（王雍君，1995）。因此，减税应该采取降低边际税率的形式，而不是降低平均税率或简单地减少税收负担。

3. 公共选择学派的最优税收理论

公共选择理论是介于经济学和政治学之间的边缘性理论，从20世纪40年代末开始逐步发展起来。它的基本特征是以经济学的市场行为分析方

① 张维迎：《詹姆斯·莫里斯论文精选——非对称信息下的激励理论》，商务印书馆1997年版。
② 李曦：《中国现阶段税制结构合理性判断与优化研究》，博士学位论文，浙江大学，2012年。
③ 王雍君：《税制优化原理》，中国财政经济出版社1995年版。

法去揭示个人选择形成社会选择的政治过程。该学派最突出的代表是获得了1986年诺贝尔经济学奖的布坎南（Buchanan）。

公共选择理论涉及的范围很广，包括分析财政和税收问题。然而，公共选择应用到财政税收的研究，当推布坎南的努力和尝试。在《民主财政论——财政制度和个人选择》里，布坎南试图发展了一个“财政选择理论”。该理论认为，最优税收工具是这样一种税收工具，即人们参与公共选择能够在理论上获得一致同意。这个税收工具必须联系收入和费用的过程。如果纳税人估计从政府公共服务中享受好处大于他们支付的税收价值，则纳税人会同意向政府纳税。因此，一个良好的税收制度是指这套税收制度筹集的财政收入所提供的公共品数量和分配给每个纳税人的税收份额，能够获得纳税人的广泛一致认同（布坎南，1988）。[①]

建立一套广泛统一的优化税收制度，必须解决个人真实偏好强度的表达机制问题。因此，公共选择理论认为，优化税收制度不仅要能使个人真实地表达其对公共支出的偏好，而且也应限制公共支出水平在公众意愿的最优水平上（最优社会公共物品的供给）（布坎南，1988）。这一最优水平是由个体通过公共选择过程来确定的。

（四）判定税制结构是否优化的标准

判定税制结构是否优化的标准，实质上就是“理想税制”的标准。[②]考察税收原则的发展演变过程，从亚当·斯密（Adam Smith）的税收四原则发展到瓦格纳（Wagner）的四端九条原则，再到当代西方税收最高三原则，[③]从一个侧面反映出人们对“理想税制”或税制结构优化标准的认知的不断改变和提高。在不同的社会发展时期，人们对税收原则的认知有不

---

① 詹姆斯·布坎南：《自由、市场与国家：20世纪80年代的政治经济学》，吴良健等译，北京经济学院出版社1988年版。

② 国家税务总局课题组：《借鉴国际经验　进一步优化中国中长期税制结构》，《财政研究》2009年第5期。

③ 当代西方税收最高三原则是指效率原则、公平原则和稳定原则。参见郝如玉等编著：《税收理论研究》，经济科学出版社2002年版；王诚尧主编：《国家税收》，中国财政经济出版社1997年版。

同的理解，并在不断发展和深入。但在诸多的税收原则中，人们对公平和效率两个核心原则的认知是完全一致的。美国当代著名财政学家马斯格雷夫就主张以公平和效率两个原则，作为评价税制的标准（郝如玉等，2002）。[①] 因此，判定税制结构优化最为公认的基础标准就是公平和效率两个核心原则。当然，有少数学者从其他角度对税制结构优化的判定标准进行了探讨。如维托·坦兹（Vito Tanzi）主张用高的集中性、低的分散性、低的税基侵蚀性、低的征收滞后、低的从量性、高的客观性、适当的罚则和低的征收成本八个指标，作为衡量有效税制质量特征的标准（傅道鹏，1999）。[②]

从税收实践上看，政府课税行为涉及征纳双方的利益，一个理想的税制结构必须能够满足征纳双方的共同要求。从现代税收的博弈分析来看，政府要实现税收政策目标，不仅取决于政府税收制度设计策略的选择，也取决于纳税人的战略行为选择。政府的税收制度及政策实施效果将在多方面受到纳税人行为的影响。可见，只有满足征纳双方共同利益和要求的税制结构，才是真正优化的税制结构，才能更有效地发挥税收职能作用。

三、税制结构模式与主体税种选择

税制结构模式，又称税制模式，是国家根据具体情况，选择合适的主体税种，将不同功能的税种组合配置，形成主要税收明确、辅助税收各具特色、各税种互相配合和互相补充的税收制度。建立适合本国国情的税制结构模式，对于充分发挥税收职能作用具有重要意义。一国的税制结构模式并非固定不变，它需要随着经济社会发展和税收征管等因素的变化而进行适当的调整。不同的税收结构模式的区别，关键特性的区别是主要的税收和主体税的比例不同。

（一）主体税种的选择问题

主体税种是在一国税制结构中起主导作用的税种。要成为主体税种，

① 郝如玉等：《税收理论研究》，经济科学出版社 2002 年版。

② 傅道鹏：《有效税制理论与我国税制改革》，《财政研究》1999 年第 5 期。

它必须具备两个特点：一是这个税种可以筹集更多的税收，在税收收入总额中占一定比例，对于保护国家财政收入有很大的支持作用。二是该税种征收非常广泛，对经济社会施加较大影响，具有较大的调控功能。[①] 当然，其他的一些因素包括纳税习惯、税收征管条件等也会对主体税种的选择产生影响。主体税种是“税制结构的灵魂”，其选择不仅会影响到整个国家税制结构，而且也是区分不同类型的税制结构的重要标志（邓子基等，2001）。[②]

在一国税种结构中，通常有一个或者多个主体税种，或者称单主体或多主体税种，这需要根据本国具体情况而定。从国际上看，各国在主体税种的选择上主要有三种情况，并形成三种主要的税制结构模式。一是以流转税为主体税种，则该国形成以流转税为主体的税制结构模式，如多数发展中国家均属此模式。二是以所得税为主体税种，则该国形成以所得税为主体的税制结构模式，如多数经济发达国家采用此模式。三是流转税和所得税的双主体税，然后形成国家以流转税和所得税为主体的税制结构模式，如部分发达国家和发展中国家采用此模式。对于双主体的税制结构模式，还可以根据流转税与所得税两者的比重进行细分，如马国强（2015）通过对很多国家或地区的税收样本数据分析发现，绝大多数国家或地区的主体税种比值在 1 至 3 之间，并将税制结构的类型划分为五类（如表 3-4 所示）。[③]

表 3-4　按主体税种比值划分的税制结构类型

税制结构类型	所得税比重（A）与商品税比重（B）的比值
所得税超大型	A/B≥2.5
商品税超大型	B/A ≥2.5
所得税与商品税主次搭配型	1.5≤A/B≤2.5
商品税与所得税主次搭配型	1.5≤B/A≤2.5

① 邓子基：《税种结构研究》，中国财政经济出版社 2000 年版。
② 邓子基：《世界税制改革的动向与趋势》，《税务研究》2001 年第 5 期。
③ 马国强：《税制结构基础理论研究》，《税务研究》2015 年第 1 期。

续表

税制结构类型	所得税比重（A）与商品税比重（B）的比值
所得税与商品税并重或 商品税与所得税并重型	1≤A/B≤1.5 或 1≤B/A≤1.5

注：主体税种比值=所得税比重/商品税比重，或商品税比重/所得税比重。

在复合税制结构中，既有主体税种，就必然有辅助税种。辅助税种在税制结构中起到了拾遗补阙的作用，能够针对特殊对象进行调节，由此形成较为健全的税制结构体系。因此，设置合理的辅助税种与主体税种相互配套，对于完善国家税制结构具有重要的意义。

（二）以流转税为主体的税制结构模式

这一税制结构模式是以流转税作为主体税种。这个模型强调了流转税在筹集财政收入和调节产品供求结构的重要作用，同时弱化所得税在收入分配方面的作用和调节供求总量的作用。虽然流转税（商品税）具有征收面广泛、课税的隐蔽性、税收收入的稳定性和税收征管条件较为简单等优点，但它也存在税收收入缺乏弹性，难以发挥税收在促使公平收入分配、促进经济稳定方面的作用。因此，这种模式比较适合税收征管水平较低的大多数发展中国家。

（三）以所得税为主体的税制结构模式

以所得税为主体的税制结构，强调所得税的宏观调控和收入分配的重要作用，同时弱化流转税在筹集财政收入和调整产品供求结构的作用。所得税是根据纳税人的净收益为课税对象，因此，所得税随国民经济发展而增长，税收收入弹性较大。特别是在累进税制下，所得税不仅可以起到稳定经济的作用，发挥经济“内在稳定器”之功效；而且可以按纳税人的纳税能力征税，有利于公平收入分配。但是，以所得税为主体的税制结构，也存在征收面窄、收入稳定性差、征收管理复杂等缺点。可见，这种税制结构模式比较适合税收征管水平较高的部分发达国家和发展中国家。

（四）以流转税和所得税为双主体的税制结构模式

这个税制结构模式可以发挥流转税和所得税两种税的主要优势，互补缺陷。在筹集税收收入方面，该模式可以充分利用流转税的刚性收入特点和所得税的收入弹性特征，实现互补。在调节经济方面，它可以同时施加流转税的市场资源配置影响和所得税的经济稳定功能。在公平收入分配中，它可以发挥所得税累进税率的基础调节作用和流转税差别比例税率的补充调节作用。所以，在税收实践上，大多数的发达国家和发展中国家都是选择双主体税制结构模式，只是流转税和所得税两类主体税种的主次搭配不同而已（如表 3-5 所示）。

表 3-5　部分国家和地区的双主体税制结构类型（2010 年）

双主体的税制结构类型	部分国家或地区	
	发达经济体	发展中经济体
所得税与商品税主次搭配	澳大利亚、瑞士、加拿大、丹麦、新西兰、瑞典、挪威	哈萨克斯坦、不丹
所得税与商品税并重	比利时、冰岛、新加坡、日本、奥地利、卢森堡、英国、意大利、芬兰、西班牙、法国、圣马力诺、韩国、德国、爱尔兰、马耳他、以色列、塞浦路斯、荷兰、葡萄牙	南非、埃及、蒙古、突尼斯、秘鲁、乌克兰、阿塞拜疆、泰国、摩洛哥、塞舌尔
商品税与所得税主次搭配	捷克、希腊、斯洛文尼亚、斯洛伐克	拉脱维亚、格鲁吉亚、哥伦比亚、萨尔瓦多、智利、波兰、白俄罗斯、匈牙利、爱沙尼亚、洪都拉斯、哥斯达黎加、罗马尼亚、巴西、土耳其、亚美尼亚、立陶宛、毛里求斯

资料来源：根据马国强《税制结构基础理论研究》一文进行整理。

四、优化税制结构的最终目标是实现依法治税

当前，推进法治中国建设，落实在税收领域，就是要着力打造依法治税的新常态。这种新常态，就是要求人们纠正过去的一种传统想法，税收是税务机关依照税法进行征收的，税收法律是被政府用来管理纳税人的法律。在法治中国的新常态大背景下，依法治税的内涵应该体现为全面落实

税收法定原则。换句话说，市场主体“法无禁止即可为”，政府部门“法无授权不可为”，税法应该成为人们授予、调节和监督政府税收的法律。因此，依法治税的观念应该从权力本位到权利本位，从管理到法治，从治民到治权。如何实现依法治税呢？当前，最核心的任务就是加快税制改革，优化税制结构，按照“十三五”规划的要求，建立税种科学、结构优化、法律健全的现代税收征管体系。而优化税制结构的重要任务，就是要对税制结构的税类（税系）结构、税种结构和税制要素结构三个层次的结构进行全面优化，改革不科学、不合理的税种结构设置和税制要素结构设置，合理调整税类（税系）结构，加快税收法律制度建设。总之，只有全面地优化税制结构，建立兼具公平与效率的现代税收制度，才能使征税主体和纳税主体的一切税收行为均驶入现代税收法治轨道，以达到依法征纳税的良性社会秩序状态。所以，优化税制结构不是目的，其最终目标就是实现依法治税。

第二节 基于国际、国内不同标准的税制结构分析

改革开放三十多年以来，我国税制结构的变迁与市场经济的发展程度一直密切相关，税法制度的改革和完善与经济政策的变化也有着紧密联系：从1984—1993年为第一阶段，简称为“84税改”，主要任务是恢复税法制度，全面进行工商税制改革；1994—2003年为第二阶段，简称为“94税改”，主要任务是建立与市场经济体制相适应的税法体系，对税制进行全面调整，体现市场经济对税法统一、税负公平的要求；2004—2014年为第三阶段，简称为“04税改”，主要任务是建立更加规范、完备的税法体系，局部调整税制，实施“结构性减税”，提升税制的法定性和公平性。

近几年，我国经济已经进入了发展的决定性时期，而作为调节经济的重要工具之一的税收也必然需要与我国当前的经济发展状况接轨。尽管在此之前我国已进行了一系列适应性的税制改革，但当前我国的税制结构仍与现阶段的经济发展状况不相适应，体现出相对滞后性，需要进一步地深化改革与优化。因此，本书接下来将从国际上发达国家税制标准、绿色税

制标准及我国对税收的分类标准等几个方面对我国现行税制进行比较分析，希望从中得出对我国税制结构调整的借鉴性经验。

一、以经济合作与发展组织标准分析

经济合作与发展组织（以下简称经合组织），是一个政府间国际经济组织，主要由34个市场经济国家组成，经合组织成员国提供了全世界近60%的商品和服务，因此其统计数据及税制构成在国际上来说是很有参考价值的。经合组织成员国主要将税种分为六个大类，分别是：对所得、利润和资本利得课税，社会保障税，对工资、薪金和劳动力课税，财产税，对商品和劳务的课税，其他税种如表3-6、图3-3所示。

表3-6　经济合作与发展组织国家主体税种构成

单位：%

年份	对所得、利润和资本利得课税	社会保障税	对商品和劳务课税	对工资、薪金和劳动力课税	财产税	其他税种
1965	34.7	17.6	38.4	1.0	7.9	0.4
1985	36.9	22.1	33.7	1.1	5.3	0.8
1998	34.8	24.5	33.2	1.0	5.4	0.9
1999	34.3	24.6	33.4	1.1	5.6	0.9
2000	35.1	24.5	33.1	1.0	5.5	0.7
2001	34.6	25.2	32.8	1.0	5.4	0.7
2002	33.9	25.4	33.3	1.0	5.5	0.7
2003	33.5	25.6	33.6	1.1	5.6	0.6
2004	33.7	25.4	33.6	1.0	5.5	0.6
2005	34.5	24.9	33.2	1.0	5.6	0.6
2006	35.4	24.6	32.5	1.0	5.6	0.6
2007	36.0	24.5	32.1	1.0	5.6	0.6
2008	35.4	25.2	32.1	1.1	5.4	0.6
2009	33.5	26.4	32.5	1.1	5.6	0.6

续表

年份	对所得、利润和资本利得课税	社会保障税	对商品和劳务课税	对工资、薪金和劳动力课税	财产税	其他税种
2010	33. 2	26. 4	33. 1	1. 0	5. 5	0. 5
2011	33. 5	26. 1	33. 0	1. 1	5. 5	0. 6
2012	33. 6	26. 1	32. 9	1. 1	5. 5	0. 6
2013	33. 7	26. 1	32. 7	1. 1	5. 6	0. 6

资料来源：OECD，" Revenue Statistics"，2016。

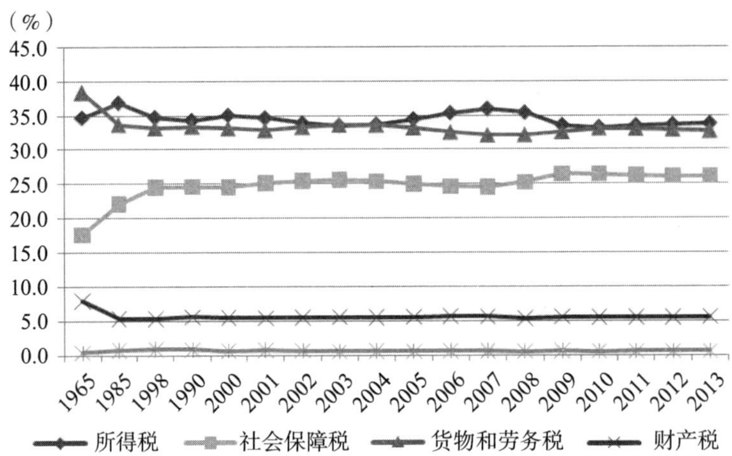

图 3-3　经合组织成员国 1965—2013 年税制结构变化——各税种占税收总收入比重

资料来源：OECD，"Revenue Statistics"，2016。

由表 3-6 和图 3-3 可以看出，1965 年时经合组织成员国主要以货物和劳务税、所得税和社会保障税三大税类为主，财产税类为辅。随后二十多年间，社会保障税比重上升，至 1985 年后以三大税类为主的税制结构相对稳定。

下面以经合组织分类为标准对我国税收进行分析（如图 3-4、图 3-5 所示）。

从图 3-4 中可以看出，我国是以流转税为主体税种的国家，货物和劳务税的收入远高于其他税种。而加入社会保障费收入比较时发现，社会保障费所占比重大于所得税收入，小于流转税收入。从 1998—2013 年的 16 年间，流转税主体税种的地位并没有改变，而从 2008 年开始所得税收入的

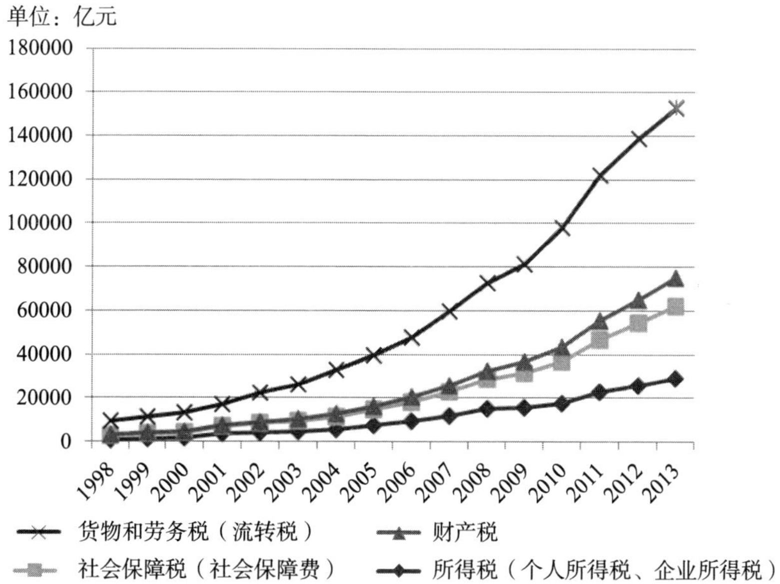

图 3-4　以经合组织为标准我国 1998—2013 年税收收入情况

资料来源：根据国家统计局公布的相关数据整理得到。

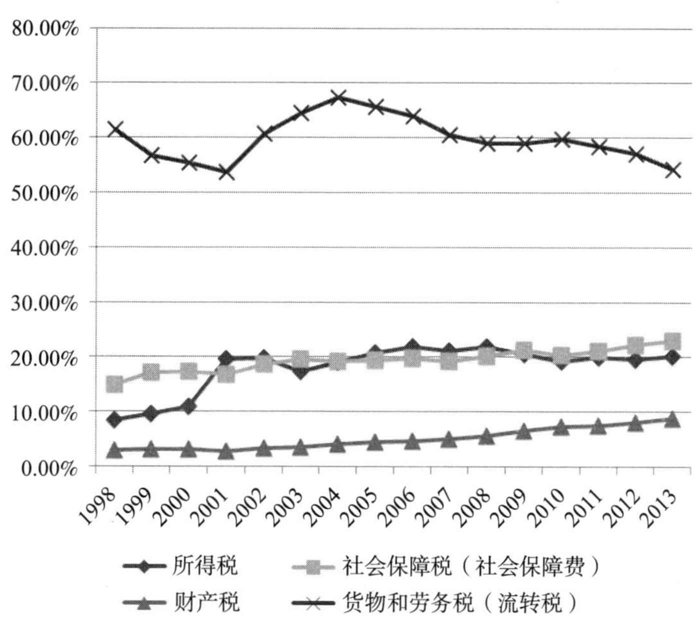

图 3-5　以经合组织为标准我国 1998—2013 年各税种占税收总额比重

资料来源：根据国家统计局公布的相关数据整理得到。

涨幅渐渐开始低于社会保障费收入，并且两者的差额呈逐年递增的趋势。财产税收入在1998—2006年所占比重都比较小，从2006年后，财产税收入开始呈现稳步递增的趋势，渐渐成为除了流转税、所得税外的主体税种。

从四大税种分类收入来看，流转税从1998年的6689亿元增长至2013年的78082亿元，增长了近11倍；所得税从1998年的926亿元增至2013年的28959亿元，增长了近31倍；财产税从1998年的330亿元增至2013年的12721亿元，增长了近38倍。可见，虽然流转税一直处于主导地位，但所得税和财产税的增长速率均大于流转税的增长速率，且一直呈现稳态上升的趋势。从图3-4可以看出，我国一直以来是以流转税作为主体税种，且所占比重较其他税种所占比重大得较多，而且明显可以看出其他税种的增幅情况较稳定但增幅都较小，特别是所得税虽然从2001年开始有一个较大增幅，但增长后所占比重仍然偏小。从各税种分类所占比例可以看出，1998年流转税所占比例大于61%，所得税所占比例仅占8.5%，财产税所占比例为3%；2013年流转税所占比例为54%，所得税所占比例为20%，财产税所占比例为9%。由以上税种占税收总额比重变化可以看出，流转税所占比例仍然一枝独秀，占税收总额一半以上；而所得税所占比例从个位数升至20%，有了较大的提高；财产税所占比重也提高了3倍。

用经合组织标准进行分类的我国税制结构与经合组织成员国的税制结构组成进行对比分析。可以看出，经合组织成员国以三大税种为主，分别是所得税、货物和劳务税和社会保障税，其中所得税及货物和劳务税又平分秋色，占比都在35%左右；而我国的税制结构中货物和劳务税一枝独秀，在税收总额中占比在60%左右，所得税占比自2001年提高至19.7%后一直维持在20%左右的比重。由此可见，我国税制结构较经合组织成员国税制结构来说并不平衡，货物和劳务税占比过重，而社会保障税的缺位及所得税占比较低的情况比较明显。

综上所述，在经合组织分析标准下可以看出，我国各税种发展不平衡。虽然图示分析中加入了社会保障费来分析，可是现实中尚未开征。因此，开征社会保障费对平衡我国税制结构具有重要意义。无论与发达国家还是发展中国家相比较，我国所得税收入占税收总额的比重都较低，还有提升的空间，从国际角度来看，社会保障税的开征对宏观税负和优化税制方面都具有重要意义。而货物和劳务税，即流转税比重过高，因其税负转嫁的作用会导致贫富差距加重；而所得税占比偏低，其调节功能必然受限。我国个人所得税自 1980 年开征以来，随着经济快速发展和人民收入水平的不断提高，经过了多次调整和完善，其税收收入也在不断增长，但个人所得税收入在税收总额中占比一直偏低。诚然，造成个人所得税规模偏低的原因不是单一的，纳税人作为纳税主体是其中的重要影响因素。随着我国经济发展迅速，转型不断深化，个人所得呈现多元化趋势，可是，纳税人的纳税法治观念建设却一直进展不大，法治观念薄弱成为个人所得税改革的障碍之一。从世界上发达国家的个人所得税税制来看，形成较完善的个人所得税税制需要全民法治观念的共同提高、个人申报等环节才能从形式上转换到实际操作层面，以此促进所得税在税收总额中的占比提高。当然，法治观念的增强不仅仅对于个人所得税税制的改革有所助益，对我国整体税制结构的发展都是非常重要的。

二、以世界银行标准分析

根据世界银行发布的《世界发展指标》中对税收收入的分类标准，税收分为所得税、流转税、财产税及其他税种。其中所得税类包含所得税（含资本权益税）和社会保险税（我国尚未开征），流转税类包含货物与劳务税和国际贸易税。世界银行 2010 年对国家收入的划分是以人均国民总收入为标准的，其中低于 1005 美元的为低收入国家，在 1006—3975 美元的为中下等收入国家，在 2976—12275 美元的为中上等收入国家，12275 美元以上的为高收入国家。[①] 这几种类型的国家，各类税收占税收收入总额的比重，如表 3-7 所示。

根据世界银行的分类标准对我国数据做了汇总，如图 3-6、图 3-7、

① 王乔、席卫群:《比较税制》，复旦大学出版社 2013 年版，第 3 页。

表 3-7 所示。

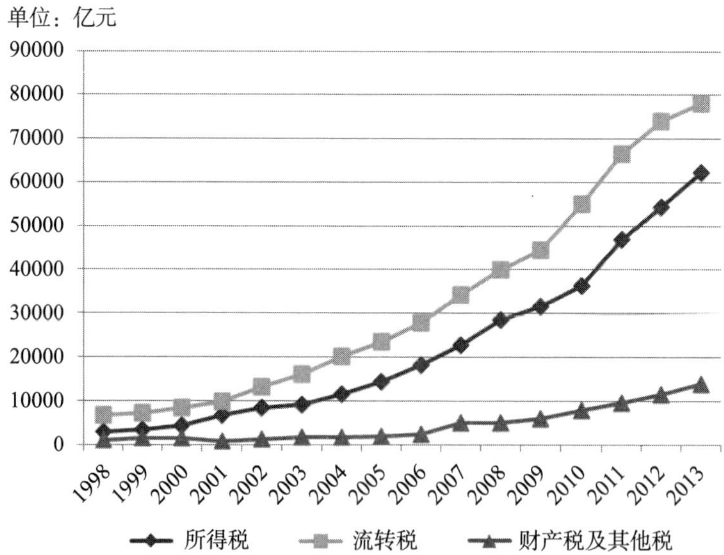

图 3-6 世界银行标准下我国 1998—2013 年税收收入情况

资料来源：根据国家统计局公布的相关数据整理得到。

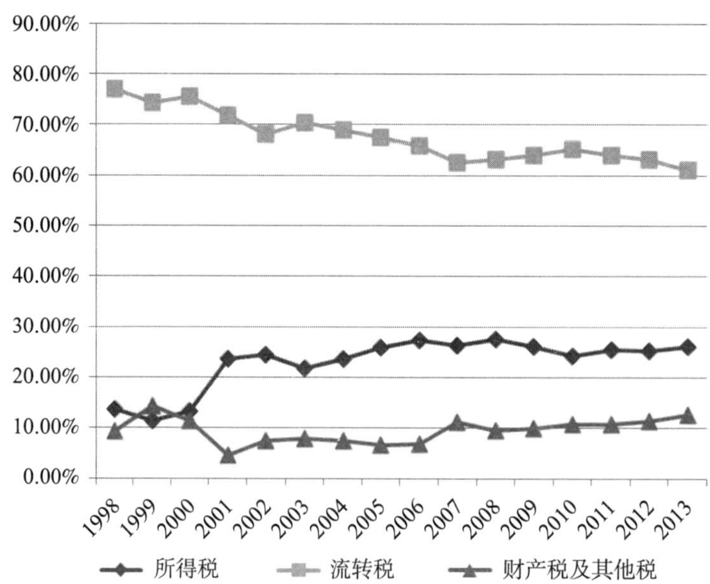

图 3-7 世界银行标准下我国 1998—2013 年各税种占税收总额比重

资料来源：根据国家统计局公布的相关数据整理得到。

表 3-7　各类税收在税收收入的比重

单位:%

国家类别	所得税						流转税						财产税等其他税		
	所得税（含资本收益税）			社会保障税			货物与服务税			国际贸易税					
	1980	1997	2009	1980	1997	2009	1980	1997	2009	1980	1997	2009	1980	1997	2009
低收入国家 （不包括中国）	22.47 22.47			0 0			29.21 28.09			38.20 38.20			3.37 3.37		
下中等收入国家	21.84	20.69	26.00	4.60	8.05	—	25.29	40.23	36.00	18.39	9.20	5.00	4.60	3.45	2.00
上中等收入国家	27.27	21.84	23.00	10.23	13.79	22.00	20.45	39.08	36.00	7.95	6.90	4.00	3.41	2.30	2.00
高收入国家 （欧盟）	33.33 28.26	29.35 29.89	24 23	24.44 38.04	27.17 41.38	36 37	26.67 27.17	28.26 28.74	27 27	2.22 1.09			3.33 3.26	3.26 3.23	2.00 2.00
低收入和 中等国家	21.84	19.77	21.00	1.15	0.65		28.74	37.21	36.00	27.59	15.12	7.00	3.45	3.49	2.00
其中：东亚和 太平洋地区	24.72	31.40	37.00		1.16		47.19	34.88	31.00	17.98	11.63	6.00	2.25	4.65	1.00
欧洲和中亚		18.68	10.00		30.77	20.00		43.96	42.00		5.49	4.00		1.11	
拉丁美洲和 加勒比地区	21.11	19.77	27.00	12.22	10.47	10.00	26.67	44.19	39.00	21.11	10.47	4.00	6.67	3.49	2.00
中东和北非	23.08	25.40	27.00	7.69			10.77	12.70	31.00	26.15	17.46	6.00	10.77	9.52	3.00
南 亚	16.87	20.73	19.00	0.00			40.96	40.24	29.00	39.76	26.83	13.00	2.41	4.88	

续表

国家类别	所得税						流转税						财产税等其他税		
	所得税（含资本收益税）			社会保障税			货物与服务税			国际贸易税					
	1980	1997	2009	1980	1997	2009	1980	1997	2009	1980	1997	2009	1980	1997	2009
撒哈拉以南非洲	24.44			1.11			2.78			38.89			3.33		

注：表中所列不同类型国家划分标准不是根据2010年世界银行标准划分的，而是根据当时年份标准划分的；由于数据缺失或者对税收收入的调整，各部分加总可能不等于100%。

资料来源：王乔、席卫群：《比较税制》，复旦大学出版社2013年版。

由图 3-6、图 3-7 可以看出，我国是以流转税为主体的国家，所得税收入额占第二位，但就占税收总额的比重来说，所得税所占比重较低（未将社会保障费加入计算）。同国际上不同收入国家相比较，我国所得税收入占比低于高收入国家的 30%以上（2009 年数据），而大部分国家都已开征社会保险税，只有中东、南亚等低收入国家尚未开征，我国流转税所占比重与其他国家相比较是处于较高水平的，而财产税及其他税种各国占比相差不大，占比都比较低。

用世界银行标准进行分类的我国税制结构与各种不同层次收入国家税制结构组成进行对比分析，可以看出：高收入国家的税制结构是所得税与流转税在税收收入总额中所占比重较大，且所得税占比超过 60%；中上等收入国家的税制结构同样是所得税与流转税在税收收入总额中占比较大，且所得税与流转税占比基本持平；中下等收入国家和低收入国家的税制结构类似，所得税与流转税在税收收入总额中所占比重较大，且流转税所占比重在 50%及以上。我国 2010 年国内生产总值达到了 59266 亿美元，国民总收入按人口平均只有 4270 美元，这一水平在世界银行收入划分标准中处于中上等收入国家水平，我国的税制结构与中下等收入国家和低收入国家的税制结构相仿。低收入国家和大部分中低收入国家是未开征社会保险税的，而我国现在也尚未开征社会保险税，这是造成我国税制结构不平衡的主要原因之一。

在世界银行分析标准下，可以看出，经济越发达的国家，所得税所占比重越大（其中包括社会保险税），对流转税的依赖性越低；而经济越落后的国家，对流转税的依赖性越强。就我国现状而言，流转税和所得税占比是较为不平衡的，但我国尚未开征社会保障税，故占比处于较低的水平，单就企业所得税和个人所得税的比重来看，我国在下中等收入国家中处于平均水平，而与上中等收入或高收入国家相比较，我国所得税收入水平还较低，有较大的提高空间。

三、以绿色标准分析

20 世纪 80 年代以后，利用税收等经济手段促进自然资源的可持续利用和环境保护，引起了国际环境学界、财政学界的广泛关注。① 尤其是20世纪90年代，围绕环境税收，特别是全球气候变暖和实施碳税的倡议，国际环境经济学界和公共财政学界形成了环境税收研究的热潮（Boveberg & Mooij，1994）。② 近二十多年来，很多发达国家也将环境税作为环境政策工具，在环境保护、产业调整方面取得了不少的实践经验。

随着我国环境问题日益凸显，2015年6月10日，国务院法制办将财政部、税务总局、环境保护部起草的《中华人民共和国环境保护税法（征求意见稿）》及说明全文公布，征求社会各界意见；2015年5月8日，国务院以国发〔2015〕26号批转发展改革委《关于2015年深化经济体制改革重点工作的意见》中提道“……组织实施煤炭资源税费改革，制定原油、天然气、煤炭外其他品目资源税费改革方案，研究扩大资源税征收范围……”2015年10月召开的党的十八届五中全会，对绿色发展、环境保护、资源问题也都提出了要求。我国税制改革应该抓住这个环境管理改革和税制改革的时机，建立环境税制的基本框架，为中国税制、经济的可持续发展奠定基础。

税制的绿化度是指与环境保护相关的税费收入和排污费收入占税费收入总额的比例。我国1994年税制改革后至今的所有税种中，有7个税种都与生态环境相关，即资源税、消费税、城镇土地使用税、车船税、车辆购置税、城市维护建设税、耕地占用税。下面就以我国与环境保护相关的7个税种收入和税收绿化度的数据来做分析（如图3-8、图3-9所示）。

从1998—2013年7个环境相关税种收入额可以看出，各税种收入额逐年递增，其中，资源税、城市维护建设税呈现低速增长，虽然开征时间较早，可是其收入总额及增长速度却一直较低；消费税、城镇土地使用税、车船税、耕地占用税自2007年后呈现一个快速增长的阶段；车辆购置税于2001年开始征收，2007年后出现一个高速增长的时期。

① 王萌：《试析资源税与环境税的关系》，《财会月刊》2010年第36期。

② 武亚军：《绿化中国税制若干理论与实证问题探讨》，《经济科学》2005年第1期。

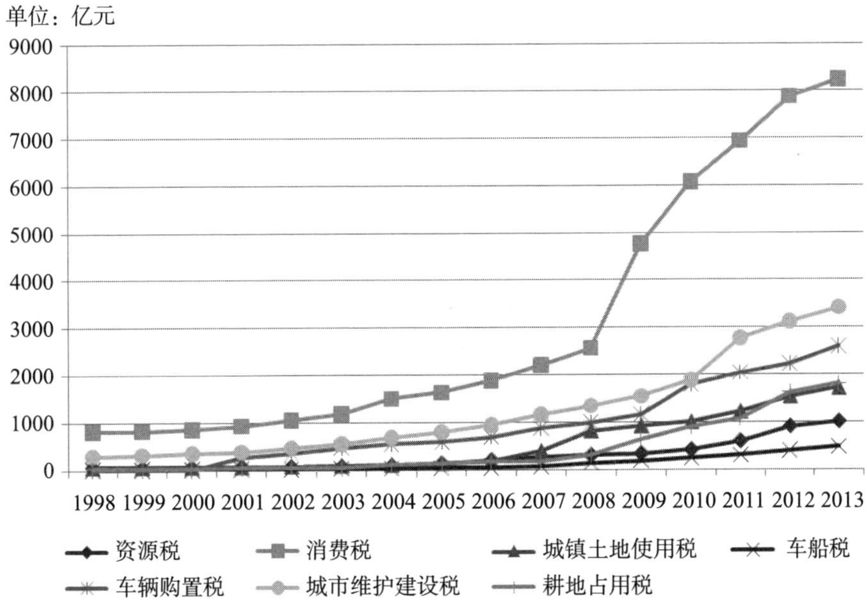

图 3-8　我国 1998—2013 年与环境相关税种收入情况

资料来源：根据国家统计局公布的相关数据整理得到。

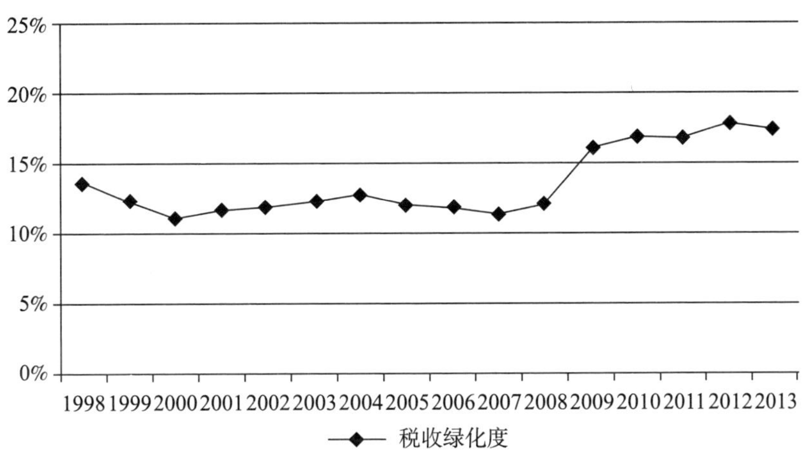

图 3-9　我国 1998—2013 年税收绿化度

资料来源：根据国家统计局公布的相关数据整理得到。

虽然我国税收绿化度变动趋于平稳，但可以看到在 2000 年、2005 年等几个特定年份绿化度还是有所下降，但从环境税税收收入来看还是处于上升阶段的，因此，并不是环境税税收收入下降导致的绿化度下降，而是环境税税收外的其他税收增幅太快，而环境税税收收入虽有增长，可增速较慢，导致总体比例下降，这些阶段的税收绿化度被稀释了。再将我国税收绿化度与经合组织国家相比较，希腊 11.85%，挪威 10.75%，日本 5.49%（以上国家采用其 1993 年数据），我国绿化度明显较低，而即便与发展中国家相比较，巴尔（Bahl，1992）选择 19 个发展中国家（不含主要产油国），交通运输税（包括燃料、车辆税等）占国家税收总收入比重超过 10%，而我国在燃料税中包括的成品油增值税比例不到 5%。

综上所述，在绿色标准分析下可以看出，我国税收绿化度明显偏低，具有较大的发展空间。从具体税种来说，我国环境税还未开征，针对具体重大污染源的特定税种还未纳入考虑范畴；针对环境所收缴的费用种类繁多，或者合并或者取消都尚未有所定论；资源税的税率设定、征收方式等都还存在争议，这些都不利于我国税收绿化度的提高。税收绿化度、环境税收是环境政策的一种工具，也是保障经济可持续发展的一种手段。基于我国的现实国情，可以将实现税制绿色化的重点放在开征新的环境税、环境污染税和某些资源税上，且可以通过改革现行税制、消除对环境不利的补贴政策等加以辅助。

税收制度之所以要实现绿色税收，是基于以人为本的理念。浪费资源、破坏生态的传统、单一的经济发展模式已经严重危及人们的生活根本，因此节约、绿色的复合可持续发展模式才是人们生产活动的合理路径。将税收用绿化度来衡量并不是最终的目的，绿化度代表的不仅仅是一个国家的税收制度中对环境资源的重视度，更是以人为本的理念是否深入税收制度框架之中。

四、以直接税与间接税标准分析

资产阶级古典政治经济学奠基人之一，法国重农学派的创始人和重要代表弗朗斯瓦·魁奈（Francois Quesnay，1694—1774）提出了以“纯产品”为核心的税收转嫁与归宿的学说，以转嫁为标准划分直接税与间接税。这是直接税和间接税最早的划分基础。朱志刚（2013）认为，一方面，直接税可以调节社会财富的再分配，与现代税法中所提出的税负公平与量能负担原则更加契合；另一方面，间接税由于其本身与普遍和效率原则更加契合，因此，只能对经济社会发展起到较小的影响。由此可知，两者具有互补性，只有进行合理配置才真正符合优化税制结构的根本要求。

我国现行税制是基于 1994 年税制改革后形成的，增值税、营业税、消费税、资源税、城市维护建设税和关税 6 个税种构成间接税体系，以企业所得税和个人所得税为主的 15 个税种（外商投资企业和外国企业所得税、城镇土地使用税、房产税、固定资产投资方向调节税、土地增值税、耕地占用税、车船使用税、屠宰税、车船使用牌照税、农业税、印花税、牧业税、契税、筵席税、船舶吨税）构成了直接税体系。间接税主要以增值税、营业税和消费税这三个税为主要税种，直接税则以个人所得税和企业所得税两个税为主要税种。其中，2000 年 1 月 1 日固定资产投资方向调节税停征；2001 年开征车辆购置税；2006 年停征屠宰税、农业税；2007 年废止原车船使用税和车船使用牌照税，开征车船税；2008 年停征筵席税，废止外商投资企业和外国企业所得税，并入企业所得税；2009 年废止城市房地产税，并入房产税。1994 年税制改革至 2009 年期间各税种调整后直接税体系内税种有所变化，现阶段直接税体系包括 11 个税种（耕地占用税、土地增值税、车船税、房产税、印花税、契税、城镇土地使用税、船舶吨税、个人所得税、车辆购置税、企业所得税），间接税税种没有变化（如图 3-10 至图 3-12 所示）。

根据图 3-10、图 3-11 和图 3-12 中数据分析，近 16 年来我国一直是间接税占主要地位。1998 年，我国税收总收入为 9262.8 亿元，直接税收入占税收总额的 28%，间接税收入占税收总额的 72%，间接税占较大比重。2001 年我国税收总收入为 15301.38 亿元，直接税收入占税收总额的 37%，间接税收入占税收总额的 63%，这一时期直接税收入占总税收收入比重大幅度上升的主要原因是企业所得税和个人所得税的大幅度增长，且 2001 年开征了车辆购置税。2004 年我国税收总收入为 24165.68 亿元，直

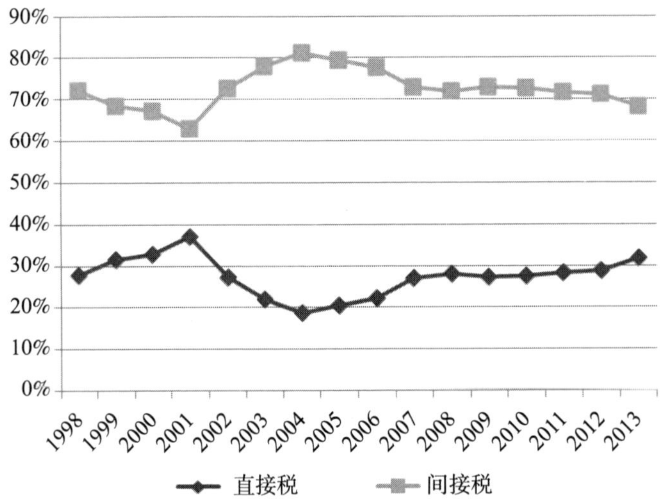

图 3-10 我国 1998—2013 年直接税和间接税占税收总额的比重

资料来源：根据国家统计局公布的相关数据整理得到。

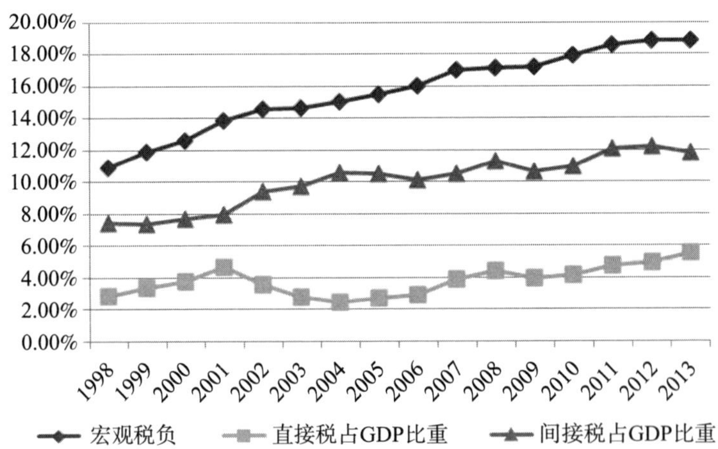

图 3-11 我国 1998—2013 年宏观税负、直接税占 GDP 比重、间接税占 GDP 比重

资料来源：根据国家统计局公布的相关数据整理得到。

接税收入占税收总额的 19%，间接税收入占税收总额的 81%，这一时期，直接税占总税收收入比重大幅度下降的主要原因是企业所得税和个人所得税同 2001 年相比较，增长缓慢，而间接税中增值税、营业税、关税等却大幅度增长。2006 年至 2013 年，直接税和间接税占税收总额比重较为稳定，

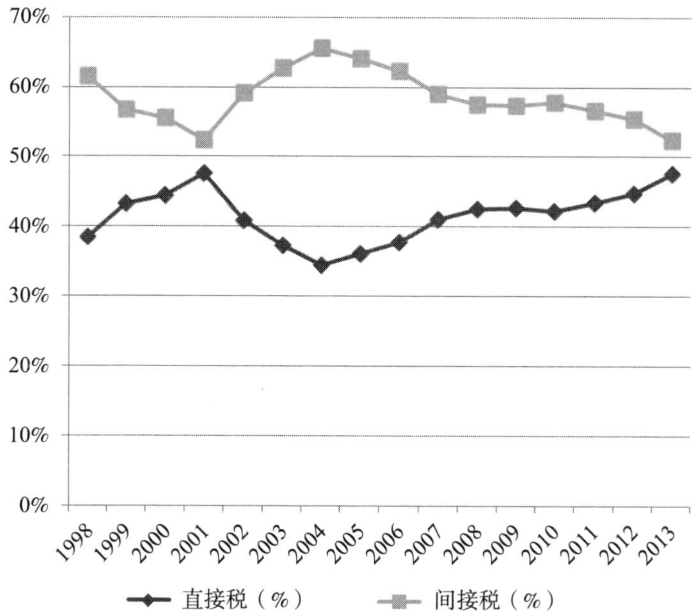

图 3-12　我国 1998—2013 年直接税（加入社会保障费）和间接税收入占税收总额比重

资料来源：根据国家统计局公布的相关数据整理得到。

间接税都占较大比重，在 70%左右，而直接税所占比重也一直较低。

比较图 3-12，间接税比重虽然仍大于直接税，但是两者的差距却变小了，且差距额逐年降低。2013 年时直接税（加入社会保障费计算）收入占税收总额比重为 48%，间接税收入占税收收入总额比重为 52%，可以看到二者趋近于平衡的状态，可见如果开征社会保障税，我国将成为直接税与间接税并重的国家。

随着经济结构的变迁，各税种所涉及的经济内涵也与初期有了很大改变，因此，我国直接税与间接税的税种划分在各阶段也有所不同，但根据直接税、间接税最根本的划分标准，即税负是否可以转嫁为标准，我国直接税中最典型也是占比最重的是个人所得税与企业所得税，增值税、消费税和营业税则是间接税的主要组成部分。

由图表可以看出，1998 年我国宏观税负水平为 10.91%，2013 年我国宏观税负水平为18.73%，提高了7.82个百分点；同期，直接税负水平上升了2.68个百分点，间接税负上升了5.14个百分点。这表明，随着我国经济的快速发展，我国的税收收入也发生了较大幅度的增加，宏观税负水平和直接税税负水平、间接税税负水平也都大幅度增加。但从宏观税负水平来看，与其他国家相比，我国仍属于较低税负的国家，宏观税负水平低于法国（42.9%）、美国（24%）、日本（28.6%）和德国（35.7%）等发达国家（以上国家均采用2011年的数据），也低于韩国（26.1%）、墨西哥（18.5%）、匈牙利（39.1%）等发展中国家（以上国家采用2000年数据）；从直接税收入比重占税收总额的水平来看，我国不仅低于法国（72.81%）、美国（81.46%）、日本（81.32%）、德国（70.38%）等发达国家，和发展中国家印度（36.00%）与巴西（54.61%）相比也较低（以上国家均采用2011年的数据）；从增加幅度可以看出，同期增加时，间接税税负增加水平是直接税税负增加的两倍，尽管宏观税负、直接税税负和间接税税负是同向增加，但增加的比例显然是不平衡的。从以上结论可以看出，我国的宏观税负和直接税收入占税收总额的比重都是有很大提升空间的，而直接税与间接税税负的增长是不平衡的，也是税制改革亟须解决的问题。

通过上述数据分析可以看出，在直接税与间接税分析标准下，我国自1994年的税制改革至今，虽然税收结构经历了一个曲折变化的过程，但直接税收入占税收总额的比重和间接税收入占税收总额的比重基本上是处于一个较稳定的状况的。再结合图3-11可以看出，直接税占GDP比重和图3-12中直接税占税收总额比重是同向变化的，这与世界上其他国家直接税和间接税的发展趋势大致是一样的。

直接税收入偏低不仅说明我国税负之间的不平衡，也同时造成主要税种如所得税、财产税的税收调节功能受限。直接税收入偏低的原因不仅仅因为我国的税收制度没有跟上经济发展的脚步，我国的社会管理、税收征管水平也都没有跟上经济发展的脚步，直接税征管难的问题是限制我国直接税发展的障碍之一。今后我国直接税收入占税收总额比重的提高主要应当从增加所得税收入、开征社会保障税、提高直接税征管水平等方面进行研究和实施。设置合理的税制结构，构建合理的直接税、间接税平衡体系的前提是合理地设计每一个税种，特别是每一个主体税种。现阶段直接税收入占税收总额比重偏低的原因之一也是一些主体税种的不完善导致的。通过对主体税种的税基、税率、税收优惠等各方面的调整，平衡和完善直接税和间接税的比重问题。

五、我国税制结构变动的成因分析

对税收制度的选择决定了税制结构的最终形成，作出合理的选择必须考虑我国所面对的经济基础和社会环境，因此，除了通过不同标准对我国税制结构的数据进行分析，还需要对以下几方面进行更为深入的分析：

（一）经济因素

首先，经济发展对我国税制结构的影响是很明显的。我国属于转型期的国家，随着市场经济成分的不断提高，扩大了货物劳务交易规模，交易量的增加导致货物与劳务税的增加及其在税收总收入中占比的增加。同时，随着国际间贸易交往的扩展，进出口交易类的税收也在不断增长。

其次，经济发展必然提高个人收入水平，其所涉及的重要税种个人所得税的征收方案及后续分配格局都受到了重要的影响。我国个人所得税税种的开征及不断调整也已证实这一点。

最后，经济发展带来的经济波动影响着收入公平和经济稳定这两个重要的问题，也是我国政府现今面临的很重要的问题。通常缓解这两大问题必然需要通过对所得税、财产税等税种进行调节。通过调整所得税、财产税等税种解决收入公平的问题，同时避免直接税的比例过高造成更大的经济波动，在调节收入公平的同时平衡直接税和间接税比例即为重点。

（二）政治因素

在经济全球化趋势下，我国的税制也不能只考虑国内因素的影响，影响税制结构的政治因素更多来自国际冲击。现今的税制改革和税制结构具有较高的国际趋同特征。

国际冲击往往是无形的，是税收竞争的需要。在经济全球化下，资本和劳动力的流动更加自由。各国为了吸引这些生产要素展开的税收竞争使得政府不断降低资本和劳动税负，导致所得税比重下降，以消费为税基的增值税成为更加重要的税源。另外，也存在一些有形的国际冲击，例如我国加入世界贸易组织。这个组织的特点是，其内部进行密切的合作，包括实行统一的税收政策等，实质就是各成员国为获得一体化的利益让渡税收主权，这也势必会改变缔约国的税收制度，影响相关税收收入。

因此，税制结构优化问题的考察必须加入政治因素，并且立于国际视角才能在国际冲击下具有税收竞争的优势地位。

（三）文化因素

文化习俗会从纳税人纳税意识、对政府提供公共服务的主观认同度以及风俗习惯等方面影响我国的税制结构。

我国现存的问题在于：公民纳税意识不强，纳税遵从程度不高。而这个问题往往导致民众对直接税的征收存在较强的抵触情绪，从而致使直接税征收比较困难。而间接税通过税负转嫁包含在消费者为购买商品而支付的款项之中，本身带有很强的隐蔽性，因此征收难度较小。故从我国现在的公民纳税意识环境角度考虑，税制结构的设计应以货物劳务税为主，可以在一定程度上降低税收不遵从。

社会习俗在很大程度上影响税制结构的选择。我国社会公众对财富的个人私有和承继具有较强的认可度，而对剥夺（如征税）比较抵制，所以对个人所得税的征收难度会较大，因此对税款课征的普遍性和税基的扩大具有一定的局限性。

第三节 法治背景下我国税制结构对经济增长和收入分配影响的数理关系

关于税制结构对经济增长影响的实证分析，国外的文献较多的是从经济增长的理论模型研究税制结构对经济增长的效应。研究发现，如果提高劳动和资本所得税率，一般而言会降低经济增长率，而对消费征税的长期效应不显著。但是，由于不同国家的劳动力和资本化程度不一、发展程度不一，因此会得到不同的结论，故需要考察劳动力供给弹性。而国内的研究则侧重对经验数据进行实证检验，大致分为两种类型：一类是税制结构对经济增长关系的研究。如苑小丰（2009）利用线性回归模型，从税收规模和结构两个方面研究各税种在中国现行宏观税负和税收结构中所占比重对经济增长的效应，进而指出税收结构的调整方向，从而促进经济规模增长和要素产出增加。另一类是税率结构与经济增长关系的研究。如王维国和杨晓华（2006）利用协整回归模型，从人均GDP增长率、劳动税率、资本税率和消费税率四个指标分析我国资本、劳动和消费征税对于人均GDP的作用，从而得出与经济增长的关系，分别是资本征税不利于经济增长，劳动征税对经济增长无显著影响，而对消费征税促进经济增长。

关于税制结构对收入分配影响的实证分析，大多数国内文献就分析各税种对收入分配的影响机制进行了研究。如王乔和汪柱旺（2008）利用线性回归模型，得出现行税制结构中增值税和消费税扩大了居民的收入差距，而个人所得税对缩小居民收入差距有良好的促进作用。周克清和毛锐（2014）利用线性回归模型，得出我国的税收制度整体上对收入分配呈现逆向调节作用。

本章借鉴现有文献的研究模式，重新构造计量模型，通过VAR模型和脉冲响应分析方法分析我国的税制结构对经济增长的影响，用线性回归模型从经济发展水平、民生支出水平、宏观税负、直接税和间接税出发，从而厘清现有税制结构的收入分配效应。

一、法治背景下我国税制结构对经济增长影响的实证分析

税制结构指的是一定时期税制模式中税种的组成数量，各税种的税收

收入占整个税收收入的比重以及各税种的税收收入之间的结构比。[①] 由于不同税种对经济增长的影响大小不一样，因此税制结果的差异会影响一个国家总体经济结构的发展。2011 年以来，我国经济增速开始放缓，而税收超经济增长的趋势愈加严重。本章用计量经济学原理分析我国税制结构对经济增长的影响。

（一）模型假定和数据选取

选取税系结构（*ts*）、税负水平（*tb*）、税收弹性（*tr*）表示税制结构，其中税系结构用直接税（*DT*）收入与间接税（*IDT*）收入的比值表示，直接税是指个人所得税和企业所得税，间接税是指增值税、消费税和营业税；税负水平用税收收入（*TAX*）与 GDP 的比值表示；税收弹性用税收增长率（*TAX*）与 GDP 增长率（*GDP*）的比值表示。选取实际 GDP 增长率表示经济增长。税制结构与经济增长的时间序列数据选取的是 1994 年到 2014 年的数据，如表 3-8 所示。

采用 VAR 模型对中国经济增长与税制结构进行实证分析，VAR 模型可以表述如下：

$$Y_t = a_1 Y_{t-1} + a_2 Y_{t-2} + \cdots + a_p Y_{1-p} + \varepsilon_1 \qquad (3.1)$$

式（3.1）中，Y_t为 K 维内生变量向量，Y_{t-i}（$i=1$，2，…，P）为滞后内生变量向量，P 为滞后内生变量的滞后阶数；a_1，a_2，…，a_p 为 $K \times K$ 维待估计的系数矩阵，b 为 $K \times D$ 维待估计的系数矩阵；ε_t 为是由 K 维随机误差项构成的向量，其元素相互之间可以同期相关，但不能与各自的滞后项相关以及不能与模型右边的变量相关。[②]

① 李忠：《我国税收负担对经济增长的影响研究》，博士学位论文，西南大学，2012 年，第 135 页。

② 樊欢欢、李嫣怡、陈胜可：《Eviews 统计分析与应用》，机械工业出版社 2011 年版，第 255—270 页。

表 3-8　我国税制结构、税负水平与经济增长率

单位：亿元、%

年份	GDP	TAX	IDT	DT	GDP	TAX	IDT	DT	ts	tb	tr
1994	48459.6	4174.25	3465.76	708.49	13.08	—	83.03	16.97	20.44	8.61	—
1995	61129.8	5019.11	4009.37	1009.74	10.92	20.24	79.88	20.12	25.18	8.21	1.85
1996	71572.3	5604.09	4635.61	968.48	10.01	11.66	82.72	17.28	20.89	7.83	1.16
1997	79429.5	6250.07	5286.89	963.18	9.30	11.53	84.59	15.41	18.22	7.87	1.24
1998	84883.7	6944.01	6018.47	925.54	7.83	11.10	86.67	13.33	15.38	8.18	1.42
1999	90187.7	7596.16	6371.09	1225.07	7.62	9.39	83.87	16.13	19.23	8.42	1.23
2000	99776.3	8939.51	7280.24	1659.27	8.43	17.68	81.44	18.56	22.79	8.96	2.10
2001	110270.4	11977.34	8351.21	3626.13	8.30	33.98	69.73	30.27	43.42	10.86	4.09
2002	121002.0	13969.61	9675.04	4294.57	9.08	16.63	69.26	30.74	44.39	11.54	1.83
2003	136564.6	15600.79	11263.25	4337.54	10.03	11.68	72.20	27.80	38.51	11.42	1.16
2004	160714.4	19796.20	14101.81	5694.39	10.09	26.89	71.23	28.77	40.38	12.32	2.67
2005	185895.8	24097.21	16658.38	7438.83	11.31	21.73	69.13	30.87	44.66	12.96	1.92
2006	217656.6	29292.52	19799.21	9493.31	12.68	21.56	67.59	32.41	47.95	13.46	1.70
2007	268019.4	36224.06	24259.23	11964.83	14.16	23.66	66.97	33.03	49.32	13.52	1.67
2008	316751.7	43089.54	28191.60	14897.94	9.63	18.95	65.43	34.57	52.85	13.60	1.97
2009	345629.2	47742.61	32256.42	15486.19	9.21	10.80	67.56	32.44	48.01	13.81	1.17
2010	408903.0	56003.75	38322.94	17680.81	10.45	17.30	68.43	31.57	46.14	13.70	1.66

续表

年份	GDP	TAX	IDT	DT	GDP	TAX	IDT	DT	ts	tb	tr
2011	484123. 5	67705. 59	44881. 84	22823. 75	9. 30	20. 89	66. 29	33. 71	50. 85	13. 99	2. 25
2012	534123. 0	75513. 54	50038. 73	25474. 81	7. 65	11. 53	66. 26	33. 74	50. 91	14. 14	1. 51
2013	588018. 8	83233. 20	54274. 47	28958. 73	7. 67	10. 22	65. 21	34. 79	53. 36	14. 15	1. 33
2014	636138. 7	89547. 28	57538. 22	32009. 06	7. 40	7. 59	64. 25	35. 75	55. 63	14. 08	1. 03

（二）模型估计与检验

由于考察的是经济增长与税制结构的关系，因此把经济增长率（GDP）、税制结构（*ts*）设定为主要观察变量，然后根据经济运行中存在的关联关系而加入税收弹性（*tr*）、税负水平（*tb*）两个参与变量。由于选取的所有变量序列都为时间序列，因此在建立 VAR 模型前需要对模型中的变量进行平稳性检验；若序列为平稳序列，则可以建立 VAR 模型；若序列为非平稳序列，则需要对原序列进行差分或者协整检验。所以，首先对数据的平稳性进行检验。此处可采用 ADF 单位根检验。

表 3-9　单位根检验过程

序列	检验形式 (C, T, K)	ADF 值	1% 显著水平	5% 显著水平	10% 显著水平	判断结论
GDP	(N, N, 2)	-1.235089	-2.685718	-1.959071	-1.607456	非平稳
ts	(N, N, 2)	0.992665	-2.685718	-1.959071	-1.607456	非平稳
tb	(N, N, 2)	2.159036	-2.685718	-1.959071	-1.607456	非平稳
tr	(N, N, 2)	-0.439702	-2.708094	-1.962813	-1.606129	非平稳
DGDP	(C, T, 2)	-3.949031	-4.532598	-3.673616	-3.277364	平稳
D*Ts*	(C, T, 2)	-3.725461	-4.532598	-3.673616	-3.277364	平稳
D*Tb*	(C, N, 2)	-2.984466	-3.831511	-3.02997	-2.655194	平稳
D*Tr*	(C, T, 2)	-6.070088	-4.616209	-3.710482	-3.297799	平稳

注：检验形式（C，T，K）分别代表截距项、趋势项和滞后项，N 表示没有相应的项，表中 D 表示一阶差分算子。

从表 3-9 的结果可以看出，GDP、*ts*、*tb*、*tr* 均仅有一个单位根，这说明它们都是一阶单整过程 I（1），所以 GDP 与 *ts*、*tb*、*tr* 两两之间可能是协整的，可以使用 Eviews7.2，采用 Johansen 的极大似然方法来检验变量之间的协整关系，但由于本模型中涉及的变量太多及时间序列样本不够长而无法检验各变量之间的协整关系，但由于他们的一阶差分序列是平稳序列，因此可以用无约束的 VAR 模型进行实证研究。

（三）基于 VAR 模型的广义脉冲响应分析

1. VAR 模型的稳定性检验

在对所选取数据平稳性的检验基础上，对 GDP 与 *ts*、*tb*、*tr* 进行了 VAR 模型估计，并采用 AR 根估计的方法对 VAR 模型估计的结构进行平稳性检验。AR 根估计基于的原理是计算特征根多项式的值。即通过计算的特征根的倒数的模与 1 进行比较，如果 VAR 模型所有根的倒数的模小于 1，即位于单位圆内，表示该 VAR 模型平稳；如果 VAR 模型所有根的倒数的模大于 1，即位于单位圆外，则表示该 VAR 模型不平稳（如图 3-13 所示）。

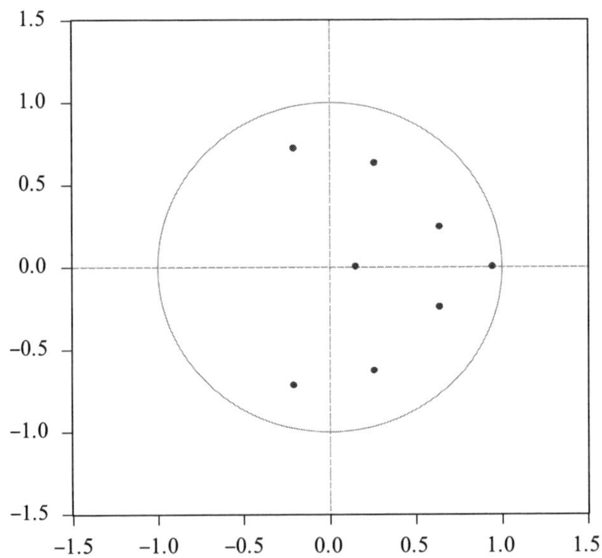

图 3-13　VAR 模型根模显示图

图 3-13 中单位圆中的点表示的是 AR 特征根的倒数的模，从图 3-13 可以看出这些点都在单位圆内，所以被估计的 VAR 模型是稳定的，得到的结果是有效的。由于得到的 VAR 模型是稳定有效的，所以在此基础上，使用广义 VAR 模型的脉冲响应分析 GDP 与 *ts*、*tb*、*tr* 的冲击响应，刻画出各变量间的动态关系。本章选取的是滞后期为 6 期的脉冲响应模型。

2. *ts*、*tb*、*tr* 对经济增长的脉冲响应分析

从图 3-14 可以看出，当在本期给经济增长一个正向冲击后，经济增

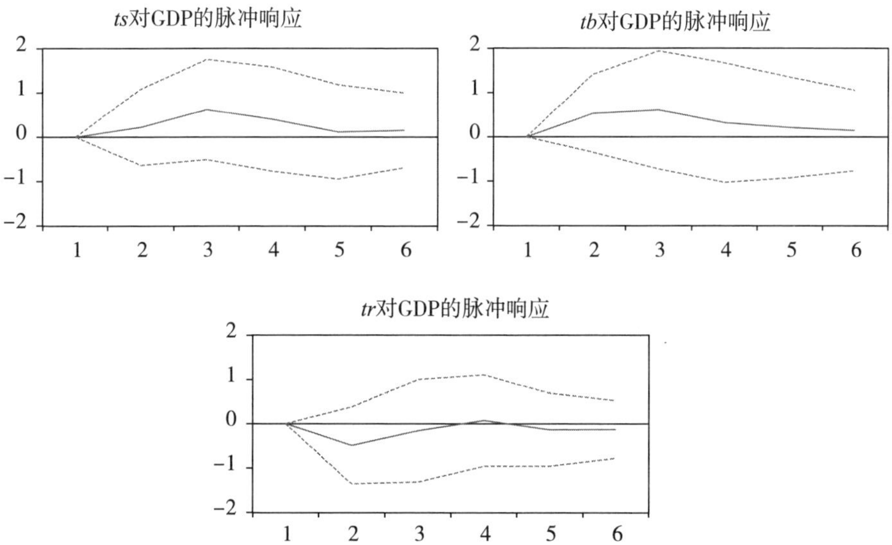

图 3-14　ts、tb、tr 对 GDP 的脉冲响应分析

长对来自税系结构、税收负担和税收弹性的扰动没有立即作出响应，经济增长在第一期的响应等于 0。经济增长受到税系结构和税负水平的正向冲击后，GDP 增长率一直大于 0。经济增长在第一期之后对税系结构的扰动迅速加强，直到第三期响应达到最大，之后呈下降的趋势，但还是正向的，到第五期之后趋于平稳，累计效应为 0. 151365。这说明我国现行的税系结构对中国的经济发展是起促进作用的，且直接税收入的提高促进了经济增长。经济增长在第一期之后对税收负担的扰动平缓加强，直到第三期响应达到最大，之后呈缓慢下降的趋势，且是正向的，到第五期趋于平稳，累计效应为 0. 144039。这说明初期税收收入的增长对经济的增长起到了促进作用，而之后的下降趋势显示税收收入的增长对经济发展的影响不显著，即 GDP 增长率的提高显著地增加了税收负担。经济增长受到税收弹性的冲击后，从第二期开始 GDP 增长率迅速减为负值，在第三期开始上升并在第四期重新变为正值，且冲击作用微弱，到第五期又重新变为负值，之后一直到期终都持续为负，累计效应为-0. 129971。这说明税收收入的增长速度与经济发展水平不相匹配，有必要优化税制结构。

3. 经济增长对税系结构、税负水平、税收弹性的脉冲响应分析

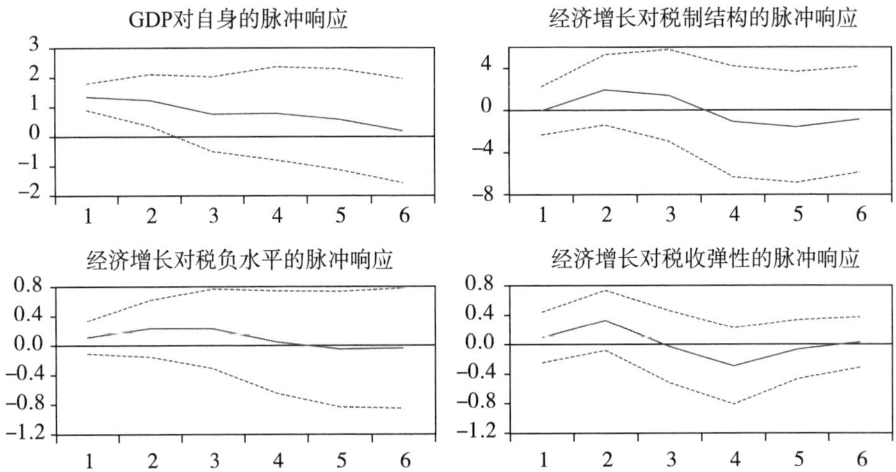

图 3-15 GDP 对 *ts*、*tb*、*tr* 的脉冲响应分析

从图 3-15 可以看出，经济增长在整个冲击响应阶段里，整体呈现正向的影响。期初，经济增长在受到单位冲击后马上反应到最大，之后迅速衰减，尽管在第三期和第四期有微弱的波动，但在第五期之后又缓慢下降。这说明经济增长对自身的信息过程较为敏感，初始阶段会促进经济增长，但长期来看经济发展会保持稳定。税制结构对经济增长一个标准差的扰动在第一期的响应等于 0，之后迅速增强，在第二期达到最大，之后迅速下降，在第四期转为负效应，之后在第五期和第六期有微弱的波动，在第六期后有加强的趋势。这说明经济增长推动了税制结构的提高，而此后的负向作用则显示随着税制结构的提高即直接税收入的提高，经济增长在提高税制结构方面变得更加困难，甚至变为负值。初始即第一期至第四期时，税收负担对经济增长一个标准差的扰动不但呈现正向的效应，且较为平稳，但在第五期减为负值，之后一直到期终都持续为负。这说明我国在税负水平较低时，经济增长随税负的增加而增加，但增加到一定水平后，税负增加反过来将会阻碍经济增长及发展。税收弹性对经济增长一个标准差的扰动在第一期呈现出微弱的正响应，之后不断加强，在第二期达到最大值 0. 32768，之后迅速下降，在第三期降为负值，甚至在第四期降到最

小值-0.0684，之后响应缓慢地加强，在第六期重新变为正值，之后一直持续为正，但响应很微弱。

4. 基于 VAR 模型的方差分解分析

基于 VAR 模型的方差分解是通过分析每一个结构冲击对内生变量变化（这种变化用方差来衡量）的贡献程度，进而评价不同结构冲击的重要性。表 3-10 给出了方差分解的结果。

表 3-10　基于 VAR 模型的方差分解分析

Period	S. E.	GDP	*ts*	*tb*	*tr*
1	1.344874	100.00000	0.000000	0.000000	0.000000
2	1.975230	85.39555	1.294078	7.170588	6.139784
3	2.295587	74.34984	8.359949	12.280270	5.009938
4	2.483266	73.65710	9.819605	12.152790	4.370509
5	2.566482	74.17044	9.402521	12.055610	4.371432
6	2.585475	73.64271	9.607630	12.189510	4.560147

从表 3-10 中可以看出，在第一期预测中，经济增长预测方差全部是由经济增长自身扰动所引起的，这是由于方差分解的第一个输入变量是“GDP”。在第二期预测中，经济增长方差有 85.4%的部分是由经济增长自身扰动所引起的，1.29%的部分是由税制结构扰动所引起的，7.17%的部分是由税收负担扰动所引起的，6.14%的部分是由税收弹性扰动所引起的。随着预测期的增加，经济增长预测方差中由非经济增长变量扰动解释的部分逐渐增加，而由经济增长自身扰动解释的部分逐渐下降但其所占的百分比还是比较大。大约在第四期，经济增长分解结果基本稳定，经济增长方差有 73.66%左右是由经济增长扰动自身所引起的，9.82%是由税制结构扰动所引起的，12.15%是由税收负担所引起的，4.37%是由税收弹性所引起的。

（四）实证研究结论

本节在运用基于 VAR 模型的广义脉冲响应函数法的基础上，通过考察我国20年（1994—2014年）间税系结构（*ts*）、税负水平（*tb*）和税收弹性（*tr*）与经济增长的长期动态影响关系，可以看到，经济增长对税系结构和税负水平有显著的影响，一是经济增长使得税负水平的提高更为容易，二是经济增长提高了直接税收入占税收总收入的比重。但随着直接税收入提高到一定程度，反而会限制经济的增长速度，进而抑制税收负担的加重。然而在我国当前的税收制度下，增值税、营业税、消费税构成的间接税比重过高，为了保持经济的稳健增长，我们需要在维持现有的税制结构稳定的前提下，降低间接税的比重，增加直接税的比重，即增加所得税的比重。

二、法治背景下我国税制结构对收入分配影响的实证分析

目前我国经济总规模和人均 GDP 水平不断上升，但收入分配却不断拉大，成为社会可持续发展的重要障碍。据国家统计局公布的数据，2014 年我国基尼系数达到了 0.469，已经远远超过国际警戒线 0.4 的水平。而税收政策是政府实施调节个人收入分配差距的重要措施之一，对调节居民收入差距起到积极的作用，因此首先要深入研究中国现行税制结构对收入分配的影响程度，其次是通过优化和调整现行税制结构来实现缩小居民收入差距的目标。

（一）模型假定、变量选择、数据选取

根据税制结构影响收入分配的一般机理构造回归模型如下：

$$\begin{aligned} Gini_t &= C+\beta_1\times GDPR_t+\beta_2\times PLE_t+\beta_3\times tbR_t+\zeta_t \\ Gini_t &= C+\beta_1\times GDPR_t+\beta_2\times PLE_t+\beta_3\times IDTR_t+\zeta_t \\ Gini_t &= C+\beta_1\times GDPR_t+\beta_2\times PLE_t+\beta_3\times DTR_t+\zeta_t \end{aligned} \tag{3.2}$$

基尼系数是国际上衡量收入分配差距的最常用指标，因此本书用基尼系数来作为被解释变量。市场经济国家衡量收入差距的一般标准为：基尼系数在 0.2 以下表示绝对平均；0.2—0.3 表示比较平均；0.3—0.4 表示较为合理；0.4—0.5 表示差距较大；0.5 以上说明收入差距悬殊。而国际上认为 0.4 是贫富差距的警戒线，超过 0.4 就容易引发社会动荡。国内外文

献虽然没有证明经济发展水平和收入差距之间存在的确切关系，但却证明了它们之间确实存在着密切关系。因此，将经济发展水平作为重要的控制变量。根据上文税制结构对经济发展水平的影响的实证分析，我们用实际GDP 增长率表示经济发展水平。我国近年来一直在增加民生支出，这是由于民生支出水平的提高会在一定程度上缓解收入分配的差距。民生支出大致包括教育、医疗卫生、社会保障和就业。而我国的教育、医疗设施主要集中在城市，且社会保障覆盖的对象也主要是城镇居民，农村居民享受高质量教育、医疗设施和社会保障的机会比城镇居民小得多。民生支出水平的提高反而可能会拉大城乡居民收入差距，进而拉大居民收入差距。因此，我们将民生支出水平定位为第二个控制变量，用民生支出占 GDP 的比重表示。①

最后选择解释变量。首先，可以用宏观税负水平表示整个税收制度对居民收入分配差距的影响；其次，可以用直接税和间接税表示对居民收入分配差距的影响（如表 3-11 所示）。

表 3-11　我国基尼系数与变量数据

年份	基尼系数（*Gini*）	GDP 增长率（*GDPR*）	民生支出占 GDP 的比重（*PLE*）	宏观税负（*tbR*）	间接税占 GDP 的比重（*IDTr*）	直接税占 GDP 的比重（*DTr*）
2007	0.484	14.16	5.43%	13.52%	9.05%	4.46%
2008	0.491	9.63	5.86%	13.60%	8.90%	4.70%
2009	0.490	9.21	6.38%	13.81%	9.33%	4.48%
2010	0.481	10.45	6.48%	13.70%	9.37%	4.32%
2011	0.477	9.30	7.03%	13.99%	9.27%	4.71%
2012	0.474	7.65	7.69%	14.14%	9.37%	4.77%
2013	0.473	7.67	7.61%	14.15%	9.23%	4.92%
2014	0.469	7.40	7.73%	14.08%	9.04%	5.03%

注：民生支出数据采自《中国统计年鉴》2007—2014 年的数据，2007—2014 年我国的基尼系数采自中国统计局公布的数据。

① 周克清、毛锐：《税制结构对收入分配的影响机制研究》，《税务研究》2014 年第 6 期。

（二）模型回归与检验

1. 多元线性回归拟合

采用 EViews 进行模型的估计，得到表 3-12 的回归结果：

表 3-12 各模型回归结果

变量 \ 模型	(1)	(2)	(3)
C	0.352348* (-1.736428)	0.523975*** (18.77374)	0.651802*** (24.05692)
GDPR	-0.003395** (-4.131175)	-0.003742*** (-7.712663)	-0.003679*** (-4.997885)
PLE	-0.021375** (-4.140154)	-0.016923*** (-13.23636)	-0.014091*** (-7.429061)
tbR	0.02194* (1.300469)		
IDTr		0.011514** (-3.616223)	
DTr			-0.00893* (-1.860884)
R^2	0.952325	0.984111	0.963643
Adj-R^2	0.916568	0.972195	0.936375
F	26.63358	82.58418	35.33964
P	0.004193	0.000471	0.002448
D.W.	1.744565	2.605158	2.759811

注：***表明 P 值小于 1%，**表明 P 值处于 1%—5%，*表明 P 值处于 5%以上。

从线性回归结果看到：模型（1）、(2)、(3）拟合优度值很高；F 值分别为 26.63358、82.58418、35.33964，说明模型在 5%的水平下是显著的；由回归系数的 t-统计量值可知回归系数是显著的。从序列相关的角度看：D.W. 值分别为 1.7446、2.605158、2.759811，在水平 5%下存在序列自相关。

2. 异方差检验

由于异方差的存在会影响模型线性回归的结果，使得所做的 F 检验、t 检验失去意义，所以，给出异方差检验的 Breusch- Pagan 检验结果（如图 3-16 所示）。

Heteroskedasticity Test: Breusch-Pagan-Godfrey

F-statistic	3.182410	Prob. F(6,1)	0.4046
Obs*R-squared	7.601880	Prob. Chi-Square(6)	0.2687
Scaled explained SS	0.888501	Prob. Chi-Square(6)	0.9895

Test Equation:
Dependent Variable: RESID^2
Method: Least Squares
Date: 03/15/16 Time: 21:20
Sample: 2007 2014
Included observations: 8

Variable	Coefficient	Std. Error	t-Statistic	Prob.
C	0.000674	0.000257	2.621973	0.2320
GDPR	-1.46E-06	8.99E-06	-0.162186	0.8976
PLE	-5.73E-06	4.38E-05	-0.130699	0.9173
DTR	-0.000264	9.41E-05	-2.809952	0.2177
GDPR^2	1.93E-08	4.04E-07	0.047819	0.9696
PLE^2	3.78E-07	3.36E-06	0.112300	0.9288
DTR^2	2.73E-05	1.01E-05	2.690919	0.2265

R-squared	0.950235	Mean dependent var	2.06E-06
Adjusted R-squared	0.651645	S.D. dependent var	2.13E-06
S.E. of regression	1.26E-06	Akaike info criterion	-24.66713
Sum squared resid	1.58E-12	Schwarz criterion	-24.59762
Log likelihood	105.6685	Hannan-Quinn criter.	-25.13596
F-statistic	3.182410	Durbin-Watson stat	2.893566
Prob(F-statistic)	0.404606		

Heteroskedasticity Test: Breusch-Pagan-Godfrey

F-statistic	0.695906	Prob. F(6,1)	0.7242
Obs*R-squared	6.454236	Prob. Chi-Square(6)	0.3743
Scaled explained SS	0.313085	Prob. Chi-Square(6)	0.9994

Test Equation:
Dependent Variable: RESID^2
Method: Least Squares
Date: 03/15/16 Time: 21:41
Sample: 2007 2014
Included observations: 8

Variable	Coefficient	Std. Error	t-Statistic	Prob.
C	0.000640	0.012072	0.052980	0.9663
GDPR	-2.10E-05	2.12E-05	-0.987818	0.5039
PLE	9.50E-05	0.000131	0.723276	0.6014
TBR	-9.65E-05	0.001775	-0.054350	0.9654
GDPR^2	9.00E-07	9.48E-07	0.949799	0.5164
PLE^2	-6.98E-06	9.81E-06	-0.711414	0.6063
TBR^2	2.58E-06	6.37E-05	0.040515	0.9742

R-squared	0.806779	Mean dependent var	2.70E-06
Adjusted R-squared	-0.352544	S.D. dependent var	1.80E-06
S.E. of regression	2.09E-06	Akaike info criterion	-23.64797
Sum squared resid	4.37E-12	Schwarz criterion	-23.57846
Log likelihood	101.5919	Hannan-Quinn criter.	-24.11680
F-statistic	0.695906	Durbin-Watson stat	2.810177
Prob(F-statistic)	0.724178		

Heteroskedasticity Test: Breusch-Pagan-Godfrey

F-statistic	0.524486	Prob. F(6,1)	0.7834
Obs*R-squared	6.070855	Prob. Chi-Square(6)	0.4153
Scaled explained SS	1.772081	Prob. Chi-Square(6)	0.9394

Test Equation:
Dependent Variable: RESID^2
Method: Least Squares
Date: 03/15/16 Time: 21:39
Sample: 2007 2014
Included observations: 8

Variable	Coefficient	Std. Error	t-Statistic	Prob.
C	0.009350	0.009141	1.022828	0.4928
GDPR	-2.08E-05	3.13E-05	-0.663947	0.6269
PLE	0.000146	0.000182	0.801826	0.5697
IDTR	-0.002122	0.002077	-1.021557	0.4932
GDPR^2	1.04E-06	1.50E-06	0.697083	0.6124
PLE^2	-1.07E-05	1.35E-05	-0.791978	0.5736
IDTR^2	0.000116	0.000113	1.023827	0.4925

R-squared	0.758857	Mean dependent var	8.99E-07
Adjusted R-squared	-0.688002	S.D. dependent var	1.47E-06
S.E. of regression	1.91E-06	Akaike info criterion	-23.82937
Sum squared resid	3.64E-12	Schwarz criterion	-23.75986
Log likelihood	102.3175	Hannan-Quinn criter.	-24.29819
F-statistic	0.524486	Durbin-Watson stat	2.724313
Prob(F-statistic)	0.783431		

图 3-16 各模型的异方差检验结果图

由图 3－16 可知，模型（1）、(2)、(3) 的 R^2 值分别为 0.806779、0.758857、0.950235，均大于 0.05 水平下的卡方值，所以三个模型不存在异方差，由此模型得出的结论具有意义。

（三）实证结果分析

1. 控制变量与宏观税负对收入分配差距的影响分析

模型（1）反映了控制变量与宏观税负对收入分配差距的影响，其调整的 R^2 值是 0.917，F 值是 26.634，说明模型有较强的解释力。其中，实际 GDP 增长率和民生支出的系数全部为负，说明实际 GDP 的增长率的上升和民生支出的增加可以降低基尼系数，降低收入水平分配的差距。宏观税负的系数为正，并且通过了 5%水平上的显著性检验，这说明我国的税收制度整体上对收入分配具有负面影响，不利于缩小收入分配差距，我国税收制度还存在着不合理性。

2. 税制结构对收入分配差距的影响分析

本章借鉴阿诺德（Arnold，2008）的研究方法，在估计方程的税收变量参数中，一次忽略其他的税收变量，从而估计剩余税收变量对基尼系数的影响结果。该方法假定，那些被忽略的变量与本模型没有相关关系；一种税类比重的上升可以用另一种税类比重的下降来弥补，从而使得总税额保持一定。

在模型（2）中，间接税的系数为正，在 5%的显著水平上通过检验，表明我国的间接税对居民收入分配具有负面作用，即具有较强的累退性。在模型（3）中，直接税的系数为负，且在 5%的显著水平上通过了检验，由此表明我国的直接税收入的增加会降低基尼系数，减小居民收入分配的差距。

（四）实证研究结论

从实证结果来看，我国要提高直接税的征收。宏观税负每上升 1 个百分点，基尼系数上升 0.022 个百分点；直接税负担每增加 1 个百分点，基尼系数降低 0.009 个百分点；间接税负担每增加 1 个百分点，基尼系数上升 0.012 个百分点，所以说间接税扩大居民收入分配差距的作用大于直接税。而目前我国间接税占税收总收入的比重高于直接税的占比，会拉大居民收入分配差距，没有有效发挥税收调节收入分配差距的作用。因此，为了更好维护社会的公平公正，促进经济可持续发展，我国应进一步降低间接税的税负水平，逐步提高直接税占税收总收入的比例。要缩小居民收入分配差距就得减少间接税的征收，增加直接税的征收，完善所得税制，并且提高民生支出。而增加直接税的征收，就必须强化税收征管制度，可以通过加大对税源的控制和监督、健全与税收征管相关的法律体系和建立有效的税收稽查和处罚制度等三个方面来完善税收征管制度，从而增强税制结构调节收入分配的力度。

第四节　国际社会税制结构变动的借鉴与启示

一、各国税制结构纵向分析

（一）美国

1. 美国税制结构的变动及成因分析

（1）第一阶段：1787 年至 1913 年。这一阶段美国的税制结构呈现出以间接税为主体的特征。美国建国后，一度没有全国统一的一套税收制度，直至 1787 年美国制定了《美利坚合众国联邦宪法》，并于 1789 年正式生效，联邦政府才有了独立的课税权，并且关税成为 20 世纪财政收入的重要来源。美国由此建立起了以关税为主体的税制结构。随后，由于美国内战经费的需要，1862 年联邦政府通过了《联邦所得税法》，自此课征了一段时间的个人所得税，在内战期间起到了重要的作用。但战争结束后由于贵族地主阶级的反对，个人所得税被迫于 1872 年废止，后经过多次博弈，直至 1913 年才重新开征所得税。而自 1861 年起联邦政府对国内消费税课税范围进行了扩大，使得消费税在税收总额中的比重得以提高。综合以上原因，这一阶段美国税制结构表现出以间接税为主体的特征。

（2）第二阶段：1913 年至 20 世纪 70 年代中期。这一阶段美国的税制结构呈现出以直接税为主体。这个时间段美国经历了两次世界战争，在战争期间，所得税作为筹集军费的重要来源使得个人所得税自 1913 年重新开征以来在税收总额的中比重越来越高，最后在美国的税制结构中占据了主导地位。1935 年美国通过《社会保障法案》，开征了工薪税，也就是社会保障税，开始主要是为养老保险筹资，之后范围扩展到住院保险、失业保险、住房补助等多个领域。

（3）第三阶段：20 世纪 70 年代中期至今。这一阶段仍然以直接税为主体，进入复合税阶段，税制结构相对稳定。这个阶段个人所得税的主体地位得到巩固，社会保障税比重不断提高，成为美国的第二大税种，仅次于个人所得税，逐步形成了以所得税、社会保障税和商品与劳务税为主，财产税为主要补充的复合税制结构。

2. 美国税制结构现状及成因分析

下面以经合组织网站上提供的 1965 年至 2013 年的数据为例，从宏观税负水平、税系结构、税种结构等角度对美国税制结构现状进行分析。在这里分析的税种是以经合组织的分类为标准的，主要是考虑到之后横向比较各个国家之间的税制比较方便。

（1）税负层面分析。美国的宏观税负水平在主要发达国家之中都是属于较低水平的。如图 3-17 所示，美国的宏观税负水平自 1965 年以来最低为 23.3%，最高达到 28.4%，保持在 23%—29%，波动幅度较小，相对比较平稳。

（2）税系层面分析。按照经合组织分类的六大税种，对商品和劳务课税与其他税种属于间接税，而其他四个重要税种为直接税。从图 3-18 可以看出，美国直接税在税收中占据绝对优势地位，自 1965 年以来比重一直处于 77%以上，最高达到 83.97%。波动幅度很小，在 7%以内，而相比之下间接税的比重就较小了，最高也只是 1965 年的 22.76%，从未超过 23%，波动幅度也很小。从税系角度来看，美国的税制结构表现出稳定的趋势，并没有太大的改变，一直保持着直接税的主体地位。

（3）税种层面分析。从图 3-19 中可以分析出，美国所得、利润和资

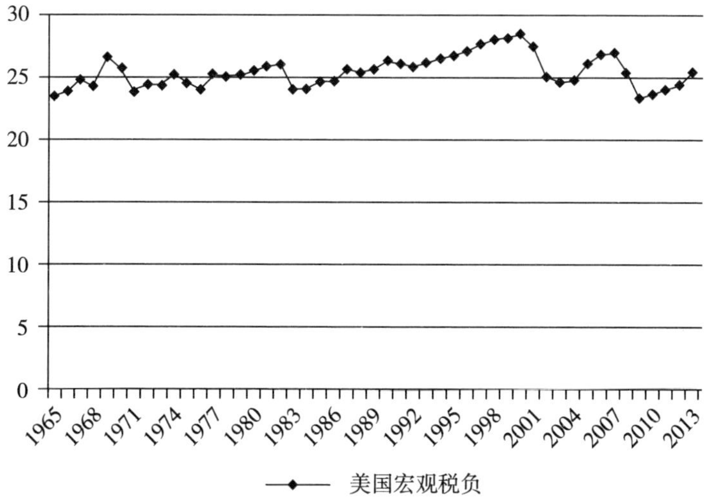

图 3-17　美国 1965—2013 年税收总额占 GDP 比重

资料来源：经合组织数据库。

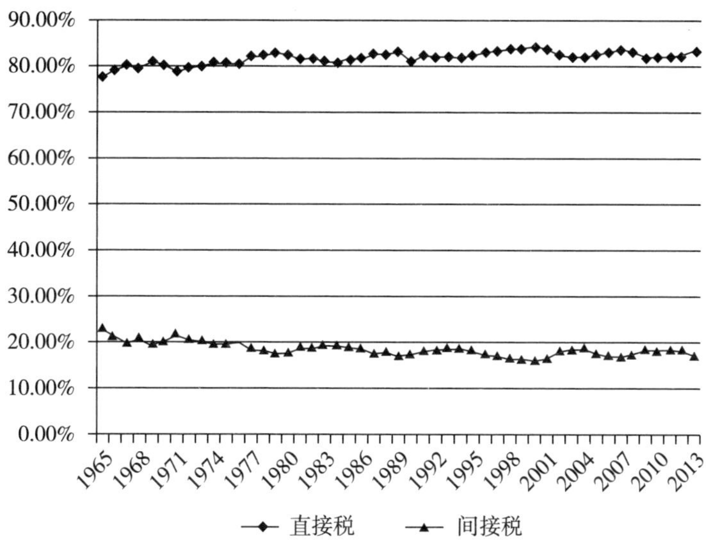

图 3-18　美国 1965—2013 年直接税和间接税占税收总额的比重

资料来源：经合组织数据库。

本利得税占税收总额的比重远远高于其他税种，居于主导地位，一直处于41%以上的水平，波动幅度在 10 个百分点左右。社会保障税的比重整体处于上升趋势，于 1975 年超过商品与劳务税，成为第二大主体税种，进入 21 世纪后略有波动，但波动幅度很小。财产税和商品与劳务税占比比较稳定，波动幅度较小，为 5 至 7 个百分点，且两者变化幅度大体相同。综上，现行美国税制是以所得税、社会保障税和商品与劳务税为主，财产税为主要补充的复合税制结构。

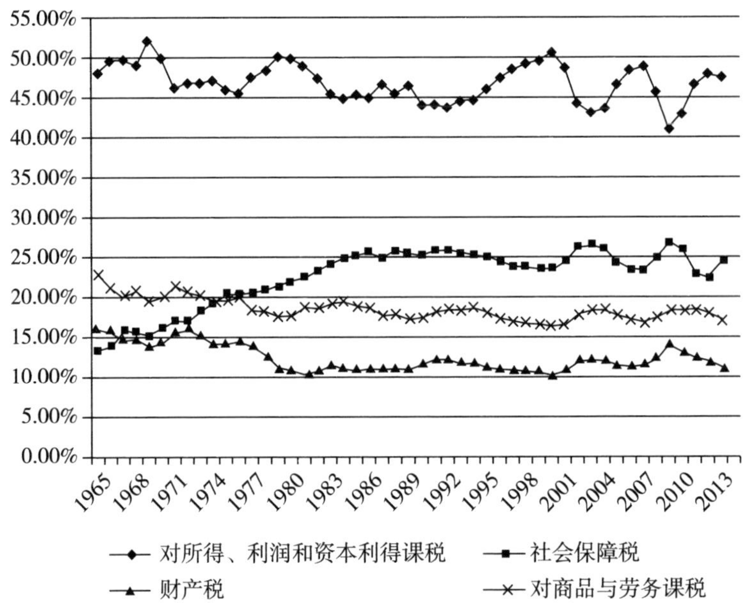

图 3-19 美国 1965—2013 年主要税种占税收总额的比重

资料来源：经合组织数据库。

（4）成因分析。第一，经济因素。美国之所以表现出直接税为主体的税制结构，主要归因于经济的发展。在两次世界大战期间，战火均未燃烧到美国本土大陆，美国的经济发展有一个相对独立的安定的环境。美国大发战争财，国际间贸易往来频繁，对于推动美国经济的发展起到了至关重要的作用。工业革命后，一方面，城市化水平大幅提高，人口大多集中于城市也利于采用源泉扣缴的方法来征收所得税，且便于核查人们的收入水平，这些都为所得税的征收创造了便利的条件。另一方面，机械化水平的提高使得拥有熟练技术的工人的工资和福利水平有了很大的提高，经过长期的积累有了一定量的资金，并且工业化扩大了人们的就业渠道，使得劳动作为要素更大规模地投入市场，对个人提供要素的收入进行课税，大大提高了所得税的比重。所得税取代关税成为第一大税种，美国于是由间接税过渡到直接税。由图 3-20 可知，美国的人均 GDP 一直保持着高速的发展，经济发展水平不断提高。高速发展的经济使得美国的所得税有了广泛并不断扩大的税基，提升并不断巩固着美国直接税的主体地位。

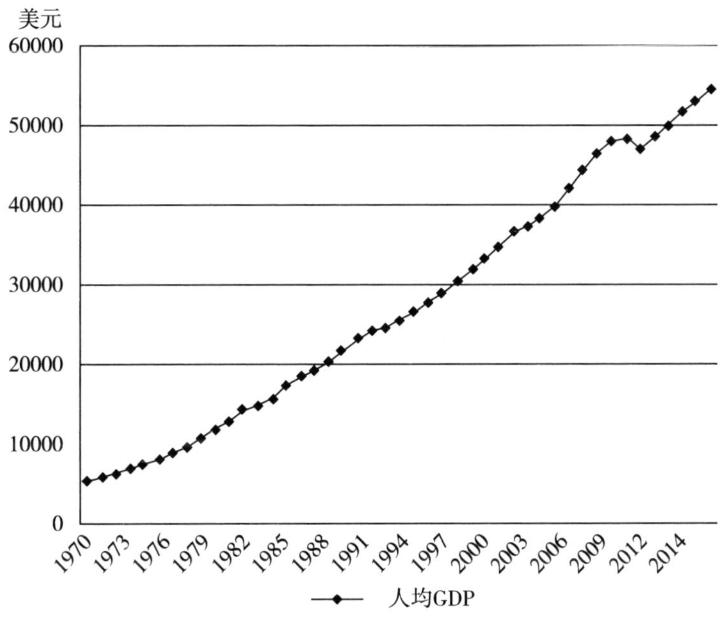

图 3-20　美国 1970—2014 年人均 GDP 值

资料来源：经合组织数据库。

第二，政治因素。政府在进行税制设计之时，不仅注重效率，还要考虑公平。早期美国主要以发展经济为主要政策目标，所以以商品税等间接税为主要税种。工业革命后，美国的经济已经处于世界前列，再加上美国公民的公平呼声的提高，政府越来越注重社会公平。个人所得税因实行累进税率有利于缩小贫富差距而得到政府的垂青，并且个人所得税本身具有“自动稳定器”功能，有利于社会公平的稳定，使直接税的比重也保持了相对稳定的状态。社会保障税的兴起一方面是由于其本身也利于公平，另一方面是由于美国经济发展起来后，更加注重提升本国公民的福利待遇，于是便扩大了政府的支出范围，使得社保与公共方面的支出得以增加，再加上社会保障的范围也在扩张，涵盖了养老、医疗、失业、伤残等多个领域，因此美国自1935年立法开征社会保障税以来，社会保障税的比重迅速上升，最后成为仅次于个人所得税的第二大税种，在美国税制中起着重要的作用。

与此同时，政府通过改革税制以适应经济的发展，并在此过程中不断优化税制结构。尤其值得注意的是20世纪80年代里根政府的改革和21世纪布什政府的改革。20世纪70年代美国经济陷入“滞胀”状态，较高的税负抑制了消费，降低了投资能力。为有效解决经济上的问题，80年代里根政府以降低所得税税率扩宽税基，降低政府支出，取消部分税收优惠等措施来减少政府对经济的干预，恢复市场的调节作用，借以降低税负，刺激投资，促进经济的发展，使得美国经济走出经济低谷，有效地复兴了经济。布什政府同样作出了减税的措施，降低了所得税税率，并增加了对个人教育支出的优惠，刺激了经济，创造了更多的就业机会。

第三，文化因素。美国文化有着公平、法治、社会契约的特征，这使得美国公民追求税收的公平性，有着高度的纳税意识，将依法纳税作为生活中习以为常的一部分。并且美国政府也有着依法征税的意识，坚持社会契约原则，坚持义务与权利共存，这为征收并管理所得税提供了便捷的条件。

（二）法国

1. 法国税制结构的变动及成因分析

（1）第一阶段：1914年至20世纪40年代。这一阶段法国税制处于以间接税为主体的阶段。当时正处于两次世界大战时期，和美国一样，为了满足军队庞大开支的需要，法国政府开征所得税。但是与美国不同，法国的所得税并未能满足战争的需要，政府只能于1917年开征了支付税，也就是我们现在所说的营业税。由于营业税具有税额计征简便、征收成本低、征税范围广等优点，因此较有效地满足了当时法国政府的开支需要，为营业税主体地位的建立奠定了基础。之后，营业税征收规模逐渐扩大，在当时成为主体税种。

（2）第二阶段：20 世纪 50 年代至 20 世纪 70 年代。这一阶段法国实现了税制结构的转型，由间接税为主体的税制转变成为以直接税为主体的税制，主要税种为社会保障税。法国的社会保障税的前身是社会分摊金，始于 1945 年。因为随着经济的不断发展，法国的社会保障制度日趋完善，社会保障的范围越来越大，涉及医疗、伤残、退休、养老、生育乃至死亡等多个阶段，基本实现了全民覆盖，覆盖面的扩大使得政府的财政支出也随之扩大，使得社会保障税收入额随之不断发展壮大，在税收总额中的比重也不断上升，在 20 世纪 70 年代中期超过了商品与劳务税成为第一大税种。再加上所得税的征收比重的上升，法国税制实现了以间接税为主体税制向以直接税为主体税制的转变。

（3）第三阶段：20 世纪 80 年代至今。这一阶段从税系层面上看，税制结构并未发生改变，仍然是以直接税为主体的税制结构。而从税种层面可以看出，各个税种的比重发生了较大幅度改变，社会保障税的比重虽有下降但其主体地位未变，所得税比重进一步上升，而属于间接税的商品和劳务税的比重则下降很多。

2. 法国税制结构现状及成因分析

（1）税负层面分析。法国是高税负国家，税负水平远高于经合组织国家的平均宏观税负水平，自 1965 年以来最低为 33. 1%，比美国最高的税负值还要高。并且法国的宏观税负水平呈现出明显的上升趋势，截至 2013 年，最高值已经达到 45%（如图 3-21 所示）。

（2）税系层面分析。从图 3-22 中可以得出，法国税制呈现出以直接税为主、间接税为辅的架构，并且两者的差距呈现出扩大的趋势。截至 2013 年，两者的差距已由最初的 17. 9%扩大到了 46. 91%。直接税的比重已经占据压倒性优势。

（3）税种层面分析。由图 3-23 可知，六大税种中，法国的税制结构在税种层面上呈现出较大幅度的波动，特别是社会保障税，所得、利润和

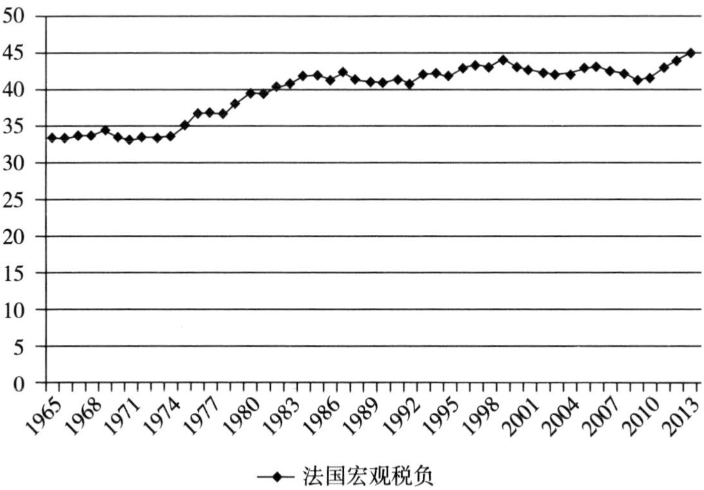

图 3-21 法国 1965—2013 年税收总额占 GDP 比重

资料来源：经合组织数据库。

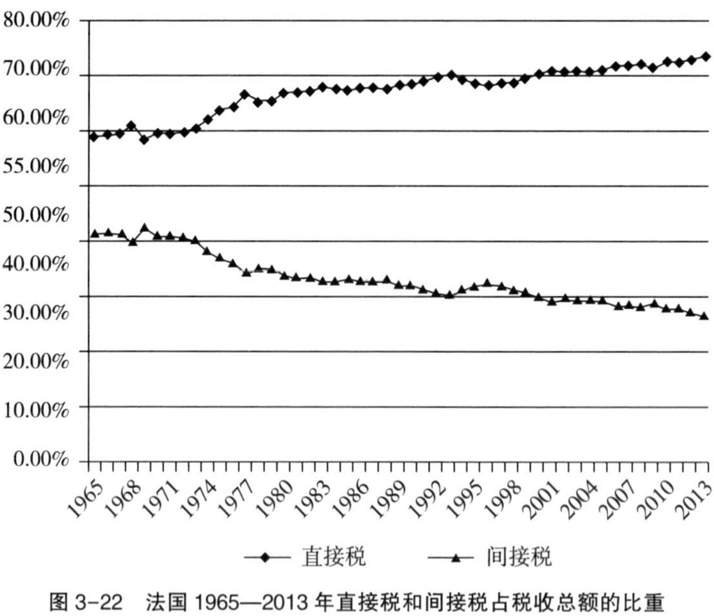

图 3-22 法国 1965—2013 年直接税和间接税占税收总额的比重

资料来源：经合组织数据库。

资本利得税，以及商品与劳务课税三个税种的变动幅度最大。其中对商品与劳务课税的比重呈现出下降趋势，比重由最初的 38.41% 下降到了

24.07%，下降幅度达到了14.34个百分点之多。相反，所得、利润和资本利得税在20世纪90年代中期之前表现出小幅波动的相对平稳的趋势，而在90年代后期此比重则突然上升到一个新的高度，之后虽有小幅下降，但就整体来看，此税种的比重仍有了很大程度的上升，与商品与劳务税渐趋平。社会保障税的比重变动则更加曲折，1993年之前，社会保障税的比重呈现出上升趋势，之后则回跌，在初始比重附近呈现出徘徊趋势，但仍然是法国第一大税种。财产税比重整体呈现出小幅上升的趋势，工资薪金和劳动力课税则较平稳，比重基本没有太大变化。

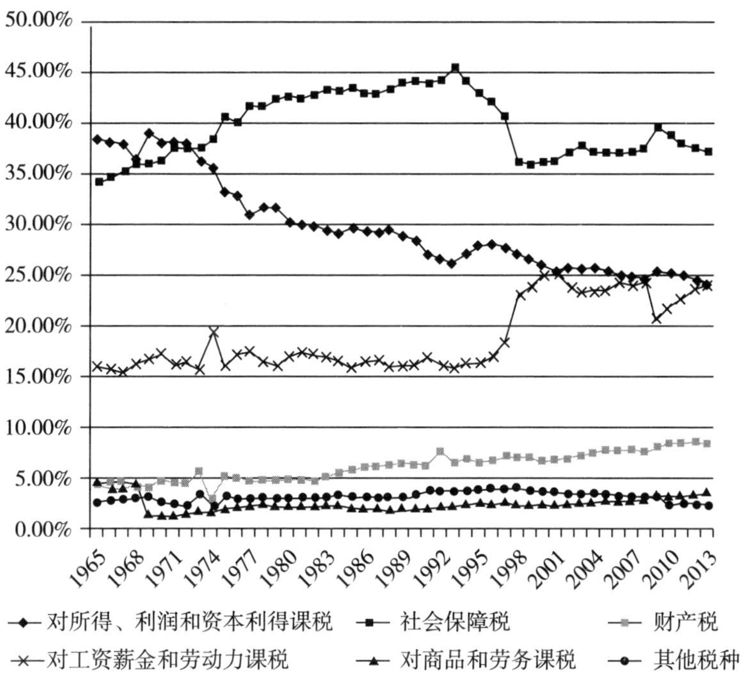

图3-23　法国1965—2013年主要税种占税收总额的比重

资料来源：经合组织数据库。

（4）成因分析。第一，经济因素。社会保障税之所以在20世纪70年代超过了商品与劳务税而成为第一大税种，与当时经济状况有内在的联系。当时世界经济都处于一个大萧条的状态，法国当然也不例外。经济下行压力使得政府为了维持高额的社会保障支出而不得不开征新的社会保障税，增加社会保障税扣缴率，并且开征了社会分摊金附加等新型税种，使得社会保障税的收入大幅增加。但是为了降低税负，又不得不降低其他税的征收，使得商品与劳务税的收入缩减。这就解释了社会保障税成为并一直维持主体税种地位的原因。

第二，政治因素。由上面的分析可知，无论是社会保障税比重的由升转降还是所得、利润和资本利得税比重的突然上升，其时间点都发生在 20 世纪 90 年代。之所以发生这样的改变，与此时间段法国的改革有很大的关系。法国在 90 年代进行了税收改革，此次改革实施了一些有利于所得税比重上升的措施，比如提升了在 1995 年 9 月 20 日及之后获准实行购股选择权的股票出售所得税的税率，取消了针对至少延续 6 年的人寿保险合同支付的保险金的税收抵免，证券所得减免优惠也不再适用于以债券形式支付的利息等，这些措施都对所得税比重的提升起到了关键性的作用。

另外，法国的所得税比重未像美国那样成为主体税种，原因在于法国的经济体制与美国不同。法国是市场调控和政府计划调节相结合的混合经济体制，政府占据大部分国民收入，同时承担教育、医疗、社会保障等多个领域的公共服务提供责任，居民收入比重偏低是法国所得税一直处于低比重徘徊的因素之一。在 80 年代，法国放宽了限制，实现了私有化，经过一段时间的发展，所得税的比重便得以提升，使得法国的税制结构更加趋于合理化。

第三，文化因素。20 世纪 70 年代发生的“滞胀”式经济同样对法国造成了很大的影响，经济的下滑虽然使得政府承担高福利的支出产生了很大的压力，但是由于法国的民主观念的影响，使得政府不能通过牺牲公民福利的形式来为政府减压，只能另辟蹊径。既然减支不行，政府就只能选择增收的角度来解决问题了。法国传统的民主思想是影响法国政府作出决策的重要影响因素之一。

（三）德国

1. 德国税制结构的变动及成因分析

（1）第一阶段：19 世纪 70 年代至第二次世界大战前。这一阶段德国实行以间接税为主体的税制结构，并且逐步向以直接税为主体的税制结构演变。和许多发达国家一样，德国这一时期的税种以消费税等间接税为主，虽然早在1891年，普鲁士邦就率先开征了所得税，并且之后各邦相继效仿开征，但之后由于第一次世界大战中德国战败，面临着2260亿马克的巨额赔款以及一系列制裁措施，再加上复兴国内经济的需要，当时高度集权的德国政府决定废除了邦所得税，由国家征收所得税与法人税，奠定了德国现代所得税的基础。另外，在1881年德国就通过了《劳动保险法》，并在之后的10年之内建立了疾病保险、事故保险和残疾保险制度，率先于其他发达国家建立了社会保险制度，但是此时的所得税与社会保险税尚未上升到主体税种的地位，在税收收入中的比重相对较低，这时的德国仍然是以间接税为主体的税制结构。

（2）第二阶段：第二次世界大战至1980年。这一阶段德国经过经济的迅速复苏及体制的完善，税制结构也进入了一个新的阶段，实现了以直接税为主体的税制结构。1968年德国改革了交易税，将其改为营业税，也就是我们所说的增值税，消除了一些重复征税等弊端，使其更加适应经济的发展需要。经过第一次世界大战后，德国人民的辛勤劳动加之行之有效的经济政策等多方面原因，德国的经济得到了迅速的发展，为所得税的扩征提供了广泛的税基；同时，所得税的增收也是为了第二次世界大战中陡增的军事经费支出的需要。另外，1911年德国新增加了孤寡抚恤金计划，并扩大了残疾保险的适用范围，将工薪阶层纳入范围之中。此外，德国又在1927年实行了失业保险。1938年和1957年德国还分别建立了手工业者养老金制度和农民养老金制度。德国社会保障体系的不断完善，也为社会保障税的增收创立了条件，使得社会保障税收入表现出上升趋势。所得税与社会保障税收入的增加，大大改变了以往以间接税为主体的税制结构，使得直接税成为税制主体。

（3）第三阶段：1981年至今。这一阶段德国仍然是以直接税为主体的税制结构，但是社会保障税代替所得税成为主体税种。德国的社会保障在20世纪基本形成了比较完善的体系，覆盖面不断扩大，社会保障税成为主体税种，这一点与法国类似。1990 年德国还进行了所得税改革，降低了个人所得税税率，取消了一些税收优惠，通过减税来扩大投资，刺激经济增长，也是造成所得税比重下降的原因之一。同时也体现了德国税制也在随着经济发展而进行着不断的优化调整。

2. 德国税制结构现状及成因分析

（1）税负状况分析。德国属于宏观税负较高的国家，自 1965 年以来最低宏观税负值为 31. 5%，最高值接近 37%，整体处于波动上升状态，20 世纪 80 年代后较平稳，在 35%上下波动，波幅较小（如图 3-24 所示）。

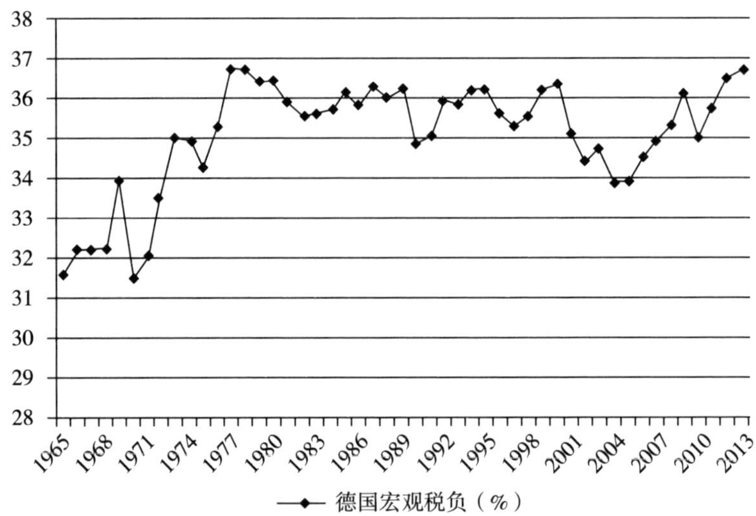

图 3-24 德国 1965—2013 年税收总额占 GDP 比重

资料来源：经合组织数据库。

（2）税系层面分析。图 3-25 主要反映的是 20 世纪中后期以来税系层面上德国税制结构的变动，可以看出德国的现行税制结构以直接税为主，并且波动幅度较小，基本呈现稳定的发展趋势。直接税比重维持在 70%左右，特别是 20 世纪中期以来比重均处于 70%以上，可谓是绝对的优势地位。

（3）税种层面分析。从税种层面上可以明显地看出德国税制结构的变动，社会保障税基本呈现上升趋势，进入 21 世纪后略有调整（如图 3-26 所示）。而所得、利润与资本利得税则与之相反，呈现出下降的趋势，与

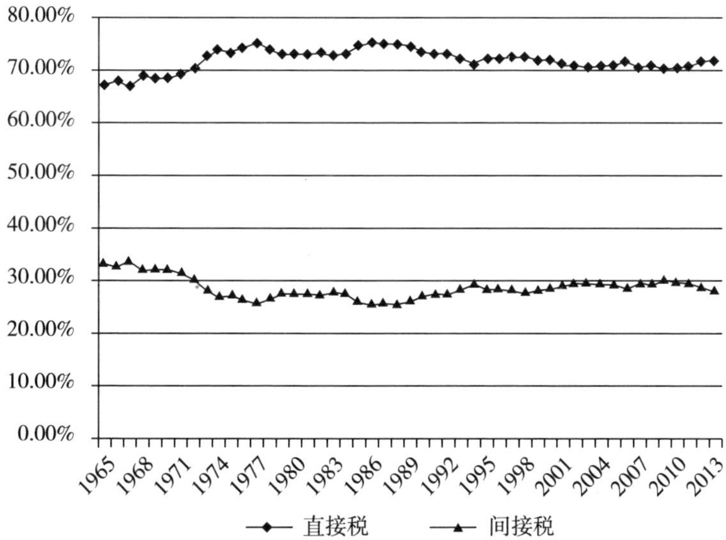

图 3-25 德国 1965—2013 年直接税和间接税占税收总额的比重

资料来源：经合组织数据库。

社会保障税的变动大致呈对称分布。作为间接税主体的商品与劳务税波动幅度相对较小，基本处于 25%—30%，近期比重与所得、利润与资本利得税相近。财产税比重很低，已经低于 5%。

（4）成因分析。第一，经济因素。德国的税制结构的形成与其本身的经济发展有密切的关系。德国作为第二次世界大战的战败国，经济却能够在短时间内复苏，重新回到世界大国的地位，可谓是奇迹。德国发达的工业体系功不可没，德国的现代化的能源、交通和电信基础设施在世界经济论坛发布的《2009—2010 年度全球竞争力报告》中，被评为世界第一；德国拥有技术娴熟的高进取心的劳动力，在经济发展中起到了关键的作用；德国制造业有很高的生产效率，且技术密集型产业发展迅速。这些因素都使得德国经济发展迅速。而迅速发展的经济为所得税的课征以及社会保障体系的建设提供了有效的保障，使得其拥有广泛的税基，劳动力收入的提高也为个人所得税的课征创造了条件。德国较高水平的经济及以工业、服务业为主体的产业结构都是造成现在税制结构的重要因素。这种产业结构也使得德国具有较高的税负承受能力。

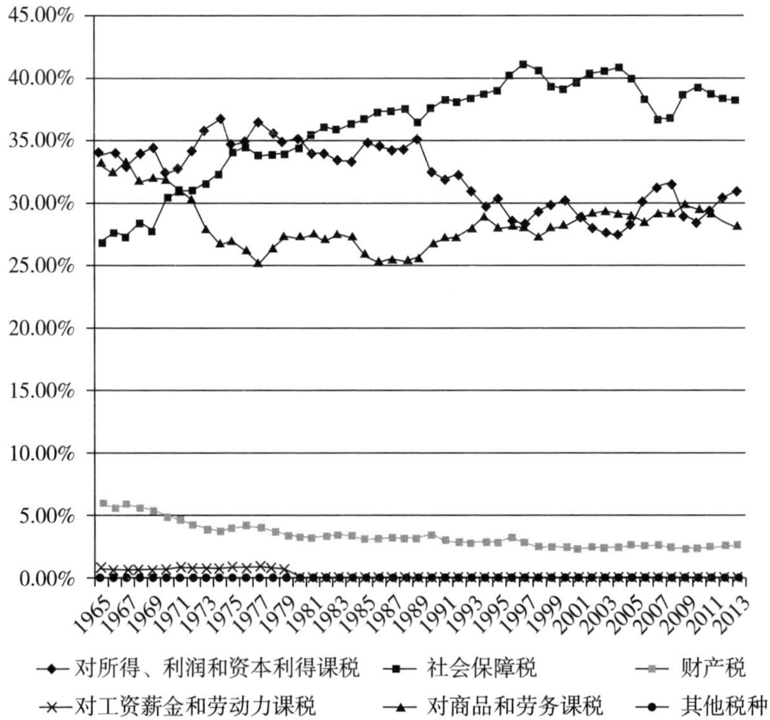

图 3-26 德国 1965—2013 年主要税种占税收总额的比重

资料来源：经合组织数据库。

第二，政治因素。德国是发达国家，人均收入也处于较高水平，政府追求的政策目标不局限于经济的增长，而更加注重公平，因此德国不断完善自身的社会保障制度，提高全民的福利水平。社会保障税和所得税更加符合政府追求公平的政策目标，故政府调整税制，实现了以社会保障税为主体税种、所得税为辅助税种的税制结构。另外，德国的税收征管水平很高，德国税务部门的服务具有高效和高质量的特征，德国根据联邦财政法专设了财政法庭，为税收征管提供了坚强的后盾。德国税收征管体制的完善，使得对征管水平有较高要求的所得税成为较重要的税种。征管水平高也避免了因只能征到那些易征税企业的税收而造成的不公平。

第三，文化因素。德国设有税收稽查系统，独立于税收征管部门，稽查局是一种震慑，使得纳税人不敢偷逃税，因为一旦被稽查局查处，不仅会被其他人鄙视，自己也会自惭形秽。这是由德国公民的纳税自觉意识决定的。德国的文化和法、美两国一样都有着契约精神，自己纳税，享受政府服务是天经地义之事，义务与权利同在。这使得德国很少有偷逃税现象，也就减少了税收的流失。

（四）日本

1. 日本税制结构的变动及成因分析

（1）第一阶段：第一次世界大战以前。1868 年日本进行了转折性意义的改革，即明治维新。在明治维新之前，日本税制处于古老的直接税阶段，主要特征是以土地税为主。此时，税收收入中土地税收入所占比重超过了 80%，处于绝对优势地位。明治维新时期，日本推行军事扩张的战略，财政支出的大幅度增加给收入造成了很大的压力。于是，日本新设了许多新的税种，如 1875 年开征酒税与烟税，1887 年开征所得税，1896 年开征营业税，1905 年开征遗产税。此后酒税收入因税率的不断提高而使得收入大增，到 1899 年比重已经超过土地税收入而成为第一大税种。

（2）第二阶段：第一次世界大战至 1949 年。这段时间日本经历了两次世界大战，并且都是主战国，军费开支之大亦是日本财政的一大特点。1913 年，提高了个人所得税税率。1940 年，日本对自身的税收制度进行了大刀阔斧的改革：针对直接税部分，将其划分为综合所得税制与分类所得税制，个人所得成为征收重点，税率不断提高，1944 年最高税率高达 74%；而对于企业所得，则宣布实施 18%的法人税。针对间接税部分，日本将酒税加以简化，表现为按照各种商品自身不同属性而设置差别税率，以此改变了货物税的统一税率制度；1948 年日本开征了消费税，但因纳税手续复杂、难以征收等原因于 1949 年就废除了。通过一系列的改革，截至 1941 年，日本直接税收入比重已达到了 64%，标志着日本直接税体系的建立，并且此体系的主要税种为个人所得税与法人所得税。

（3）第三阶段：1949 年至今。1949 年后日本税种结构经历了几次变化：第一阶段是 1949 年至 20 世纪 60 年代末，所得税为主，商品与劳务税次之，社会保障税尚较低；第二阶段是 20 世纪 60 年代末至 20 世纪末，社会保障税超过商品与劳务税成为仅次于所得税的第二大税种；第三阶段是进入21世纪以来，社会保障税超过了所得税一跃成为第一大税种。

由于美国的介入，1949年夏普提出的《日本税制报告书》对于第二次世界大战后日本税制的理念和基本结构起到了举足轻重的作用。主要内容包括：建立了以所得税为主体的税收体系；进一步扩大了税基，采用累进税率；降低了个人所得税税率；推行自动申报制度、蓝色申报制度等。日本1950年以该报告为蓝本进行了税制改革，自此，以所得税为主体成为日本税制的主要特点，标志着日本自此踏上了现代税制的道路。20世纪70年代发生经济危机，日本对税制做了些许调整，开设了一些新税种，比如汽车重量税、飞机燃料税等，另外还提高了酒税和汽车税的税率。80年代，考虑到战争时期过高税负给民众带来的巨大压力以及国际上降低个税税率的大背景，日本对税制进一步进行改革：征收消费税，进一步提升间接税比重；逐步降低所得税、法人税与继承税的税率；减轻税负；等等。1991年日本立法改革了土地税制，新设地价税，调整与土地有关的固定资产课税等。1994年日本的税制改革减轻了一般劳动者的所得税，强化了消费课税，并且新设了地方消费税，对80年代以来的税制改革进行了强化和完善。更加注重社会公平的日本，在社会保障制度建设方面也进行了一系列的改革，使得日本的税制更加完善和优化。

2. 日本税制结构现状及成因分析

（1）税负层面分析。日本的宏观税负有很明显的上升趋势，且整体上升幅度较大，由17.2%上升至29.5%，上升了12个百分点。但是日本的宏观税负最高也未曾超过30%，且各时段也未超过相应时段经合组织国家的平均宏观税负水平，在经合组织国家中并不属于高宏观税负的国家（如图3-27所示）。

（2）税系层面分析。由图3-28可以看出，日本的现行税制结构也是以直接税为主的，并且直接税的比重较德、法偏高，20世纪70年代之后基本处于80%以上，甚至曾经高达87.22%，是典型的直接税主体税制。从趋势上看，直接税比重有一个提升又下降的过程，但并不是很明显，直

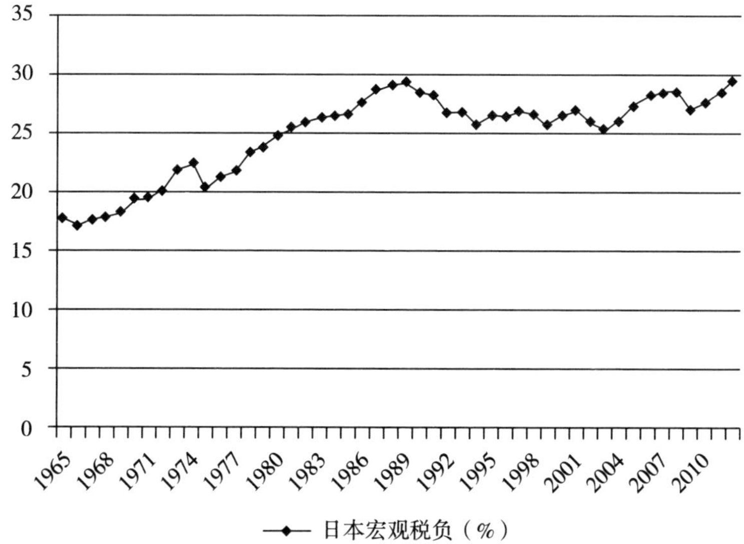

图 3-27　日本 1965—2012 年税收总额占 GDP 比重

资料来源：经合组织数据库。

接税仍占据绝对主体地位。

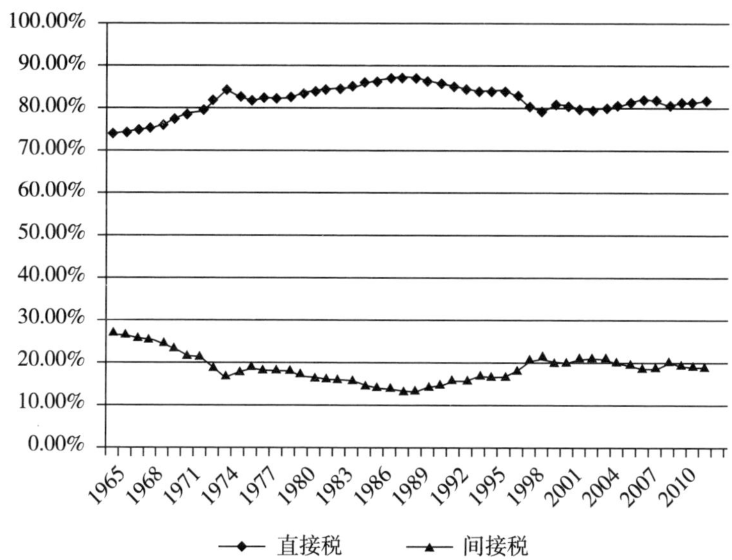

图 3-28　日本 1965—2012 年直接税和间接税占税收总额的比重

资料来源：经合组织数据库。

（3）税种层面分析。从税种层面上，日本的税种变动幅度很大，税制结构变动明显。所得、利润与资本利得税自 20 世纪 90 年代后有了较大幅度的下降，进入 21 世纪则上下波动，比重大致位于 30%—40%。而社会保障税则一直处于上升趋势，并且自 20 世纪 60 年代中期以来上升幅度很大，到 20 世纪 90 年代后期已经超过所得税而成为主体税种，近 50 年来上升幅度高达 19.81 个百分点。商品与劳务税比重先下降再上升，由第二大税种变为第三大税种，比重低于 20%。日本由单一所得税为主的税制结构变为现今以所得税与社会保障税为主体的双主体税制结构（如图 3-29 所示）。

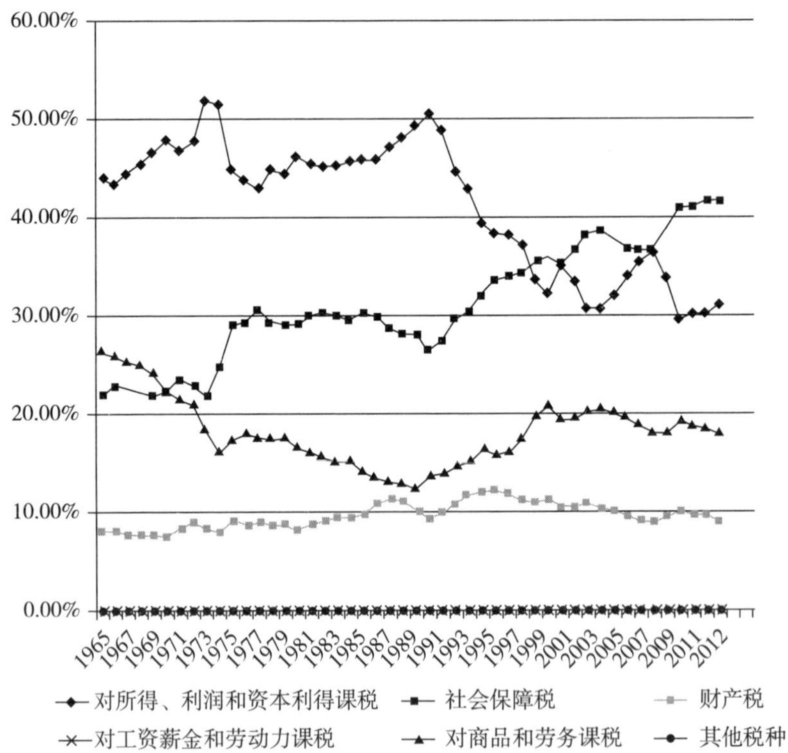

图 3-29 日本 1965—2012 年主要税种占税收总额的比重

资料来源：经合组织数据库。

（4）成因分析。第一，经济因素。和德国一样，日本也是第二次世界大战的战败国。但是由于本身选择了适合本国国情的发展模式，再加之美国的外部援助（夏普报告就是典型的例子），使得日本的经济在战后很快就得到了恢复，并且发展迅猛，重新崛起于亚洲，成为世界经济中重要的一部分。日本的产业结构以第三产业的增长速度最快，第二产业次之，这样的产业结构符合经济发展趋势，有利于 GDP 的增长和人民生活水平的提高，从而有利于所得税的课征。另外，日本在经济崛起之时，也注重社会保障制度的建设，从而使得所得税和社会保障税成为主体税种。

第二，政治因素。日本是中央集权制的国家，政府针对经济形势的变化可以实施强有力的宏观调控，这也是日本多次进行税制改革的体制因素。税制改革使得日本的税制不断调整和优化。另外，战后随着经济的恢复，日本政府的政策目标也偏向于公平，比如 1961 年建立的国民养老金制度、降低所得税税率等，对日本的产业结构也产生了重要的影响。

第三，文化因素。日本素来讲究尊重科学，积极向西方学习，思想开化。所得税就是日本从西方国家学习而来，日本结合本国国情，再结合美国夏普的改革建议，对本国税制进行了多次改革，不断完善和优化本国税制，积极向美国等西方国家靠拢，形成现在日本的税制结构。

（五）巴西

1. 巴西税制结构的变动及成因分析

（1）第一阶段：1889 年至 20 世纪 60 年代。这一阶段巴西是以间接税为主的税制结构。巴西引进西方先进国家的税制，逐步确立了以间接税为主体的税制结构，1924 年巴西才开始征收所得税，随后经过 20 世纪 60 年代的税制改革，通过重新界定边际税率和消除税收豁免等方法扩宽了所得税的税基，对于所得税收入的增长和税制的完善有重要的意义。改革之中还建立了社会保障制度，社会保障税的征收进一步增大了直接税占比。1930 年经济危机，使得“咖啡经济”受到重创，再加上战争的原因，关税收入受到很大打击，占比逐步下降。1964 年消费税为工业产品税所取代，1967 年销售税为商品流通税所替代，至此，巴西逐步实现了由消费税、销售税向增值税的成功转型。综合以上因素，直接税的比重逐步上升，而间接税的比重则呈下降趋势，两者比重逐步均衡，向双主体过渡。

（2）第二阶段：20 世纪 70 年代至今。这一阶段巴西的税制结构呈现出直接税和间接税并重的双主体税制结构。这一阶段尤其是 20 世纪 80 年代以后，巴西税制结构的主要特征就是直接税比重和间接税比重相近，一直围绕 50%的比重线上下波动，并没有哪一种税系占据绝对的优势地位。

2. 巴西税制结构现状及成因分析

（1）税负层面分析。巴西的宏观税负变动幅度很大，而且是在短短的 11 年内就上升了 25 个百分点左右，由一个低税负的国家变成了高税负国家，税负水平不仅超过了众多的发展中国家，而且也超过了经合组织国家的平均水平。巴西宏观税负水平在拉丁美洲地区税负排名第二，仅次于高税负的阿根廷（如图 3-30 所示）。

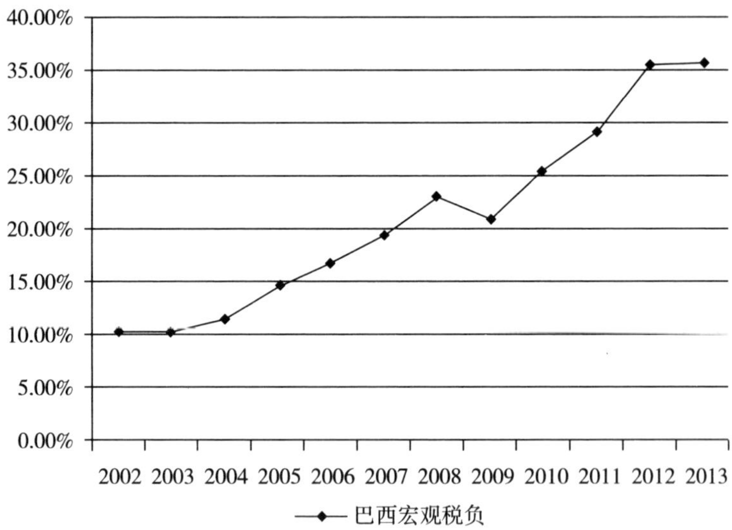

图 3-30 巴西 2002—2013 年税收总额占 GDP 比重

资料来源：经合组织数据库。

（2）税系层面分析。巴西的直接税和间接税的比重较发达国家相比有很大的不同。从 20 世纪 90 年代初期以来，虽然直接税比重稍稍超过间接税比重，但是两者的比重差距一直很小，大致处于一种均衡的状态，围绕 50%的比重线呈现对称分布，且并没有很明显的变动趋势，比较平坦，因此从税系层面上看，巴西的税制结构是比较稳定的，是一种两者并重的双主体税制结构（如图 3-31 所示）。

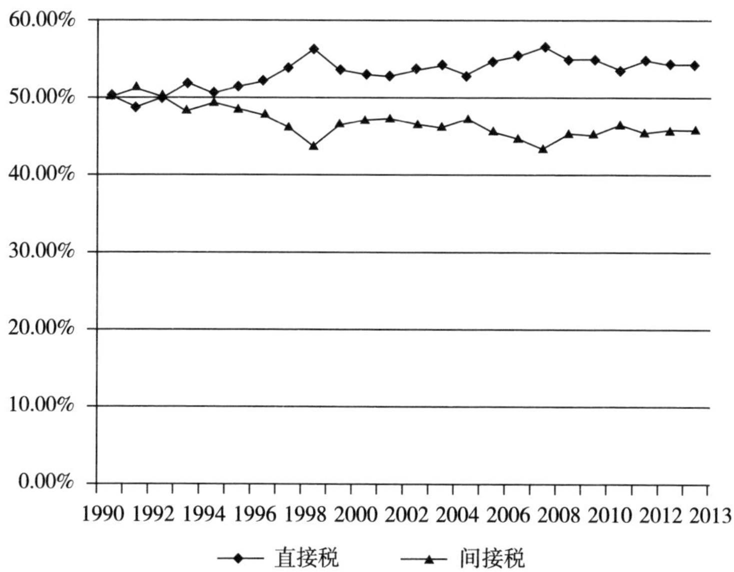

图 3-31　巴西 1990—2013 年直接税和间接税占税收总额的比重

资料来源：根据经合组织数据库数据与国家外汇管理局数据整理而得。

（3）税种层面分析。从税种层面上看，巴西的税制仍然呈现出稳定的状态，各税种的比重变化趋势并不明显，波动幅度较小，且虽有轻微波动，但巴西各税种的地位基本保持不变。只商品与劳务税比重有轻微的下降趋势，大致下降了 7 个百分点，相较其他税种，变动幅度较大。所得、利润和资本利得税比重呈轻微波动上升趋势，其他税种基本处于平稳状态。虽然税系层面直接税比重超过了间接税比重，但是税种层面上作为间接税的商品与劳务税比重则占据优势地位，比重虽然有所下降但并未改变其主体税种的地位（如图 3-32 所示）。

（4）成因分析。第一，经济因素。20 世纪初，巴西的经济以橡胶产业和咖啡产业为主，通过这些产品的对外销售而取得收入，关税自然成为其主体税种。1968—1974 年是“巴西经济奇迹”时期，这一阶段巴西的工业增长率大大超过农业和种植业，产业结构的成功转型使得关税的比重相对下降，

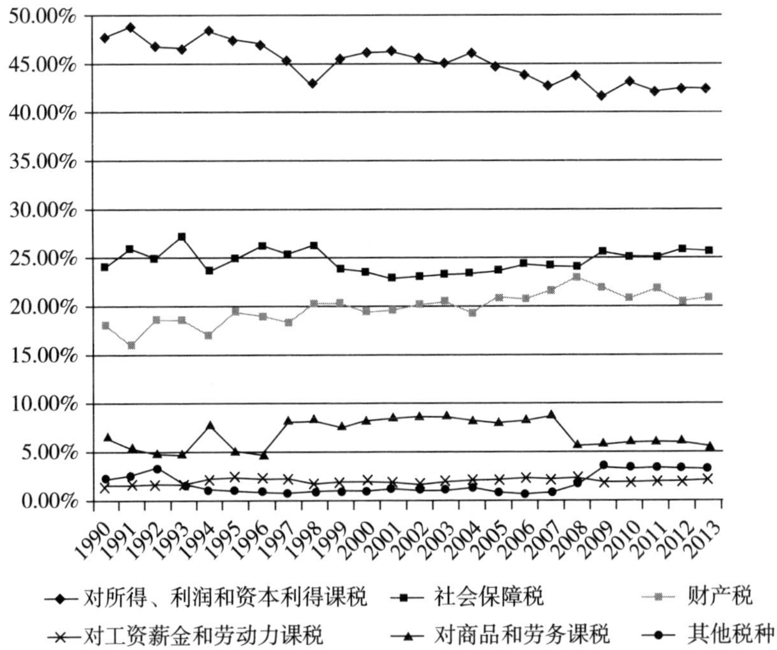

图 3-32 巴西 1990—2013 年主要税种占税收总额的比重

资料来源：经合组织数据库。

而随着工业经济的兴起，国民的收入随之提高，所得税开始成为重要税收来源，税基也随着工业经济的发展而扩大。20 世纪 80 年代巴西经济陷入低迷期，随后于 1994 年巴西提出了“雷亚尔计划”，不仅稳定了经济增长，还有效地调整了产业结构，与之相关货物与劳务税也随之有了较大幅度的增长。

第二，政治因素。巴西实行电脑系统控制、纳税人自觉申报、银行代征的征税办法。20 世纪 60 年代巴西的改革中，加强了税收的征管，加大处罚力度，严格限制缴税期限。1993 年，巴西建立了“SISCOMEX 系统”，该系统可以实现私人部门与管理部门的纳税信息共享，巴西也因此成功实现了无纸化的办公环境，促进了信息的共享，从而为进一步提高征管与申报的效率提供了重要保障，在此方面取得了突出的成效。巴西在 45 个发展中国家的征税能力上名列第一，此数据由国际货币基金组织提供。征管措施的实施有力地推动了直接税收入的增长，对于税制结构的调整转变起到了关键的作用，也有效地保持了双主体税制结构的稳定。

第三，文化因素。巴西的税收征管以保障服务为导向，再加之征管措施的实施，使得巴西的民众具有良好的纳税意识。纳税人纳税意识的转变也对税制结构的变动产生了影响。

（六）印度

1. 印度税制结构的变动及成因分析

（1）第一阶段：19 世纪 80 年代至 20 世纪 80 年代。这一阶段的主要特征是以间接税为主体的税制结构，且间接税的主体地位不断加强。在税系层面上，这一阶段间接税比重高于直接税比重，并且差距一直在增加。早在 1886 年印度就从英国引进了所得税，1962 年对其进行了修改，并在 20 世纪 80 年代进行了大规模的税制改革，1986 年实施了一种修改过的增值税制度。1958 年开征了财富税，1963 年开征了遗产税，1964 年开征了超额利润税。印度以关税、消费税和销售税为主体税种，税率高而税基广是其占主体地位的主要因素（如图 3-33 所示）。

（2）第二阶段：20 世纪 90 年代至今。这一阶段税制结构虽然仍然是以间接税为主体，但是间接税的主体地位在削弱，是税制结构处于不断的调整阶段。从发达国家税制结构的发展史来看，间接税比重的降低，符合税制结构的发展趋势，这个时期正处于由以间接税为主体的税制结构向以直接税为主体的税制结构变动的过渡期，是税制结构优化调整的时期。这从侧面反映出印度税制结构的发展方向是符合历史发展潮流的。

2. 印度税制结构现状及成因分析

（1）税负层面分析。印度的宏观税负处于较低水平，最高还未超过 18%，最低已经低于 10%，是名副其实的低宏观税负国家。从变动趋势上看，印度的宏观税负有很明显的波动上升的趋势，且波动幅度较大。

（2）税系层面分析。从税系层面上看，印度的税制结构以间接税为主体、直接税为辅，与以上分析的各发达国家恰恰相反。两者的比重呈现出先增大后缩小的趋势，最大差距达 73.74%，最小只为 24.66%，变动浮动较大，呈现纺锤形变动，转折点在 20 世纪 80 年代。进入 21 世纪后，两者

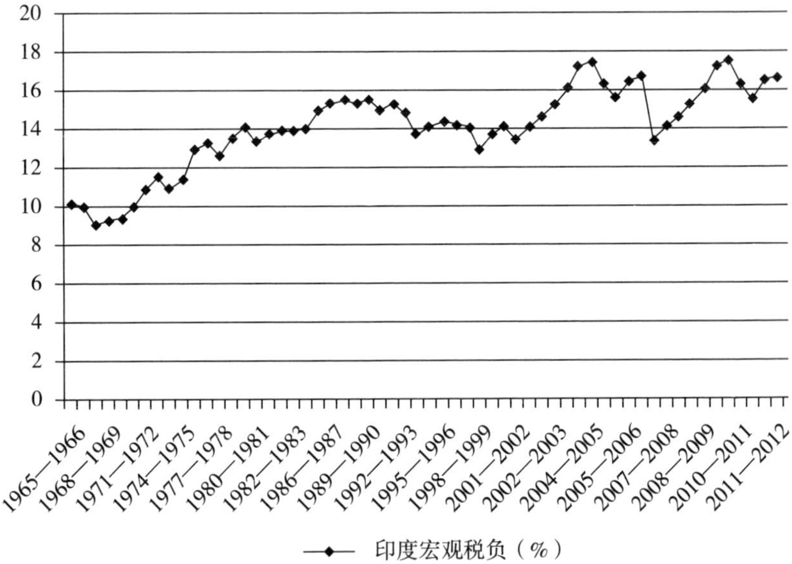

图 3-33　印度 1965—2012 年税收总额占 GDP 比重

资料来源：印度公共财政统计年鉴。

的比重逐渐朝平衡的方向发展，逐渐呈现出由以间接税为主体的税制结构向两者并重的双主体税制结构转变的趋势（如图 3-34 所示）。

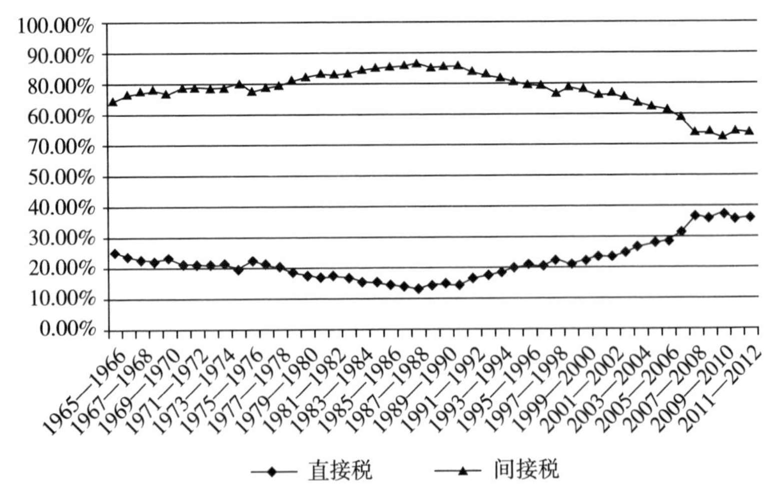

图 3-34　印度 1965—2012 年直接税和间接税占税收总额的比重

资料来源：印度公共财政统计年鉴。

（3）税种层面分析。印度货物与劳务税的比重可谓占据绝对优势，比重虽然呈现下降趋势，但是仍属于最高比重的税种，比重近年来在60%左右徘徊，近二十年间下降了十几个百分点，变化很大。作为直接税的所得税则体现出向上攀升的趋势，比重由20世纪90年代中期的20%以下一路上升，已经近40%。从这两大主要税种的变动趋势也可以看出印度税制结构的变化，直接税与间接税的差距正逐渐缩小，以间接税为主体的税制结构正在为双主体的税制结构所取代。在货物与劳务税之中，消费税的比重处于下降趋势，但是销售税的比重却仍处于上升状态，甚至慢慢超过消费税所占比例而成为间接税的主要构成部分。关税比重下降至10%以下，其地位与税制建立初期大大不同（如图3-35所示）。

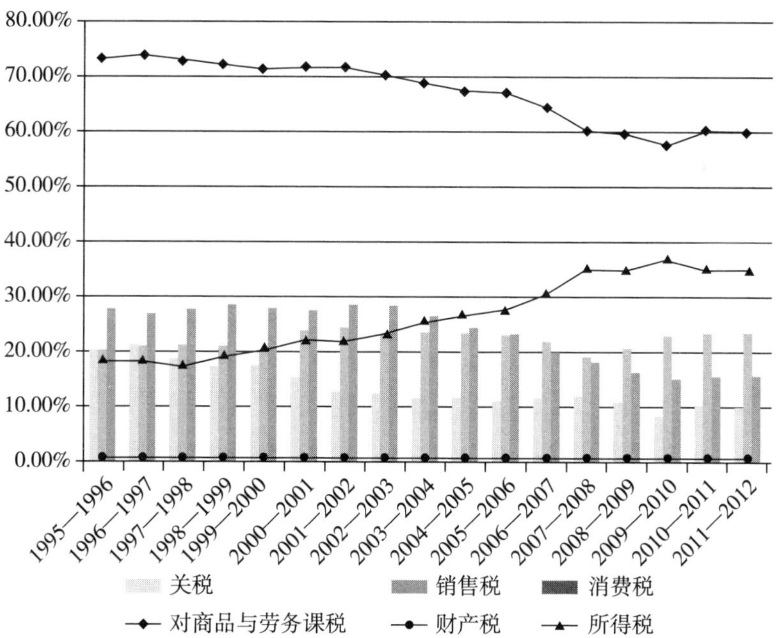

图3-35　印度1995—2012年主要税种占税收总额的比重

资料来源：印度公共财政统计年鉴。

（4）成因分析。第一，经济因素。印度主体税种为间接税，并且具有征税范围广、税率较高的优势，间接税收入随着经济的发展而不断增长。

而印度的所得税设计过于复杂，并且存在大量的税收优惠，使直接税所占比例降低，两者的差距日渐拉大。

第二，政治因素。印度的征管水平尚处于较低层次，偷漏税的现象很严重，导致对征管条件要求高的所得税税收流失严重。印度在 20 世纪 90 年代进行了税制改革，通过降低税率、提高免征额等手段提高了纳税人的纳税遵从度，公民自觉纳税的现象增多；再加上本次改革对征管条件进行了改善，如完善纳税信息系统、减少纳税过程中信息的不对称；实行纳税人永久号制度，加强了对纳税人的监督管理，规范了征管行为，从而有效地避免了税收的流失，使得直接税占比逐步提升，直接税占比实现 U 型发展，从而改变了间接税比重过高的状态，将印度的税制由以流转税为主体转变为以流转税为主、所得税为辅的税制结构。

第三，文化因素。印度由于长期处于英国的殖民统治之下，受尽了英国殖民者的剥削压迫，税制的建设比较晚，人民的纳税意识并不是很强，反而可能含有一定的负面情绪，不愿纳税的情况时有发生。而随着税制体系的不断完善和发展，特别是在 90 年代的税改后，国民的纳税遵从度逐步提高，也为税制结构的转型提供了条件。

二、各国税制结构横向分析

（一）各国税制结构比较分析

1. 税负水平比较

宏观税负是指一个国家的税负总水平，在这里采取一定时期内的一国税收总额与其国内生产总值之比来衡量。从图 3-36 可以看出，在截取的 21 世纪这十年之内，除了巴西以外，各国税负水平基本呈现平稳状态，波动幅度相对较小。法、德两国属于高税负国家，税负水平基本在经合组织平均税负水平之上，其中德国高于 30%，法国高于 40%，并仍有上升趋势。日、美两国属于中等税负国家，税负水平在 20%—30%，低于经合组织平均水平，日本稍偏高于美国。印度则属于典型的低税负国家，税负水平处于 20%之下。特殊的只有巴西，税负水平攀升，由低税负国进入了高税负国家行列（如图 3-36 所示）。

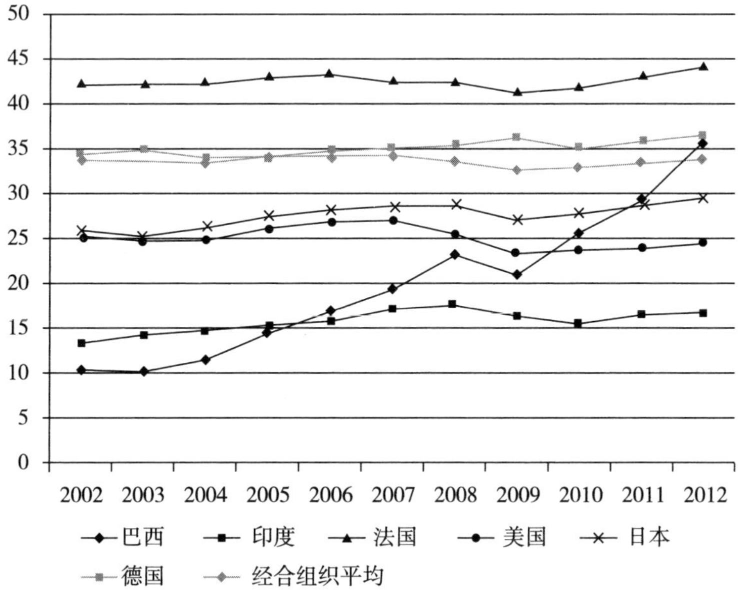

图 3-36　各国税负比较（%）

资料来源：经合组织数据库与印度公共财政统计年鉴。

2. 税系结构比较

（1）从税系层面看税制结构变迁路径一般趋势。从发达国家税制结构变动历史可以大致得出税制结构的变迁路径。首先是以土地税为主体税种的古老直接税阶段。之后随着资本主义的发展，西方国家奉行亚当·斯密的自由经济政策，开征了消费税等税收，为保护国内资本主义工商业又开征了高额的关税，形成了以关税、消费税等间接税为主体的税制结构。但随后由于阻碍了资本、劳动力的自由流动，关税成为资本主义进一步发展的阻碍因素，间接税的弊端日益显现，再加上世界战争爆发，为应对军费开支的需要，国家逐步降低关税税率，开征了所得税。由于所得税具有征税面广、征税较公平等优点，所得税很快便成为主体税种，税制结构进入以现代直接税为主体的阶段。之后随着各种国际合作组织的建立，以及解决经济危机的需要，各国纷纷进行了税制改革，对税制结构进行了进一步的完善和优化。

（2）从税系层面看各国税制结构变迁路径比较。从税系层面看，各国税制结构大体都遵循了税制结构变迁的一般趋势，即从古老直接税到间接税再到现代直接税这个过程。所不同的有以下几点：

第一，各国从一种税制结构变化到另一种税制结构的时间段不同，美、日从以间接税为主体过渡到以直接税为主体的时间较早，大约在第一次世界大战前后就完成了；德、法则比较晚，到了第二次世界大战或第二次世界大战结束后才慢慢地过渡到以直接税为主体的阶段；巴西和印度尚未完成这个过渡过程，间接税仍占据主体地位。

第二，各国当前所处的阶段不同。美、法、德、日这些发达国家基本都过渡到了以现代直接税为主体的阶段，而印度、巴西这些发展中国家则尚未完成这一过渡，仍处于以间接税为主体的阶段。

（3）从税系层面看各国税制结构现状比较。从税系结构进行比较，六国大致是按照上面的趋势进行发展，只是各国由于本身国情的特殊情况处于不同的发展阶段。六国大致可以分为三种税制结构：

第一种是以美、法、德、日这些发达国家为代表的以直接税为主体的税制结构，这些国家发展时间较长，经济也处于发达阶段，直接税比重明显高于间接税，并且两者的差距并没有减少的趋势，法国还有扩大的趋势。但这里的直接税是以所得税和社会保障税为主体的现代直接税，并非以土地税为主体的古老直接税。

第二种是以巴西为代表的双主体税制结构，处于间接税主体向现代直接税主体税制结构的过渡阶段，较发达国家发展略显滞后。巴西的直接税与间接税比重差距很小，大致均衡，并没有哪一种税系占据绝对主体地位，是直接税与间接税并重的双主体税制结构。

第三种是以印度为代表的以间接税为主体的税制结构，尚且处于第二阶段，发展较慢。印度间接税占据主体地位，但从趋势线上来看，印度的间接税比重正逐步下降，正要向巴西那样的双主体的税制结构转变，也可能在短时间内直接过渡到以现代直接税为主体的阶段。

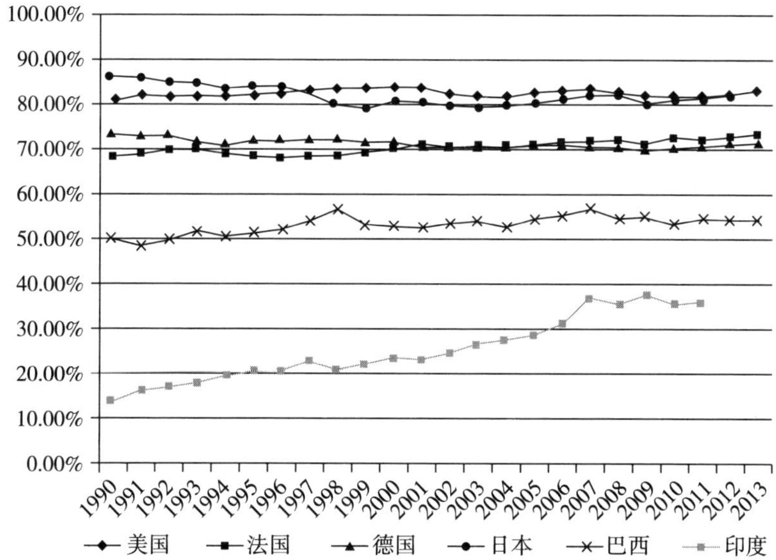

图 3-37 六国 1990—2013 年直接税占税收总额比重

资料来源：经合组织数据库与印度公共财政统计年鉴。

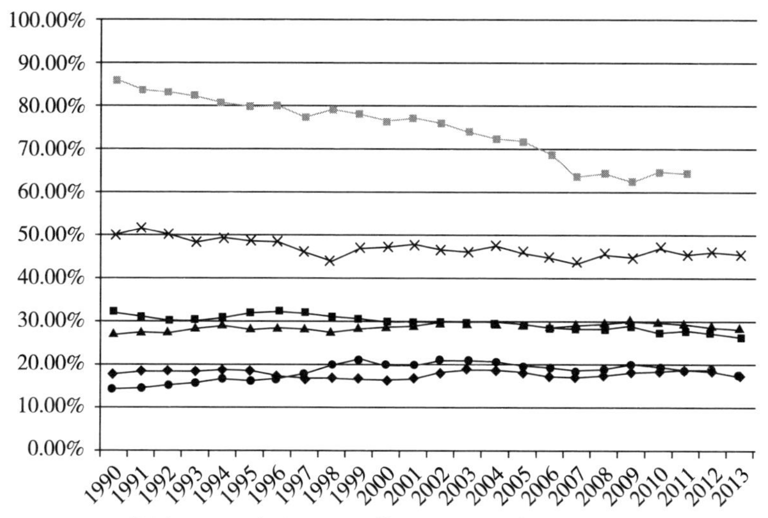

图 3-38 六国 1990—2013 年间接税占税收总额比重

资料来源：经合组织数据库与印度公共财政统计年鉴。

3. 税种结构比较

（1）从税种层面看各国税制结构变迁路径比较。从税种层面看各国税制结构变迁趋势，可以了解到一些相同的特点。

第一，所得税特别是个人所得税在税制结构由间接税主体向直接税主体过渡中起到了关键的作用。美国1913年重新开征所得税，德国1891年开征所得税，日本1940年改革侧重对个人所得税的课征，法国第一次世界大战时期扩征所得税。所得税的开征和扩征，一方面是为了应付战争的需要，另一方面是适应了间接税与资本主义发展间矛盾调节的需要，符合资本主义发展趋势。于是，随着资本主义经济的逐步发展、国内生活水平的提升，再加之征管水平的逐步提高，使得所得税比重逐步提高，最后成为引领税制结构转变的主导性因素。

第二，社会保障税在税制转变过程中也同样起到了不可替代的作用。随着资本主义经济的逐步发展，各国在实现经济的快速稳定增长的同时，政府开始逐步注重社会保障机制的建立，提高国民的福利水平。尤以发达国家为代表，法、德等国的社会保障体系覆盖了养老、医疗、失业、伤残、退休、生育等多个领域，基本上实现了“从摇篮到坟墓”的涉及面广、健全的社会保障体系，虽然各国的福利水平并不一致，但社会保障体系的构建与完善，覆盖面的扩大这一点各国是具有共性的。正是因为社会保障体系的逐步完善，使得社会保障税的比重也在提高，成为占比较高的税种。德国、美国、巴西的社会保障税比重占据第二位，法国和日本的社会保障税比重排首位，是主体税种。日本的社会保障税最具有代表性，在20世纪60年代之前比重较低，之后到20世纪末社会保障税则超过商品与劳务税，成为第二大税种；进入21世纪后比重已经超过了所得税，成为主体税种。社会保障税比重的提高，对于税制结构的变动及其优化调整起到了举足轻重的作用。

第三，商品和劳务税比重不同程度的下降。在税制结构转变的过程中，商品与劳务税比重的变化也很重要。总体来看，商品与劳务税的比重呈现下降趋势。关税曾经在资本主义发展初期作为保护国内工商业发展的主体税种发挥着重要作用，但随着资本主义经济的日益发展，高关税渐渐成为阻碍资本、劳动在国际间自由流动的桎梏，各国纷纷降低关税，吸引外资，同时也将资本投向国外的更高的利润区。特别是跨国公司的建立，以及区域间乃至全球范围内经济合作组织的建立，更加要求降低甚至取消关税壁垒。关税的降低顺应了资本主义的发展趋势，也推动了税制结构由以间接税为主体向以直接税为主体进行转变。

各国在税制改革中对于增值税的实行大大减少了重复征税的问题，使得间接税的收入减少，比重下降。

对于消费税，各国的税制改革基本趋向于降低普通商品的消费税税率，只是对于一些高端的奢侈品才实行高税率，这是政府由追求效率目标转向追求公平政策目标的体现。这些商品与劳务税中占比较高的税种比重的下降，也就使得商品与劳务税的比重逐步下降，税制结构也随之发生变动。

（2）从税种层面看各国税制结构现状比较。近期美、法、日、德虽然都是以直接税为主体的税制结构，但是直接税中的主体税种并不完全一样。从税种结构看，四个国家仍然是有一定的区别的，大致可以分为两类：第一类以美国为代表，直接税中的主体税种是所得税，并且比重大大超过其他税种，占据绝对优势地位；第二类以法、日、德为代表，直接税中的主体税种是社会保障税，近期比重都超过了35%，日本甚至超过了40%。在法、德、日这三个国家，日、德的第二大税种是所得税，与美国恰好相反，而法国的第二大税种则为商品与劳务税，所得税比重占据第三位，低于间接税比重（如图3-39所示）。

印度和巴西直接税比重低于间接税，只是巴西间接税的比重低于印度，呈现了双主体税制结构。巴西和印度的所得税、财产税等直接税种比重都低于商品与劳务税，巴西的所得税比重低于印度，且差距较大（如图3-40所示）。

比较各国税种结构，可以发现财产税在各国税收中的比重都比较低，除了美国的财产税占比超过10%以外，其他国家的财产税比重都低于

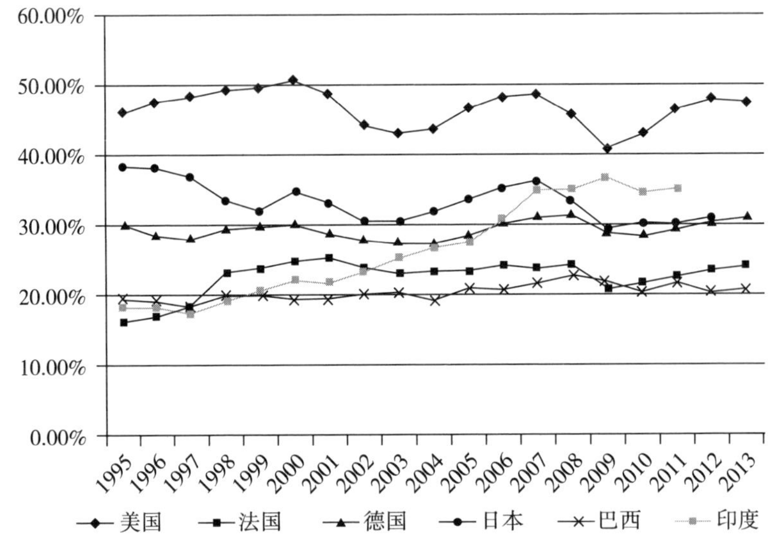

图 3-39 六国 1995—2013 年所得税占税收总额比重

资料来源：经合组织数据库与印度公共财政统计年鉴。

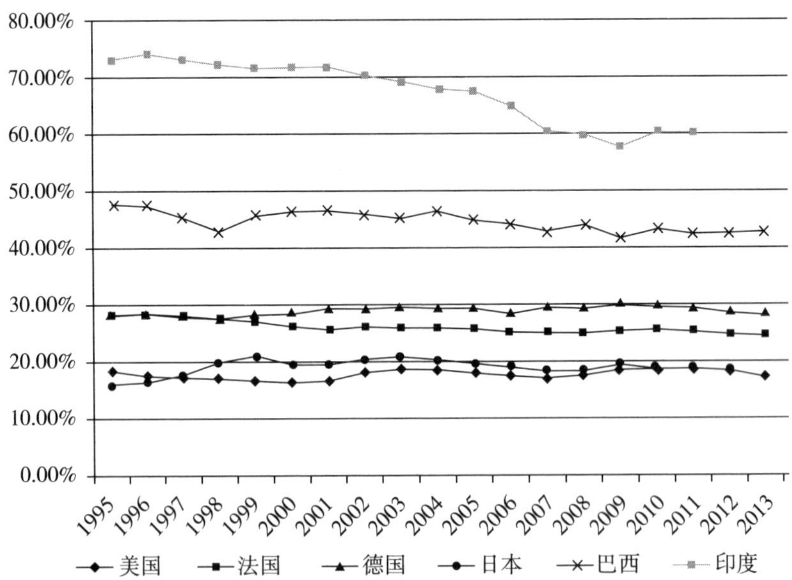

图 3-40 六国 1995—2013 年商品与劳务税占税收总额比重

资料来源：经合组织数据库与印度公共财政统计年鉴。

10%，德国甚至低于5%，且仍呈现下降趋势。印度低于1%，占比甚微（如图3-41所示）。

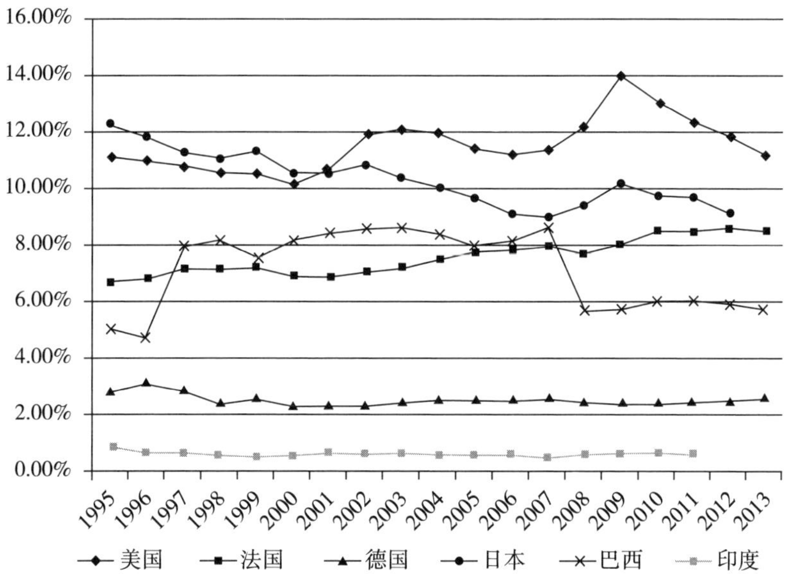

图3-41　六国1995—2013年财产税占税收总额比重

资料来源：经合组织数据库与印度公共财政统计年鉴。

（二）各国税制结构变迁原因比较分析

税制结构的变动是由很多方面的因素造成的，既包括一国的经济发展水平、产业结构等经济因素，又包括政府职能及政策目标变动、政府税制改革、税收征管水平等政治因素，还包括一国的历史文化传统、国民的纳税意识等文化因素。各方面因素的综合影响使得税制结构发生变动，使得现今各国税制结构呈现出不同的特点。

1. 经济因素

（1）经济发展水平。一国的经济发展水平，对于一国税制结构起到了决定性的作用。它不仅是导致各国税制结构变迁的主要因素，也是同一时间段各国税制结构不一的主要因素之一。一般按照衡量各国经济发展水平的指标——年人均GDP的水平将各国分为低收入国家、下中等收入国家、上中等收入国家和高收入国家四个等级。人均收入水平越高的国家，其税制结构中所得税的比重越高，相比较而言商品和劳务税的比重就越低，呈现出以直接税为主的税制结构。理由是因为人均 GDP 高的国家的商品经济处于发展初期，商品交易的频繁程度较高，对于流转额课税具有天然的优势。因此，在收入水平较低的国家以流转税为主要税种的间接税比重就较高；而随着经济发展水平的提高，国民及其企业的收入提高，为所得税的课征提供了宽泛而丰厚的税基，为所得税在税收总额中比重的提高起到了很重要的作用。美、法、德、日等发达国家人均 GDP 已经达到高收入国家行列，故呈现出以直接税为主的税制结构，而巴西和印度的人均 GDP 水平远低于发达国家，因此税制结构中间接税的比重相对还比较高。

（2）产业结构。一个国家的产业结构一定程度上与该国的税制结构也有联系。一般而言，发展中国家的经济结构一般情况下以传统工业为主，第二产业比重往往高于第三产业，甚至一些国家仍然是以农业和畜牧业为主的经济结构模式，经济结构模式较为单一，因此其税制结构通常间接税比重较高。而发达国家大多数呈现复合的经济结构，并且第三产业及高新技术产业比重较高，为较复杂的所得税的课征创造了条件。巴西在第二次世界大战前一直是以农矿产品出口为主的单一的经济结构，主要靠向国外出口本国的蔗糖、金矿、咖啡、橡胶等初级产品作为主要经济来源，因此关税成为其税收主体税种。虽然“巴西奇迹”使得巴西的间接税比重下降，但是由于“拉美陷阱”的存在，巴西经济于 20 世纪 80 年代后又严重下滑，所得税比重难以实现突破上升发展，所以一直未超过货物与劳务税比重，巴西税制呈现出现今的双主体结构。

2. 政治因素

（1）政府职能及政策目标。在资本主义萌芽时期，政府采取重商主义政策，以便资本主义进行原始积累。认为货币即财富，因此鼓励出口，限制甚至禁止进口。为了保障货币形式的财富不流失，会征收很高的关税，保护国内工业的发展，因此形成了以关税为主的税制结构。到了自由资本主义时期，市场机制已经形成，亚当·斯密的古典自由主义理论盛行，政府不再过度对经济进行干预，而是充当了“守夜人”的角色，职能仅限于保护国家及个人安全，进行一些个人建立不了或不愿建立的公共设施建设，放任市场经济自由发展。关税的比重大大降低，商品经济迅速发展起来，商品与劳务税发展起来，所得税也开始开征并发挥作用。当经济发展到垄断资本主义时期时，经济危机的教训使得政府开始重新考虑“有形的手”的作用，凯恩斯主义得到政府的青睐，政府又开始对经济进行干预，政府职能扩大化。然而 20 世纪 70 年代“滞胀”现象的出现对凯恩斯主义形成了挑战,“政府失效”的概念出现，出现了货币学派、供给学派等众多学派，政府的职能又一次缩水，市场与政府共同发挥作用占据上风。经济的发展及其经济危机对政府职能提出了挑战，为安抚民心，鼓励国民走出经济危机阴影，同时避免社会混乱，政府越来越注重人们福利水平的提高，注重社会公平的实现，使得实行累进税率的个人所得税及随着福利水平提高而扩征的社会保障税比重越来越高，最后成为发达国家的主体税种，并且所得税具有的“自动调节功能”进一步体现了公平的目标要求。印度、巴西等发展中国家市场经济尚没有美国等发达国家那么发达健全，政府的主要职能仍然是发展经济，以效率为主要目标，要进行较多干预，而商品与劳务税是增加政府收入从而提高其干预能力的主要税种，因此社会保障税的比重并不高，仍然以商品与劳务税为主体税种。

（2）政府税制改革。在各国税制结构变动的过程中，各国所进行的税制改革对于税制结构的变动效果显著。如法国在 20 世纪 90 年代的改革就利于所得税比重的提升，对于税制结构的优化起到了作用。日本在 1940 年进行的大规模的税制改革使得直接税的比重有了实质性的提升，改变了日本的税制结构，实现了税制结构的转变。每一次的税制改革都是为了使得税制适应当时经济发展的需要，更加有利于经济的发展，可以说税制改革是上层建筑的变动，而变动的经济就是这个上层建筑变动的经济基础。每一次适应经济而变动的税制，都是税制结构的又一次优化与完善。

（3）征管水平。一个税种能否成为主体税种，不仅取决于制度上的设置，而且税务部门的实际征管水平所发挥的作用也起到了很大的作用。一个国家如果有较为健全的税收征管体系，能够保证税收足额足量按时征收，才能依据取得的税收收入判断实际占主体地位的税种是否为政府想要的税种。否则，大量的偷逃税将导致实际情况与设计时发生较大的差值。健全的征管体系应该包括以下几个方面：第一，健全的法律保障体系的建设。税收的征收要由法律来确定，税收法定性原则要求征税要做到有法可依，纳税人才会纳税。第二，税收征收人员的职业素养。征税人员不仅要有过硬的专业知识与技能，更要严于律己，依法征收，既不滥用权力又不玩忽职守，才能保证税收的足额征收。第三，相关配套设施健全。发达国家经过多年的探索，建立了一套较为健全的适合本国国情的税收征管制度与设施，能够有效避免或减少偷逃税现象，并且对于征管复杂的所得税征收也有较完善的制度来保障，保障了直接税的主体地位。发展中国家的税收征管条件比较落后，并且农业就业人口较多，所得税税收征管面临困难，所以只能征收对于征管水平要求较低的商品与劳务税。但是，随着这些国家的征管设施的建设及制度的完善，征管水平逐步提高，偷逃税的现象正在减小，所得税的征收能力也逐步提高，对于税制结构的变动会发生一定的作用。

3. 文化因素

（1）历史文化。一个国家的历史文化背景对于一个国家的税制也是有影响的。早在古希腊、古罗马时期西方国家就有了契约的概念及契约思想，可以说契约精神是西方文化中的核心要素。契约是指由法律保障其执行的一个允诺或一系列允诺。契约精神讲究等价有偿，体现在税收上面就是权利与义务的一致性。国民与国家签订了契约，国民享受国家提供的安全保护、服务等，作为代价国民要纳税，以保证国家有足够的资金提供这些服务，因此，纳税在西方文化中是很自然的事情。契约精神还包括自由、平等等精神。公归公，私归私，产权清晰，这对于防止征税人员乱征税起到了制约作用，西方文化对于隐私及个人空间很是看重，没有许可，私自进入他人私人场所是犯法的，这种文化法制化后更加有利于纳税人的利益保护，纳税人得到了保护也就更加愿意自觉纳税，因此，西方国家偷逃税的现象虽有但是并不多，这对于税制结构向政府调节方向变动具有有利作用。而许多发展中国家经济满目疮痍，缺乏西方国家的雄厚的资本积累过程，主要任务是发展经济，因此只能选择商品与劳务税作为主体税种来保证征收足够的税收进行国家建设。

（2）国民的纳税意识。征管水平决定征税机关能不能征到足额的税，而国民是否会自觉纳税也关乎可能征到的税的多少。如果国民的纳税意识普遍较高的话，那么就会相应地减轻征税人员的工作量，降低征税成本，避免无谓的社会福利的损失，既有利于税收的足额准时征收，也有利于提高工作效率，降低稽查成本，可谓一举两得，这样的国家对于所得税的征收具有天然的有利条件，因此有利于以直接税为主体的税制结构的形成。而发展中国家大多数由殖民地、半殖民地变化而来，国民受尽了横征暴敛的迫害，不愿意纳税的传统继承下来，对税务部门抱有不自觉的敌意，不愿意自觉纳税，也是造成这些国家难以将所得税作为主体税种的原因。还有一种原因导致国民纳税意识不高，那就是税收的宣传力度低，信息不够透明，国民对税收知之甚少，不了解税收的使用方向，自然就不愿意纳税。还有就是法治不健全。如果法律健全，对于偷逃税的行为惩罚规定详尽并执行有力的话，或许可以减少不纳税的现象；并且如果稽查、监督到位的话，可以减少征管部门的不规范征管现象，也可以拉近纳税人对征管部门的好感度与信任度，自觉纳税。因此，纳税意识高低的影响因素既有文化传统原因，也有征管部门的原因，以及法治、制度的健全程度等原因。

三、国外税制结构变迁对我国税制结构优化的启示

（一）中长期以稳定双主体税制为目标，稳步推进税制改革

从发达国家的税制结构变革的历史来看，由以间接税为主的税制过渡到以直接税为主的税制是历史发展的必然趋势，我国的税制结构改革的最终目标也必然要遵循这一历史发展规律，以之为方向进行税制改革。

但是，我国仍然是发展中国家，经济发展水平短期内尚不能达到发达

国家的水平，不能一蹴而就，不能迅速地实现税制向以直接税为主体的结构转变。从历史发展经验来看，发达国家由间接税主体过渡到直接税主体也耗费了相当长的时间，有一个双主体税制的过渡期，就像现在巴西的税制一样。因此，我国当前的税制改革应该以双主体为转变目标，通过逐步提高直接税的比重，降低间接税的比重，以缩小两大税系的差距为努力方向，过渡到双主体的税制结构。

（二）经济发展水平是制约税制结构的主导因素，要大力发展生产力

从各国税制结构的变迁历史中可以清晰地看出，税制结构的变化是随着经济的发展而逐步演化的。资本主义发展初期由于经济刚刚处于初期阶段，经济发展水平较低，资本积累目标使得关税的主体地位得到认可；随后也是经济进一步发展的需要才促使各国打开关税的大门；同样是经济的发展使得人均收入得以提高，企业利润得以增加，所得税应运而生，借经济之东风迅速发展开来；经济的发展使得人们对社会福利的要求逐步提高，也就促进了社会保障税的兴起与扩张。可见，无论是关税的降低，还是所得税的增加，抑或是社会保障税的兴起，都与当时的经济发展水平息息相关，可以说，经济发展水平是决定税制结构的主导因素，我国当前的税制改革应结合当前的经济发展状况。我国人均收入水平在世界范围内并不算高，远低于发达国家，因此当前并不适宜直接过渡到直接税主体税制，而应该选择与我国经济发展水平相适应的双主体的税制结构为改革目标。另外，因为经济的发展是推进我国税制改革的根本动力，所以要想完成税制改革的转变，就要大力发展生产力，提高我国的人均收入水平，才能为税制结构的转变提供经济基础，以便在完成税制结构双主体转变之后为向直接税主体税制转变铺路。

（三）提高税收征管水平

在前文已经提及，一个国家的税收征管水平在很大程度上关乎着税制改革的实施效果，对于税制结构的转变有着特殊的作用。发达国家大多建立了较为健全的税收征管系统，征管水平较高，因此能够使得对征管水平要求较高的所得税在税制结构中占据较高的比重；而发展中国家的税收征

管水平尚待完善，难以足额、高效征收所得税，使得偷逃税现象严重，影响直接税比重的上升。我国的税收征管水平正处于不断改进之中，虽不及发达国家那么健全，但也比印度等国家发展较快，但是我们仍应该借鉴发达国家的经验，不断完善我国的税收征管系统，提高税收征管水平，为税制改革做好“后勤保障”。

（四）以改革现行个人所得税为突破口，转变税制模式

纵观美、法、德、日等发达国家税制结构改革变动，其由间接税主体税制过渡到直接税主体税制的一个共同点就是个人所得税的比重变动直接影响了直接税与间接税比重对比，可以说个人所得税是税制结构变化的突破点与急先锋。我国个人所得税与发达国家相比存在的问题尚有很多，只有解决我国现行个人所得税存在的问题，才能有效地提高我国个人所得税的比重，才能完成我国税制结构的根本变革。

（五）开征社会保障税，完善税制

在税制改革的变迁中起到重要作用的另一大税种就是社会保障税。美国的社会保障税是其本国占比第二的大税种，而法国的社会保障税甚至成为其本国第一大税种，比重已相当高。随着经济的发展，人们对于社会保障的需求日益提高。理论上要充分发挥社会保障的“安全网”作用，需要社会保障的全覆盖。自美国1937年率先开征社会保障税后，社会保障税迅速在其他国家推广，其所具有的征收稳定性和强制性为社会保障制度提供了稳定的资金来源，并为社会成员提供了公平的社会保障待遇。相比之下，我国现行的社会保障款还是社保费的形式，实行各省市统筹，强制力弱，征收力度小，地区待遇差别大。适时地实行费改税，开征社会保障税，有助于推进税制的完善，促进社会保障体系的健全。

第五节　优化我国税制结构的原则与政策建议

自“营改增”全面完成之后，我国的税制结构又得到进一步优化。当前，我国税制结构运行基本正常，主体税种功能突出，辅助税种符合客观

需要，形成了以流转税和所得税为双主体的税制结构模式。然而，现行的税制结构仍存在不少问题，所以，在大力推进法治中国建设的背景下，应加快税制结构优化的步伐，从而最终实现依法治税的目标。

一、税制结构优化的原则

（一）坚持“顶层设计”的思路

“顶层设计”是依照系统论的原理，从某项任务的全局角度出发，统筹考虑其各层次和各要素，这样才能在最高层次上找到解决问题之道。它有三个主要特征：顶层决定性、整体相关性和实际可操作性。坚持“顶层设计”的思路，有利于避免“头痛医头、脚痛医脚”，从源头上化解积弊，在重点改革领域取得突破，对于指导经济发展与改革意义重大。当前，优化税制结构的改革，涉及我国税制结构模式的调整和主体税种的选择，涉及税种结构和税制要素结构的合理设置。这正是未来若干年我国税收领域的全方位改革任务，自然需要坚持“顶层设计”的思路，避免“零敲碎打”的修补式税制结构优化方案，力争取得事半功倍的改革效果。

（二）保证财政收入，稳定税负

在优化税制结构的改革中，保证财政收入，是各国政府税收的最基本职能和首要任务。同时，政府也不能借税制改革之机而加重纳税人负担，必须稳定税负，给人们一种良好的税制改革预期，减少税制改革阻力。因此，在优化税种结构时，要考虑税种的聚财能力。特别是在选择主体税种时，应当选择征税对象覆盖面大、税源广泛，具有相对稳定性、增长性或潜在增长性的税种（韩仁月，2011）。[①] 这样，才能实现税收的聚财功能，保证政府提供公共产品所需要的财政收入。当前，我国经济发展和改革已经进入“深水区”，产业结构转型、社会保障、公共教育和医疗卫生等各项关键领域改革，都需要政府财力的大力支持。所以，优化税制结构的改革，绝不能影响税收的聚财功能，必须为政府的各项改革保驾护航。当

① 韩仁月：《税制结构变迁、效应及优化研究》，博士学位论文，山东大学，2011 年。

然，在强调税收聚财功能的同时，税收也不能伤及税本，不能损害经济发展，必须涵养税源。

（三）提高税收效率，注重税收公平

公平和效率两个准则，早已被公认为评价“理想税制”或税制结构优化的标准。所以，在未来的优化税制结构改革中，我国也必须遵循税收公平和税收效率两个准则。根据经济学理论，市场经济是高效率的经济，主导资源配置，但由于市场失灵的存在，导致市场经济配置资源不能达到帕累托最优。因此，政府可以运用恰当的税收激励机制和制约机制，矫正市场失灵，引导资源的优化配置。在优化税制结构时，应根据不同税种对经济效率的不同影响进行合理设置。在提高商品生产和交换的效率方面，流转税更优于所得税；而在调节收入的公平分配和自动熨平经济周期的作用方面，所得税更优于流转税。另外，政府征税对市场行为主体都会产生替代效应和收入效应，因而在设置税种时，应考虑普遍开征具有较少替代效应的税种，减少税收对市场的扭曲；同时，又对具有负外部性的市场行为进行适当矫正，提高市场效率。总之，在优化税制结构时，要贯彻落实好公平和效率两个准则，既要提高税收效率，又要注重税收公平。

（四）与国际上税制结构变化趋势相适应

随着经济全球化的快速发展，国际资本、技术和其他生产要素流动越来越多，国际税收竞争和协调共存，国际因素对各国政府税收制度变化的影响也越来越大。目前，世界各国逐渐形成了以“低税率、宽税基、简税制”为特征的税制改革潮流，特别是全球性的减税趋势不减。所以，在优化税制结构的过程中，要特别注重借鉴国际经验，构建有利于参与国际竞争和对外开放的新税制。

二、优化税类（税系）结构的政策建议

（一）优化我国中长期税制结构模式的建议

现阶段，我国是以流转税和所得税为双主体的税制结构模式。从表3-13和图3-42中可以看出，2003—2015年，我国流转税比重从2003年的

60.9%下降至 2015 年的 50.9%，13 年下降了 10 个百分点；所得税比重则从 2003 年的 21.7%上升至 2015 年的 28.6%，13 年提高了 6.9 个百分点。而主体税种比值（流转税比重/所得税比重）在 2003—2004 年分别为 2.8 和 2.7，均大于临界值 2.5；2005 年该比值快速下降至 2.4，之后缓慢下降至 2015 年的 1.8。由此可以发现，在 2003—2015 年中，我国的税制结构模式发生了较大的变化。按照表 3-3 的税制结构类型划分标准，在 2005 年之前，我国实际上是以单一流转税为主体的税制结构模式，流转税比重偏大；2006 年之后，税制结构模式则明显转变为以流转税和所得税主次搭配的双主体的税制结构模式。这种转变的主要原因有：一是从 2004 年 7 月 1 日起，我国率先在东北三省装备制造、石油化工等八个行业实施增值税转型试点，2007 年和 2008 年又先后扩大了增值税转型试点范围。自 2009 年 1 月 1 日起，在全国范围内实施增值税转型改革。这项改革为企业减负规模较大，有利于促进经济发展。二是伴随着经济发展和收入水平的持续改进，我国企业所得税和个人所得税收入规模正在扩大，提高了所得税比重。

表 3-13　2003—2015 年我国流转税和所得税的比重

年份	2003	2004	2005	2006	2007	2008	2009	2010	2011	2012	2013	2014	2015
各项税收（%）	100	100	100	100	100	100	100	100	100	100	100	100	100
流转税比重（%）	60.9	63.1	61.6	60.2	56.3	55.3	56.6	55.1	52.9	52.5	51.5	50.7	50.9
所得税比重（%）	21.7	23.6	25.8	27.3	26.2	27.5	26.0	24.2	25.4	25.3	26.2	26.9	28.6
其他税比重（%）	17.4	13.3	12.6	12.5	17.5	17.2	17.4	20.7	21.7	22.2	22.3	22.4	20.5
流转税比重/所得税比重	2.8	2.7	2.4	2.2	2.1	2.0	2.2	2.3	2.1	2.1	2.0	1.9	1.8

注：(1) 流转税具体包含国内增值税、国内消费税、营业税和关税；所得税具体包含企业所得税和个人所得税。(2) 所有数据是根据 2015 年《中国统计年鉴》中的数据计算得到的。

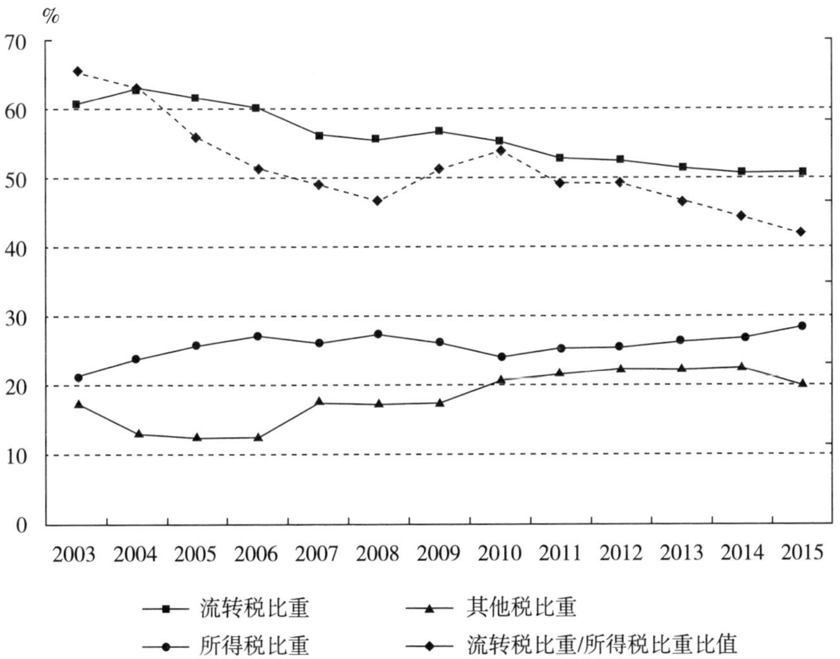

图 3-42 2003—2015 年我国流转税和所得税的比重变化趋势

那么，我国目前以流转税和所得税主次搭配的双主体的税制结构模式是否合理呢？答案是否定的。由于流转税比重仍然偏大，2015 年仍高达 50.9%，使企业税收负担过重，导致企业商品生产和交换的效率损失较大，降低了经济效率。同时，所得税比重仍然偏低，2015 年只有 28.6%，特别是个人所得税比重只有 6.9%。这显然难以发挥所得税的调节收入分配和经济“内在稳定器”的功能。

有学者认为，未来我国经济社会发展要更加注重公平收入分配，通过减低间接税和提高直接税，构建以直接税为主体的税制结构模式（胡怡建和徐曙娜，2014）。① 此观点的理由显然值得商榷。因为，它实际上是从过去的单一间接税模式走向了另外一个极端——单一的直接税主体模式，不利于同时发挥流转税和所得税各自的优势，使其相互配合。特别是近年

① 胡怡建、徐曙娜：《我国税制结构优化的目标模式和实现路径》，《税务研究》2014 年第 7 期。

来，国际上的税制结构变化出现了一个重要特点：发达经济体由偏重的所得税转向适度提高流转税比重，而发展中经济体由偏重流转税转向适度提高所得税比重（邓子基，2000）。[①] 所以，无论是以流转税为主体还是以所得税为主体的单一主体税种模式，都绝不是判定税制结构模式优劣的标准。其实，我国著名财政学家邓子基教授早在1985年就提出了"双主体税种模式结构论"，认为应建立"流转税与所得税并重"的复税制体系。[②]

因此，从中长期的目标来看，我国应通过优化税制结构改革，适当降低流转税比重，逐步提高所得税的比例。尤其是要逐步提高个人所得税的比重，最终使我国所得税的比例接近流转税的比例，并建立起流转税和所得税并重的双主体税制结构模式（以下简称"并重双主体模式"）。

（二）优化我国中长期税制结构体系的建议

根据现行税制结构的主要问题和中长期改革的目标，借鉴国外税制结构优化的经验，按照"完善、合并、开征和取消"的思路，构建我国中长期的税制结构体系（如表3-14所示）。

表3-14 我国中长期的税制结构体系

现行税制结构体系		中长期税制结构体系		改革建议
流转税系	1. 增值税	流转税系	1. 增值税	完善
	2. 消费税		2. 消费税	完善
	3. 关税		3. 关税	
所得税系	4. 企业所得税	所得税系	4. 企业所得税	
	5. 个人所得税		5. 个人所得税	完善

① 邓子基：《税种结构研究》，中国财政经济出版社2000年版。

② 邓子基：《税收理论与税制改革》，《财政研究》1985年第6期。

续表

现行税制结构体系		中长期税制结构体系		改革建议
财产税系	6. 房产税	财产税系	6. 房地产税	合并
	7. 城镇土地使用税			
	8. 车船税		7. 车船税	
	9. 契税		8. 契税	
			9. 遗产税和赠与税	新开征
其他税	10. 资源税	其他税	10. 资源税	完善
	11. 土地增值税		11. 土地增值税	
	12. 印花税		12. 印花税	
	13. 耕地占用税		13. 耕地占用税	
	14. 船舶吨税		14. 船舶吨税	
	16. 城市维护建设税及教育费附加			取消
	17. 烟叶税			取消
			15. 环境保护税	新开征
			16. 社会保障税	新开征

从表中可看出，流转税系和所得税系的基本框架不变，主要是完善税种；在财产税系中，主要将房产税和城镇土地使用税合并为房地产税，开征遗产税和赠与税；在其他税中，主要是完善资源税，取消城市维护建设税及教育费附加、烟叶税，同时新开征环境保护税和社会保障税。

从中长期的目标来看，我国将建立流转税和所得税功能主导、财产税系重要补充、辅助税种功能特定的并重双主体税制结构体系（以下简称“并重双主体税制体系”）。

三、优化税种结构的政策建议

（一）流转税系的优化

优化流转税系的目标是：按照税收中性的要求，建立高效的增值税制度，提高经济效率；调整消费税制度，增强其调控作用。通过流转税制改革，适当降低流转税比重，并使流转税更好地适应经济全球化背景下国际税收竞争的需要。

1. 增值税的完善

自2016年5月1日起，我国金融业、建筑业、不动产业和生活服务业全面实施“营改增”。至此，我国从2012年开始的“营改增”试点工作全部完成。随着“营改增”工作的结束，增值税的重复征税问题在较大程度上得到了消除，增值税的中性作用也得到了更好的发挥。

由于“营改增”改革中的多因素考虑，导致现行的增值税制又存在新的问题、新的情况。主要表现在三个方面：一是税收法律规范太复杂，不符合便利和简化原则。由于“营改增”工作的过渡性，导致新的增值税法律规范成为以原增值税和营业税两个法律规范为主要内容的“大拼盘”，各项法律规范、政策非常复杂。特别是有很多专业术语让纳税人难以掌握。如提供应税劳务、提供应税服务、提供部分现代服务业服务等。因此，在新的增值税制度运行平稳和时机成熟后，建议尽快重新制定和颁布增值税法律规范。二是设置四挡税率，破坏了增值税的中性作用。“营改增”后，增值税共设置了四挡税率，即一挡基本税率（17%）和三挡低税率（13%、11%和6%）。从理论上说，为了制定最合理的增值税制，应该将多挡税率统一为一挡税率。但复杂的现实生活因素会影响税率的设置。所以，大多数国家的增值税都是设置一挡或者两挡税率，少数国家实行三挡税率，只有极个别国家实行四挡税率。建议将现行增值税的四挡税率合并为两挡，并适当调低税率（设置基本税率16%和低税率12%）。这样，不仅能够更好地发挥增值税的中性作用，而且可以使增值税专用发票的抵扣链条更加顺畅。三是减免税政策太多且非常复杂，破坏了增值税的环环相扣链条，抑制了增值税中性作用的充分发挥。建议除免征额规定外，尽可能取消增值税的减免税政策。

2. 消费税的完善

我国是实行选择性消费税制，主要是对高档消费品、奢侈品、高能耗及不可再生和替代的石油类消费品等进行征税，体现“寓禁于征”的精神。现行消费税选择了15种商品进行征收，征税范围仍然比较小，有些商品的税率较低。建议适时完善消费税政策。一是扩大消费税征收范围。随着经济的发展，我们应将房、车、私人飞机等新出现的奢侈品进行征税。此外，将部分高污染、高能耗消费品纳入征税范围，如一次性塑料用品、碳粉、打印机硒鼓等。二是提高部分环节保护类税目的税率，增强消费税的特定调控功能。如一次性筷子、实木地板、电池盒、涂料等。

（二）所得税系的优化

优化所得税系的目标是：按照促进公平和稳定经济的要求，建立公平与高效的所得税制度，并逐步提高所得税比重，充分发挥所得税在经济“内在稳定器”和调节收入分配方面的作用。

近年来，我国企业所得税和个人所得税占各项税收收入的比重比较稳定，增长相对较缓慢。如表 3-15 所示。从表中可以看出，目前我国企业所得税所占的比重在 21%左右，相对较稳定。与国际水平相比较，我国企业所得税所占的比重还比较适中。从税率上看，企业所得税实行的是比例税率（基本税率 25%和低税率 25%），在国际上属于适中的水平。因此，在所得税制度中，企业所得税主要是发挥聚财和经济“内在稳定器”作用，而个人所得税的作用主要是调节收入分配。然而，当前我国的个人所得税所占比重偏低，还不到 7%。与国际水平相比较，我国个人所得税所占的比重严重偏低。如与我国同为发展中国家的印度，1999 年的个人所得税所占的比重就达到 14.8%（张富强，2003）。[①] 加之我国的分类个人所得税制模式的实行，使得个人所得税很难充分发挥调节收入差距的作用，甚至存在“逆向调节”的现象。可见，优化所得税系的主要任务，就是完善个人所得税制。

表 3-15　2005—2015 年我国企业所得税和个人所得税的比重

单位：%

年份	2005	2006	2007	2008	2009	2010	2011	2012	2013	2014	2015
各项税收	100	100	100	100	100	100	100	100	100	100	100
企业所得税比重	18. 6	20. 2	19. 2	20. 6	19. 4	17. 5	18. 7	19. 5	20. 3	20. 7	21. 7

① 张富强：《我国个人所得税税收负担的国际比较》，《财贸经济》2003 年第 6 期。

续表

年份	2005	2006	2007	2008	2009	2010	2011	2012	2013	2014	2015
个人所得税比重	7.3	7.0	7.0	6.9	6.6	6.6	6.7	5.8	5.9	6.2	6.9
所得税比重	25.8	27.3	26.2	27.5	26.0	24.2	25.4	25.3	26.2	26.9	28.6

注：表中的数据是根据2015年《中国统计年鉴》中的数据计算得到的。

当前，完善个人所得税的目标是：深入贯彻党的十八届三中全会精神，实行的个人所得税制应该是分类与综合相结合。主要建议如下：

第一，转变税制模式，即实行分类与综合相结合的税制模式。现行的分类所得税制具有对不同性质的所得实行差别征收和容易控制税源的优点，但无法根据纳税人的总所得实施累进税率，不能很好地体现纳税能力原则，所以不能起到个人所得税调节收入分配的作用。在国际上，大多数国家都是采用将分类与综合相结合的纳税模式。在个人所得方面，笔者的建议是：综合征收个人所得中的经常性所得。具体做法就是：将纳税人在某一年度内的所有经常性所得，如工资、经营性收入、劳务报酬、财产转让所得等加总，再减掉其他扣除金额，剩余的按照超额累进税率征收；如果是非经常性所得（偶然所得），实行分类征收。

第二，调整税率结构，即降低税率挡次，减小边际税率。根据个人所得税发展趋势，各国纷纷降低税率，减少累进挡次，以提高税收效率。从表3-16可以看出，多数国家采用四级税率，最高税率一般在35%—50%。综合考虑现行的个税税率结构及改革的政策目标，建议个人所得采用四级超额累进税率，范围从10%到40%。边际税率降低至40%，有利于调动高收入者的工作积极性，提高经济效率。大幅度减少税率挡次，有利于简化税制，提高税收效率。

对于实行分类课征的各项所得，建议继续实行20%的比例税率，并仍然实行加成征收政策。这种加成征收政策，有利于抑制人们的“一夜暴富”心态，鼓励勤劳致富。

表 3-16 部分国家个人所得税累进税率情况

国别	个人所得税税率		国别	个人所得税税率	
	税率幅度	累进挡次（级）		税率幅度	累进挡次（级）
美国	10%—35%	6	法国	10%—48.09%	6
泰国	5%—37%	5	比利时	25%—50%	5
奥地利	21%—50%	4	韩国	9%—36%	4
加拿大	16%—29%	4	澳大利亚	17%—47%	4
日本	10%—37%	4	英国	10%—40%	3
波兰	19%—40%	3	印度	20%—30%	3

注：美国的税率来源于《实用税务参考》，见 www.usdragon.com/Europe-madrid，2004-12-02；英国和韩国的税率来源于《外国税收制度简介》，见 www.tax861.gov.cn；其他国家的税率来源于 www.worldwide-tax.com。

第三，完善费用扣除制度。费用扣除制度的完善与否，直接影响到个人所得税调节收入分配功能的发挥程度。当前，我国实行的分项扣除制并没有将纳税人的家庭和健康等因素考虑在内，严重制约了个人所得税的调节收入分配功能。应借鉴国外的成功经验，完善我国的费用扣除制度。针对个人综合所得项目，可以设置两类费用扣除项目：第一大类叫成本费用扣除项目，简单来说就是为了获得收入而支出的相关成本；第二大类叫生计费用扣除项目，简单来说就是用来维持基本生活开支的费用。为了体现纳税能力原则，可以采用五种生计扣除：抚养扣除、基础扣除、配偶扣除、特殊扣除和附加扣除。

第四，加强税源监控，强化税收征管。现行个人所得税在调节收入分配方面发挥不理想，既有税制模式的原因，也有税收征管不到位的原因。所以，实行新的税制模式后，税务部门更需要加强税源监控工作，进一步强化税收征管。为此应该：一是征管方式采用源泉扣缴和自行申报纳税并重。为保证分类与综合所得税制的顺利实施，不仅要继续加强源泉扣缴征管方式，而且还要加强对个人自行申报纳税的管理。二是逐步建立健全个人账户体制和财产登记制度。将个人的基本信息、纳税信息以及收入信息收集起来，“全国统一、一人一号”。三是建立个人诚信纳税档案，严厉惩处偷逃税行为。四是要强化税务部门与政府其他部门（包括工商、公安、检察等部门）之间的联系，加大对偷税漏税处罚力度，呼吁“纳税光荣、偷税可耻”。

（三）财产税系的优化

优化财产税系的目标是：按照促进公平和完善地方税体系的要求，建立公平与高效的财产税制度，并逐步提高财产税比重，充分发挥财产税在促进地方经济发展和调节社会财富分配方面的作用。

在优化财产税系的任务中，主要有两个方面的工作：一是将房产税和城镇土地使用税合并为房地产税；二是开征遗产税和赠与税。

1. 房地产税改革

目前，除了上海和重庆开展房产税试点外，其他各省市对个人房地产保有环节的征税是空白的，只是对个人用于经营性房产征收房产税。所以，根据党的十八届三中全会精神，必须加快房地产税改革，并使其逐步成为未来地方税体系中的主体税种。

第一，将现行的房产税和城镇土地使用税合并。由于房屋和土地总是结合在一起，导致房产价值与地产价值很难划分界限。因此，将房屋与土地分开征税是不科学的，实际中也难以操作。

第二，改为按房地产的评估价值征税，实行从价计征。以房地产的评估价值作为计税标准，不仅比目前按房产原值作为计税依据更趋科学合理，而且也符合国际上对财产课税的通行做法。实行从价征税后，可消除现行房产税两种计税依据并存所产生的税负不公问题。对于房地产的评估价值，可考虑每三年估价一次。

第三，扩大征税范围，借鉴国外先进经验，国外大部分国家采用“宽税基、低税率”基本原则。但是，对居民自住普通住房都实行免税或较低税率。所以，可考虑将征税范围扩大到所有地区，并将居民个人住房纳入征税范围，以更好地调节居民财富分配差距。为避免加重普通百姓的住房负担，应考虑对普通住宅的减免政策。

第四，设置差别幅度比例税率。在税率设置方面，应借鉴国外的经验做法，按房地产的不同用途，设置的差别幅度比例税率。建议如下：一是高尔夫球场和高档别墅等房产，适用最高税率；二是旅游景点房产、避暑胜地房产等，适用次高税率；三是公司、企业等生产经营用房产，适用较高税率；四是居民用于营业用途的房产，适用较低税率；五是居民住房，适用最低税率。各省、自治区、直辖市人民政府在税法规定的幅度范围内，自行确定本地区适用税率。

2. 开征遗产税和赠与税

当前，我国收入分配不公、贫富差距不断扩大的问题，已经给社会稳定及构建和谐社会造成了不良影响。从国外的税收实践看，遗产税与赠与税的开征，有利于缩小社会贫富差距，有利于维护起点公平。从实际来看，开征遗产税与赠与税的基础条件我国已初步具备，但征管条件仍有欠缺。因此，待时机成熟后，再适时开征遗产税和赠与税。

第一，税制模式的选择。目前有三种征收模式，即总遗产税制、分遗产税制和混合遗产税制。这三种征收模式各有利弊，选择的关键在于考虑国家的经济状况、税收政策目标及纳税历史习惯等因素。从我国的国情看，建议采用总遗产税制模式，即对遗产总额征税，而不管继承情况和分配方式。这样，税源较易控管，税率简单。

第二，纳税人的确定。在国际上，遗产税管辖权通常是采用属人和属地相结合的原则。为在国际交往中贯彻对等原则，保障国家经济权益，建议我国采用属人和属地相结合的原则。遗产税的实际纳税人应是遗嘱执行人或遗产继承人，赠与税的纳税人是财产赠与人。

第三，课税对象的确定。课税对象确定为财产，包括动产和不动产。动产包括现金、有价证券等；不动产主要包括土地、房屋等。

第四，税率的设计。大部分国家采用超额累进税率，这种税率有利于公平，可以缩小社会贫富差距。长期以来，西方发达国家都打算以较高税率对遗产课重税。近年来，多数国家都降低了税率，日本最高税率为70%，美国最高税率为50%。发展中国家最高税率一般在50%左右。为了不打击我国公民勤劳致富的积极性，建议遗产税和赠与税实行五级累进税率，边际税率设在50%为宜。

（四）其他税的优化

优化其他税的目标是：按照税种科学和结构优化的要求，完善各辅助税种，切实发挥各辅助税种特定的作用。

在优化其他税的任务中，主要有三个方面的工作：一是完善资源税；二是开征环境保护税和社会保障税；三是取消城市维护建设税及教育费附加、烟叶税。

1. 完善资源税

在调节资源级差收入、促进自然资源的合理开发利用和有效保护方面，资源税发挥了重要作用。但现行的资源税制度仍有待于完善。一是进一步扩大征税范围，完善调控功能。随着我国水资源紧缺程度的逐步加剧，应考虑对水资源征收资源税。在条件成熟时，还应将森林、草场、滩涂等资源纳入征税范围。二是适当提高资源税税负水平，更好地发挥调控功能。

2. 开征环境保护税

为应对当前严峻的环境形势，促进节能减排工作，我国已明确自2018年1月1日开征环境保护税，将现行排污收费改为征收环境保护税，依靠一种兼具法律和经济的最“强硬”手段，实现我国的环境保护目标。已通过的环境保护税法确定对大气污染、水污染、固定废弃物和噪声征税，由地税局负责征收。

3. 开征社会保障税

在经合组织和国际货币基金组织表述的税制结构中，社会保险税均被作为一个重要的税系类别。但国内也有学者不赞同这种观点，认为社会保险（或保障）税是属于专款专用税，不属于税制结构的内容（马国强，2015）。[①] 所以，此处也没有把社会保障税作为一个税系类别，而是从完善税制的角度，把它放在“其他税”中予以阐述。

---

① 马国强：《税制结构基础理论研究》，《税务研究》2015年第1期。

当前我国应适时推进社会保障费改税，这已成为大多数人的共识。我国社保资金是以社保费的形式收取，这种缴费方式存在强制力较弱、征缴力度小等问题。所以，解决这些问题的最佳方式就是开征社会保障税，把社保资金的筹集方式纳入税收的范畴。

4. 取消城市维护建设税及教育费附加、烟叶税

城市维护建设税并不是一个独立征收的税种，而是附加在增值税、消费税税额的基础上进行征收。它是一个税上加税的税种，不具有税种设置的科学性。建议取消该税种，同时教育费附加和地方教育费附加也一并取消。另外，烟叶税实际上是从已经被取消的农业特产税中保留下来的一个“怪胎”。其征收的目的和意义都不是很清楚。其实，作为农业特产税的烟叶，其生产和销售行为是属于增值税的征收范围。这里又设置烟叶税，不符合税种设置的原则。

第四章　法治背景下的分税制建设

经历了十多年的实践和历史检验，我国分税制财政体制在社会经济的发展中起到了积极作用，但同时暴露出的问题给社会经济发展带来的负面影响也是不可否认的。尤其是与发达的市场经济国家典型的分税制相比，更是有着明显的差距。在此背景下，法治化的分税制建设显得尤为重要。一项制度如果想要顺利实施、执行并落实，需要法律的强有力保障。同样，对于税收也是如此，税收立法是充分发挥税收作用的重要前提与保障。分税有法可依、依据明确，才能保证分税制法律体系的稳定性。因此，构建科学、规范的分税制立法体系是建立和完善税收制度建设的一项重要任务。

第一节　分税制与法治的关系

一、分税制的法理基础

（一）分税制的历史溯源

分税分级预算管理体制，简称分税制，是根据财权与事权统一的原则，明确各级政府的支出范围，并在此基础上按税收种类划分各级政府收入的一种预算体制。这种预算管理体制的实质是通过划分中央和地方税收收入来源和税收管理权限，理顺中央与地方财政分配关系，充分调动中央财政和各级地方财政的积极性。① 分税制最早出现在 19 世纪中叶的一些欧

① 洪银兴、尚长发:《公共财政学》，南京大学出版社 2013 年版，第 308 页。

洲国家，目前凡以税收收入为主的国家，大多数都采用分税制处理中央与地方财政关系。在一些发达国家，分税制已有 100 多年的历史，主要是随着宪法的公布和修正以及分级管理体制的实施与事权的依法划分而实行的。如美国在 1887 年以联邦宪法的形式成立联邦共和国，开始实行分税制；加拿大是 1867 年通过联邦宪法的同时实行分税制；英国的分税制也是在 20 世纪建立的。分税制的实施体现了市场经济发展的需求。

新中国成立以来，财税体制随着经济社会发展和政府职能转变，历经多次调整，大体上经历了从“统收统支”高度集中的财税体制，到“分灶吃饭”的包干制，再到“分税制”的改革路程。我国预算管理体制在改革开放之前，基本上是集权型的。为了适应改革开放的经济形势，我国自 20 世纪 80 年代初进一步优化中央与地方之间的财权关系，实行“分灶吃饭”的财政制度，即“划分收支、分级包干”等。随后，为进一步简政放权，调动企业积极性并解决“分灶吃饭”体制暴露出来的问题，中央从 1985 年实行“划分税种、核定收支、分级包干”的财政管理体制。这两次改革的共同特点都是在划分中央与地方预算收支的基础上，分级包干，自求平衡。改革打破了传统的集权体制，充分调动了企业和地方积极性。虽然包干制确实适应了一定时期内经济体制改革和国民经济发展的要求，但这种体制存在不少弊端，在一定程度上造成了国家财政困难。自 1979 年以来，中央财政收入占国家财政的比重由 1985 年的 39. 68%经过 8 年的发展下滑至 22%，国家财政收入占 GDP 的比重则在同期从 22. 79%降为 12. 6%。且从 1982 年开始，地方预算外收入占地方预算内收入的比重却逐年升高，政府行政能力和中央政府调控能力下降，导致中央财政落入要向地方“借款”的窘境。与此同时，“分灶吃饭”造成了有些地方政府随意乱开口子，越权减免税收，擅自包税或变相包税，且地区间的苦乐不均，不利于缩小地区经济发展差距。因此，为规范中央和地方政府行为，提升中央财政组织收入的能力以及中央财政对地方财政的支援能力，强化中央财政宏观调控能力，我国于 1994 年进行了分税制财政体制改革和税制改革。

分税制的实施是我国财政史上的一个重要里程碑。我国实行分税制的目的，不仅在于逐步改善中央财政状况，加强宏观调控的能力，缩小地区之间财政收支水平的差距，也在于充分发挥地方政府在经济管理和财政管理方面的积极性。分税制从建立到稳健运行，中途经历了一系列的调整和完善工作，为我国财税体制的改革打下了坚实的基础，并在推动经济发展、完善社会主体市场经济体制、鼓励调动中央和地方积极性、全面扩大对外开放、维护社会稳定以及提高人民生活品质等方面发挥了重要的作用。在新一轮的财税体制改革中，除了与社会主义市场经济体制相适应，我们更要建立“与国家治理体系和治理能力现代化相适应”的制度基础。法治是治国理财的基本方式，国家治理的现代化，有赖于各个领域的法治化，依法理财，将分税制全面纳入法治化轨道是深化财税体制改革的首要目标。

（二）分税制的法学理论

1. 社会契约论

社会契约论（法文：Du Contrat Social）又名“民约论”，通常指通过一个或数个假定的契约来界定统治者与被统治者之间的关系，论述政治权威的合法性以及双方的政治义务（以及由此而产生的限制）的合理性。[①]最初宪法的产生就是以社会契约理论为依据，自然人通过签订契约进入政治社会，并在契约中约定并同意将自己的部分权利让渡给国家和政府，且自愿在契约的约束下接受公权力的管理。此契约即为宪法。由此可知，契约的出现形成了早期政府的雏形，并天生带有强制性和自利性，以及信息资源优势。而契约为防止政府通过公权力损害公民利益，在其形成之初就对其权力进行了规范和约束。因此，政府行使权力也应在契约的指引和限定内进行。换言之，政府权力的运行必须遵从法治原则。除了公民和政府，政府和政府之间也存在契约关系。从税权配置角度上看，契约关系形成于中央对税收收入采取先集中再下放政策。具体表现为：在明确划分事权的基础上，中央政府以中央税、共享税等税种取得大量税收收入，然后

---

① ［英］迈克尔·莱斯诺夫:《社会契约论》，刘训练等译，江苏人民出版社 2010 年版，第 290 页。

往往通过转移支付等方式向地方政府转移资金，从而与地方政府形成稳定的利益分割关系。

将法治作为行使权力的依据和原则，不仅是契约对个人的要求，也是政府所应承担的义务。政府应按照宪法或契约所规定的来使用人民赋予的公权力，履行自身的职能，实现人民的期望。因此，契约可作为政府行为是否得当的判定标准，为公民维护自身权利、反抗政府不当行为提供法律依据和保障。同时，地方政府也可通过法律来保障自身的合法权益。

2. 委托—代理理论

在20世纪30年代，美国经济学家伯利和米恩斯提出委托—代理理论（Principal-agent Theory）。他们在实践中发现企业所有者同时享有经营权的做法存在缺陷和隐患，因此倡导企业所有者在保留索取经营权的基础上将经营权让渡出去，提高企业经营效率。它的核心在于委托人如何设计一个补偿系（契约）来驱动另一个人（代理人）为委托人的利益行动。① 因委托人和代理人之间的信息不对称或目标不一致，可能出现委托成本过高的弊端，所以一套能约束代理人投机行为并提升其管理效率的激励机制和契约合同，则成为该理论是否能实现的重要依据。“委托—代理理论”早已成为现代公司治理的逻辑起点。在之后的研究中，委托—代理理论不但用于公司治理，甚至扩展到财政管理领域。

一般来说，中央政府与地方政府的关系具体表现为权力关系、财政关系和公共行政关系。② 同时，他们之间也存在委托—代理关系。中央政府作为掌管国家一切事物的权力机构即委托人，将地方的管辖权交由地方政府，并通过与其签订法律契约规范和约束地方政府的责、权、利界限。但政府间仍旧会出现信息不对称等问题，表现在地方政府作为任务的具体操作者，比任务的下发者——中央政府，更具信息优势地位，在任务执行过

---

① Stiglitz JE, “Incentives, Risk, and Information: Notes Towards a Theory of Hierarchy”, *The Bell Journal of Economics*, Vol. 6, No. 2 (1975), pp. 552-579.

② 苏明吾：《制度变迁中地方政府经济行为分析》，《经济经纬》2002年第2期。

程中通过掌握更多隐蔽信息而将中央政府置于劣势地位。由此可知，一个能使地方政府追求自身效用最大化的同时，最大限度地增进中央政府利益的激励机制，可使中央和地方间的委托—代理关系更加坚固有效。

3. 权力制约理论

权力是一把“双刃剑”，具有强制性、等级性、对象性、整合性和目的性，同时具有潜在的扩张性、排他性、诱惑性和腐蚀性。善用可兴邦，滥用可祸民。因此，“要防止滥用权力，就必须以权力制约权力”。[①] 分权制约有外部和内部之分，外部分权制约是指社会权力对国家权力的约束，而内部分权制约则包括横向制约和纵向制约。本章所讨论的中央对地方政府的权力制约属于纵向分权制约，对于约束政府权力有着重要作用，可提高各级政府提供公共物品的主动性和行政效率。

权力制约可通过政府间的“竞争效应”提高政府的行政效能。分税制的实施在财力上一定程度地束缚了各级政府的权力行使。1956 年，蒂布特在《一个关于地方支出的纯理论》中假设各个社区的居民将根据不同社区的公共服务而“不断迁移”，间接给当地政府压力，从而促使其依法行使权力。居民的迁移会导致政府的税收总额发生变化，尤其是一些具有创业精神的年轻人迁移至能为其提供更好公共服务或福利的地区，为该地区的经济增长和税收作出巨大贡献。因此，这种潜在的危机感会使政府产生竞争意识，从而起到权力制约的功能。

一方面，分税制给予了地方政府一定的税收支配权，根据“用脚投票”理论，地方政府更加了解当地居民需求，作出更为贴近民意的决策，从而地方分权对中央独掌大权进行了制约。另一方面，分税制的改革又提高了中央政府的财政收入，地方政府遭遇财权上移、事权下放的困境，势必在一定程度上减少公共服务的提供。而转移支付则是解决此问题的有效手段，中央政府可借此对地方政府实行自上而下的管理和控制。因此，地方和中央政府达成了双制约的局面，不仅有利于在尊重人性的基础上提供

① 孟德斯鸠:《论法的精神》(上)，商务印书馆 1961 年版，第 154 页。

更好的公共服务，且在一定程度上可减少政府腐败，限制政治权力的垄断。

二、分税制的法学意义

（一）法治化的分税制是保障公民权利的重要手段

居民通过契约的形式赋予政府权力，契约又是以法律的形式存在的。居民通过纳税“养活”政府，税收成为政府存活和运作的物质基础。财政权不仅关系到国家物质力量的取得、保有以及增长，且作为公民赋予公共部门的重要权力，在很大程度上也关系到公民的权利。所以，应该通过法律手段实现对政府财政权的控制以保障公民权益。保障公民权益，首先要健全法制，国家需要法治化理念来规定政府的职权，人民需要法治化的举措来保证自身的权益，国家治权当以法律为最高形式，国家权力的配置包括财政分权也必须由国家的最高法律即宪法来规范。作为我国的财政体制，分税制不仅是重要的财政政策，也是一项重要的政治制度，这关系到中央与地方政府之间的权力划分，需要法律的保障与规范。

法治化的分税制是保障人民权力的重要制度，这不仅有利于中央与地方政府之间财权的合理规范划分，也将会更好地保障地方政府的自主权和中央政府的宏观调控能力。此外，此项制度还将更好地保障和维护居民偏好和权益。但就目前我国分税制实施效果来看，地方政府财政收入与支出相比显得捉襟见肘，县乡财政更是如此，仅有的税收收入无法支撑正常的财政运作。加之转移支付制度的不完善以及地方政府举债的限制，教育、科技等基础设施领域也加重了地方财政负担。因此，财权的划分与规范将会影响地方政府与中央政府的关系，这有利于我国各项制度的规范，也有利用我国民主制度的完善，从而保障我国的民主权利。宪法的修改，使我国法治化民主制度的不断完善，我国财政法律体制也受到了巨大的影响，体现在其原则精神和制度框架上的改变。与之前相比，宪法更加注重建立健全与经济发展水平相适应的社会保障制度，就国家尊重和保障人权方面也更为侧重对个人利益的保护，以及对财政权力的规范与约束、管理与监督。因此，法治化建设对我国的经济发展是很重要的。

（二）法治化的分税制是调整央地关系的重要内容

财政分权是现代国家最主要的权力分配。不管是单一制国家还是联邦制国家，财政权力的分配问题都是影响中央和地方关系的一个重要因素。不同国家体系虽有不同，但无不以财政权力为基础，并围绕财政权力而展开。中央与地方分得财权、财力的多少直接决定了其各自利益的实现，以及它们对财权、财力分配与归属的满足程度。所以说，财权是中央与地方政府权力分配的重要内容。也可以说，财权的划分与规范在很大程度上影响我国中央政府与地方政府的关系与权力问题。因此，只有将分税制与法治化相结合才能更好地规范和调整中央和地方关系。

分税制体制是根据税种、税源的自身特性分为中央税、地方税和中央与地方共享税三种，并将其征收权力按此划分方式层层分配到国税系统和地税系统，实现分级管理，取代了包干制中的“委托—代理”关系，确立了中央与地方政府的财政收入分项入库制度，明确了政府之间的财权以及责任支出范围。而法治化下的分税制将进一步影响转移支付制度的完善与规范。此外，转移支付制度作为一项重要的制度，其规范与发展将会对政府间的关系起到重要作用，尤其将会弥补地方政府的资金不足，发挥财政资金的积极作用。因此，转移支付资金的程序公平与否将会直接影响财权的发挥。而中央与地方又在财权的分配方面存在着一种博弈关系，法治化的分税制可以更好地规范中央和地方关系，保障各方权益均衡。

（三）法治化的分税制是加强社会监督的重要工具

地方政府更加贴近当地居民的生活，更加了解当地居民对公共品或服务的偏好，因此，赋予地方政府独立的法人地位，给予其较为独立的财政权力，可以更好地发挥地方政府公共职能，更好地为人民服务。古今中外，如若政府权力缺少监督和约束，政府的不作为或腐败必然会蔚然成风。而法治化分税制的确立，把地方事务的管理责任分给地方，成为地方政府的责任和义务，地方政府以当地居民偏好为导向进行治理和筹划，充分利用当地地域资源和优势，融合国家财政政策和自身财政权力，最大限度地发挥地方政府职能作用，也可侧面提升地方政府工作积极性。

纵观税制改革历史，从包干制到 1994 年后的分税制体制都缺少社会监督。由此造成地方政府以完成上级任务为主要目标，不注重地方财政成本和收益的情况，“面子工程”“形象工程”比比皆是，甚至有只为业绩不顾其他的自私之举。而将分税制与法治化相结合，居民通过向政府缴税作为支付政府提供公共品和服务的价格，并由此获得对政府行为的监督权力，将法律作为监督依据，如若地方政府行为有偏或无法满足纳税人对公共品或公共服务的偏好时，法律成为其重要的维权工具。因此，法治化的分税制一方面有利于公共品的提供过程中费用支出与公民权益的配比，而法治化下的监督将会更加有利于公民参与公共事务的监督；另一方面，政府有了法律的制约与监督，也将更加有利于政府行为的自我规范与约束。此外，政府也是理性经济人，往往有维护自身权益的倾向。但投资者和地方居民可根据“用脚投票”理论选择税负较低、服务更好的地区生活，由此可对地方政府的权力起到限制作用，促使地方政府优化公共品和服务的提供，减少地方政府滥用权力的现象。

三、分税制是我国法治建设的重要内容

（一）分税制——财政分权的主要内容

一般认为，中央政府和地方政府进行适度分权对本级政府辖区内居民合法权益的保障具有一定的正向作用，从某种程度上说，有利于地方政府充分发挥主观能动性，因地制宜地实行政策，进行地方自治。而财政分权又是中央政府与地方政府分权的关键和基础，目的是实现地方财政独立。自 1994 年起实行的分税制即是我国的财政分权制度。

分税制是一种处理中央和地方政府之间、地方各级政府之间财权与事权关系的分级财政管理体制，其主要目的是明确各级政府之间的收支范围和管理权限，以税收的划分作为基础，确定财权及事权的划分。根据地方自治相关理论，为了有效处理好政府间关系，中央政府和地方政府之间以及地方各级政府之间都应进行权力的合理配置。从我国现行的分税制来看，一方面，分税制为地方自治提供了财力保障，可确保各级政府有效履行其职能；另一方面，分税制合理划分了各级政府之间的事权和支出范围，确保各级政府各司其职。政府财力的主要来源是税收，如果各级政府财政收入缺少税收，将因资金缺乏而无法有效履行职能。经济独立是地方自治的基石，因此地方各级政府财政独立是关键。从这个角度来看，分税制从财力分配方面对中央和地方政府的事权进行了科学合理的界定，明确了各级政府支出责任。分税制的确立可以有效理顺中央政府和地方政府之间的财税关系，有利于各级地方政府实现其职能，有效提供公共服务。实践已经证明，分税制有助于中央政府和地方政府财权的划分，并在此基础上实现地方财政的独立。

但是，地方自治下的分权通常会导致各级地方政府的财政竞争，这种竞争主要包括横向竞争和垂直竞争。市场经济下，各级政府作为“理性经济人”，除了存在共同利益之外，大多数还存在自身利益，都追求本级政府的利益最大化。因此，在社会总财富一定的情况下，一个政府主体的财税政策必然会对其他政府产生影响。此外，我国现行的官员政绩考核中，税收收入是一个重要的衡量标准。因此，毫无疑问，各个地方政府定会通过财政竞争谋取更多财政收入，取得政绩以获得职位的升迁。在像我国这样的单一制国家，各级地方政府往往具有双重性质。从中央层面来说，地方政府是中央政府设立的，受中央政府的制约和领导；从地方层面来说，各级地方政府代表其所管辖地区的利益，在财政竞争中往往处于不利地位。地方政府应谋求自身利益不被非法侵害，实现自身财政独立。因此，应建立适当的机制防止上级政府对下级政府财政收入的蚕食以保证地方政府财政独立，还应赋予地方政府取得稳定充足财政收入的权力。在我国，分税制通过将税种在中央政府和地方政府之间进行划分来确定收入分配关系，双方相互联系而独立，有效防止中央政府的非法干预。中央政府和地方政府之间的财政关系一旦有了法制的约束，将有利于保障地方政府合法权益，实现地方自治。

（二）分税制实施的前提和基础是财政法制健全

中央政府和地方政府依法进行财政收支，地方政府也是根据相关法律法规的规定获得一定的税收管理权限。分税制有利于保证市场经济的正常运行，是市场经济发展的必然结果，主要表现在以下几个方面：首先，实行分税制是宏观调控的客观要求。政府要弥补"市场失灵"，必须实行宏观调控，而税收将成为重要的手段。其次，实行分税制是进行资源合理配置的必然选择。由于市场经济存在自身的缺点，需要政府对市场不能发挥作用的领域进行宏观调控，如大型基础设施的建设、社会公益项目的建设等。最后，经济结构和社会分配更需要政府发挥作用进行调控。因此，各级政府应充分发挥分税制的作用，通过预算和收入进行调控。

市场经济的稳定健康发展需要法律制度的支持和保障，分税制同样也需要保证其规范化和法制化。各级地方政府都应在法律法规的框架下寻求各级地方政府的公平财政竞争，打破各个地区的恶性竞争，在此基础上发挥政府的宏观调控职能。法治化是市场经济的内在要求，应加强分税制的法治化进程，而目前的财政法制建设要求进一步加强分税制的重要作用，推进财政法制的发展。在社会主义市场经济条件下，财政法律制度具有多种功能，如规范、制约、保障、导向和调节等。相比较财政政策威严的行政手段，财政法制具有强制性、规范性、稳定性、透明性和导向性等显著优势。就分税制对财政法制的要求而言，分税制的进一步完善和发展需要采用法律制度，以法律法规的形式规范各级地方政府的职权划分，并在此基础上规范税收制度以及财政收入和财政支出的划分方式。此外，还应进一步注重规范和完善中央政府对地方政府的转移支付制度。如果分税制的发展缺少法律的保障，虽然其在前期的方案设计中具有一定的完善规范性，但是在实际的执行中都将会发生扭曲。若财政法制建设滞后，则分税制的实施将会出现随意性和不合理性。因此，实行以法治财、依法理财是分税制的客观要求。

（三）分税制法治化是财政法制建设的必然要求

分税制法治化的核心内容是对国家的财政权力进行监管，将权力关进制度的笼子里，也就是说用宪法和法律对国家的财政权力进行监管。实行分税制是为了适应市场经济的发展，而市场经济是法治经济。因此，高度的法治是实行分税制的重要前提和保障。“法治”与“法制”是有区别的，所谓“法治”，是相对于“人治”而言的，是一种政治治理的方式。不同于“法治”，“法制”是从制度方面规范人们的行为，是一种政治制度。两者的关系是：“法治”的实行必须要以“法制”实施为前提，只有建立健全社会主义法制，才能实现社会主义法治这一目标。法治社会的存在是以市场经济为前提的，是与市场经济相伴随而形成、存在和发展起来的。因此，在这样的环境中，政府行为的法治化是由市场经济的性质决定的。这是因为市场经济的组成部分不仅仅只局限于企业与个人之间，同时还应当包括政府行为。只有存在有效的法律制度，使得这三个组成部分的行为都能够有法律依据对其进行约束，社会主义法治的实施才能够得到保证。同时，法治社会也要求财政权力得到法律的监管和约束，税收是政府收入的主要来源，要规范约束政府的行为就必然要把政府的财政行为纳入法律的监管之下。对我国而言，分税制是我国现行税制中财政税收的核心，是我国财政中的基本方面，而不是仅仅局限于政策层面，在强调法治社会的今天，应当是由宪法对其作出规定。但是，分税制这一重大制度变革在我国还没有明确的法律作为规范依据，这跟社会主义法治国家的根本要求背道而驰。财政作为国家的基本权力，“无财则无政”。因此，应当在宪法和法律中对政府财政权进行规范，对其作出明确的界定和划分，具体地说，就是对分税制在法律层面进行明确的规范。唯有如此，才能充分发挥政府的职能，促进国民经济的发展，提升人民生活水平，这也是一个国家是否繁荣、进步的重要制度安排。

第二节　我国现行分税制：中央和地方的税收收入分成博弈

一、分税制实施目的再辨析

（一）1994 年分税制实施背景

现行分税制始于 1994 年，当时改革的背景是市场经济中各类经济主体的权益日渐独立，各级地方政府也逐渐追求自身利益，这是市场经济发展的必然趋势。另外，独立的经济主体间产生了自由竞争，并因此带来了另一个副产物——地方保护主义。由于各级政府的财权相互独立，地方政府出于维护自身利益，曾一度采用行政方式限制本地资源外流，引发了“棉花大战”“蚕丝大战”；还有的采用行政方式阻止外来产品流入。为了鼓励本地烟酒行业的发展，一些地区曾规定公务接待一律只能用本地的烟和酒。类似的规定在汽车等产品上也存在。全国统一的市场日益分割，地区封锁和行业垄断加强。与此相反的是，随着地方政府的经济实力日益壮大，中央政府的地位却日渐削弱，表现为财力薄弱，宏观调控能力缺乏。在 1994 年分税制以前，中央政府的税收收入远低于地方政府。以 1992 年为例，当时中央政府的税收收入只有 853 亿元，而地方政府的税收收入达到 2443 亿元，中央政府税收只占到全国税收总收入的 1/4。由于中央政府财政收入严重不足，曾经有两次中央政府都必须向地方政府“借钱”，但是事后都“借钱不还”。[①] 为了改变这种局面，1994 年国务院颁布出台《国务院关于实行分税制财政管理体制的决定》（以下简称《决定》）文件，文件强调要“促进国家财政收入合理增长”，并且同时要“逐步提高中央财政收入的比重，适当增加中央财力”[②]。

---

① 和讯网：《改革 30 年——1994 年分税制改革》，见 http://news.hexun.com/2008/1994fszgg/index.html。

② 国务院：《国务院关于实行分税制财政管理体制的决定》，《中华人民共和国国务院公报》1993 年第 30 期。

《决定》指出，分税制改革的原则应该是事权和财权相结合，而分税制的主要内容则是在这个原则指导下，合理划分各级政府享有的税种，分别征收管理，并配套以合理的转移支付制度。

具体说来，《决定》指出将维护国家权益、实施宏观调控所必需的税种划分为中央税；将同经济发展直接相关联的，能够稳定增长的税种划分为中央和地方共享税；将适合地方征收管理，与地方经济发展关系密切的税种划分为地方税。

总体上讲，1994 年分税制的调整主要考虑的是经济因素，从财力的角度来调整中央和地方政府间的关系。“财政是庶政之母”，经济因素的影响是政治因素和其他因素的基础。因此，从这个角度来说，分税制的调整主要从经济因素考虑出发是有其历史必然性的。但是，在当时的背景下各方努力妥协而得的分税制设计对法治因素考虑欠缺，导致这一制度运行至今，不足之处越来越明显。

（二）分税制最终演变成“税收收入分成”

尽管分税制改革之初强调财权划分与事权划分相结合，但是并没有相关法律保障中央政府和地方政府在分税制的法律层级上是相对平等的。在中央政府既是“裁判员”又是“运动员”的特定竞争环境中，分税制的财权划分逐渐与事权划分相脱离，并且中央和地方的财权划分也渐渐蜕化成中央和地方仅就税收收入展开争夺的分成博弈。

首先，官员特别是主要行政长官由上级政府委任的制度决定了地方政府的“事权”责任完成多少并不需要地方民众的认可与监督，而主要是一种“对上负责”。但上级政府并不是地方公共品或公共服务的直接接受者，因此其对地方政府完成事务的监督也只能采取“绩效考核”或“民众满意度”调查等间接手段。而更为主要的是，由于上级政府并不是地方公共品或公共服务的直接利益者，其感受较为淡漠，在政府间“事权划分”与“财权划分”相结合的制度安排中，上级政府更为关心“财权划分”。在税收收入是一般公共预算内收入的主要来源时，上级政府和下级政府更为关心“税收收入分成”情况，而不是“事权”完成责任。

其次，上级政府对下级政府的“绩效考核”往往并不完全是从民众关心的角度出发，而是更多设置自己的任务目标。在中国改革开放初期“以效率为先，兼顾公平”的指导思想下，经济发展效率得到了极大的重视，表现为各级政府对下级政府的考核指标中都以“经济增长率”为主要权重指标，同时地方财政收入也是一项重要考核指标。在一些地区有时为了特别强调上级政府需要下级政府完成的事务，还特别设置“一票否决”制度。而这种制度并不需要严格管理，上级政府可以随意出台任何范围内的绩效考核指标，以致地方政府常常深陷上级检查评比任务中，忽略了或没有能力给本地民众提供公共品或公共服务。①

正是在这样的制度环境中，“事权”改革和“财权”改革日渐背离，各级政府越来越关注政府间税收收入分成，而民众又缺乏对地方政府完成“事权”责任的监督。② 这种“中国特色”的分税制改革并不是建立在政府间事权明确划分的基础上，并不是真正法治意义上的财税分权。地方的财税执行权是由中央政府授予的“放权”行为，这种权力下放本质上并不属于“财税分权”，充其量只能作为一种“财税分工”。③

二、信息不对称下央地税收收入博弈

《决定》虽然对中央和地方两级政府的税收收入分成、税收立法权力和税收征管权力都作出了具体规定，但是其法律级次较低，属于全国人民代表大会及常务委员会授权国务院制定的规定。在这个《决定》基础上建立起来的有关分税制的法律规范性文件多以行政文件体现，内容上一方面对“事权”“财权”和转移支付等内容只是笼统的规定，缺乏具体操作性；

① 肖遥、韩立群、卞民德：《政策聚焦：“一票否决”请别滥用》，2011 年 9 月 21 日，见 http://politics.people.com.cn/GB/15711070.html。

② Zhang X., “Fiscal Decentralization and Political Centralization in China: Implications for Growth and Inequality”, *Journal of Comparative Economics*, No. 4, 2006, pp. 713-726.

③ 沈寿文：《论我国“分税制”的宪法性质》，《时代法学》2012 年第 10 期。

另一方面由于中央政府充分掌握了税收立法权、税收调整权和减免税权，因此会利用制度优势，随意更改与地方税收的分成比例与归属，寻求主动博弈，保证本级政府税收收入分成的最大化。

（一）中央主动博弈

1. 中央政府擅用税收立法与调整权，随意更改与地方税收的分成比例与归属

表4-1是1994年和2016年中央和地方的税种所属权限的对照表，可以看到1994年分税制时中央固定所属的税种只有消费税和关税，以及企业所得税和营业税。企业所得税当时是按企业隶属关系划分的，特别行业的营业税也属于中央税。中央和地方共享的收入部分主要是增值税和证券交易税，其余税种的收入部分属于地方固定收入。图4-1反映了1992—2014年中央和地方政府税收收入变动情况，其中，1994年中央和地方收入部分接近，各占约50%。之后，随着经济的发展和时间的推移，一些税种进行了相应的变革，中央在总体框架内又对部分税种的归属进行了重新调整。主要包括：(1) 2002年将企业所得税和个人所得税划为中央和地方共享税，最终中央和地方按6∶4的比例进行分享，并在2008年取消内外资不同的企业所得税，将两者进行合并。(2) 暂停征收固定资产投资方向调节税，并逐步取消了牧业税、农业税和屠宰税这些地方税种。(3) 自2012年起，全国逐渐试点，分行业推进营业税改为增值税改革。(4) 2016年印花税中的证券交易印花税调整为中央税。从表4-1中可以看出，到2016年中央固定收入部分除消费税、关税和特定企业的所得税外，相比1994年，还多出了车辆购置税、证券交易印花税和海洋石油资源税等三个部分。而共享税部分除增值税本身的征纳范围已有所扩大之外，还添加了企业所得税和个人所得税。至此，中央和地方在税种权限归属上基本呈现出主要税种共享、以“中央为主”的态势。

表 4-1　1994 年和 2016 年中央和地方税种划分情况

<table>
<tr><th></th><th>中央固定收入</th><th>地方固定收入</th><th>中央与地方
共享收入</th></tr>
<tr><td rowspan="17">1994 年</td><td>1. 消费税</td><td>1. 个人所得税</td><td rowspan="2">1. 增值税（中央占 75%，地方占 25%）</td></tr>
<tr><td>2. 消费税和增值税（由海关部门代征部分）</td><td rowspan="2">2. 地方企业所得税（特定部门除外）</td></tr>
<tr><td>3. 关税</td><td rowspan="15">2. 证券交易印花税（中央占 50%，地方占 50%）</td></tr>
<tr><td>4. 中央企业所得税</td><td>3. 城镇土地使用税</td></tr>
<tr><td rowspan="4">5. 铁道部门以及银行、保险部门总部集中缴纳的营业税、企业所得税和城建税</td><td>4. 房产税</td></tr>
<tr><td>5. 农牧业税</td></tr>
<tr><td>6. 固定资产投资方向调节税</td></tr>
<tr><td>7. 城市维护建设税（不含缴纳给中央的特定部门）</td></tr>
<tr><td rowspan="9">6. 地方银行和外资银行及非银行金融企业所得税</td><td>8. 营业税（不含缴纳给中央的特定部门）</td></tr>
<tr><td>9. 车船使用税</td></tr>
<tr><td>10. 契税</td></tr>
<tr><td>11. 屠宰税</td></tr>
<tr><td>12. 土地增值税</td></tr>
<tr><td>13. 农业特产税</td></tr>
<tr><td>14. 耕地占用税</td></tr>
<tr><td>15. 印花税</td></tr>
<tr><td>16. 资源税（除海洋石油资源税）</td></tr>
<tr><td rowspan="2">调整期</td><td rowspan="2">1. 2002 年企业所得税改为共享税，除特定部门企业所得税缴纳给中央外，其余中央占 60%，地方占 40%</td><td>1. 2000 年之后停征固定资产投资方向调节税</td><td rowspan="2">2016 年证券交易印花税改为中央税</td></tr>
<tr><td>2. 2002 年个人所得税和企业所得税改为中央和地方共享税</td></tr>
</table>

续表

<table>
<tr><th></th><th>中央固定收入</th><th>地方固定收入</th><th>中央与地方共享收入</th></tr>
<tr><td rowspan="4">调整期</td><td rowspan="4">2. 2001 年开征车辆购置税，属中央税</td><td>3. 2003 年取消屠宰税</td><td rowspan="4"></td></tr>
<tr><td>4. 2004 年取消牧业税和除烟叶外的农业特产税、2006 年取消农业税</td></tr>
<tr><td>5. 2012 年分行业营业税改为增值税</td></tr>
<tr><td>6. 2016 年证券交易印花税为中央税</td></tr>
<tr><td rowspan="10">2016 年</td><td>1. 消费税</td><td>1. 资源税（除海洋石油资源税）</td><td rowspan="2">1. 增值税（中央占 75%，地方占 25%）</td></tr>
<tr><td>2. 海关代征的消费税和增值税</td><td>2. 房产税</td></tr>
<tr><td>3. 关税</td><td>3. 城镇土地使用税</td><td rowspan="2">2. 企业所得税（中央占 60%，地方占 40%）</td></tr>
<tr><td>4. 铁道部门以及银行、保险部门总部集中缴纳的营业税、企业所得税和城建税</td><td>4. 土地增值税</td></tr>
<tr><td>5. 车辆购置税</td><td>5. 契税</td><td rowspan="6">3. 个人所得税（中央占 60%，地方占 40%）</td></tr>
<tr><td>6. 证券交易印花税</td><td>6. 耕地占用税</td></tr>
<tr><td>7. 海洋石油资源税</td><td>7. 车船使用税</td></tr>
<tr><td rowspan="3"></td><td>8. 印花税（除证券交易印花税）</td></tr>
<tr><td>9. 城市维护建设税（不含缴纳给中央的特定部门）</td></tr>
<tr><td>10 烟叶税</td></tr>
</table>

从图 4-1 也可以看到，在 1994 年之后，尽管中央和地方两级政府的税收收入都在大幅增加，但是中央政府的税收增幅要明显大于地方政府，并且中央税收收入一直高于地方税收收入。特别是在 2000—2010 年，中央

税收与地方税收的差距峰值在 2010 年达到 7807 亿元。而中央政府税收分成比例也在 2004 年一度达到 58.6%。

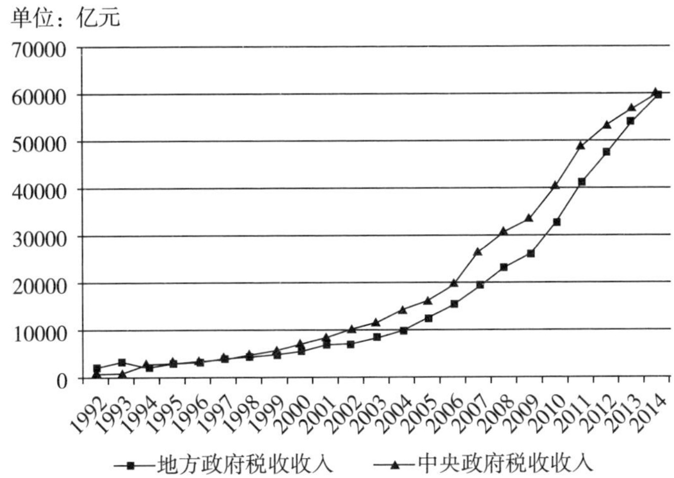

图 4-1 我国 1992—2014 年中央与地方政府税收收入情况

资料来源：国家统计局。

另外，中央政府调整这些税收收入分成涉及的主要法律法规条文有：2002 年 1 月 1 日起施行的《国务院关于印发所得税收入分享改革方案的通知》(国发〔2001〕37 号)，2006 年 1 月 1 日施行的由全国人大常务委员会通过的《全国人民代表大会常务委员会关于废止〈中华人民共和国农业税条例〉的决定》(中华人民共和国主席令第 46 号)，全国人民代表大会审议通过并于 2008 年 1 月 1 日施行的《中华人民共和国企业所得税法》(中华人民共和国主席令第 63 号)，2012 年 1 月 1 日施行的由国务院批准、由财政部和国家税务总局联合印发的《营业税改征增值税试点方案》(财税〔2011〕110 号)，2016 年 5 月 1 日施行的由国务院批准、由财政部和国家税务总局联合印发的《关于全面推开营业税改征增值税试点的通知》(财税〔2016〕36 号)。在这其中由全国人大及其常委会制定的税收法律只有 1 部：《中华人民共和国企业所得税法》，其他涉及文件多是国务院甚至部委行政文件。也即中央政府调整税收分成多没有通过法律渠道，而是行政渠道。

2. 博弈的主要策略是扩大共享税范围，并提高中央政府在共享税中的比例。

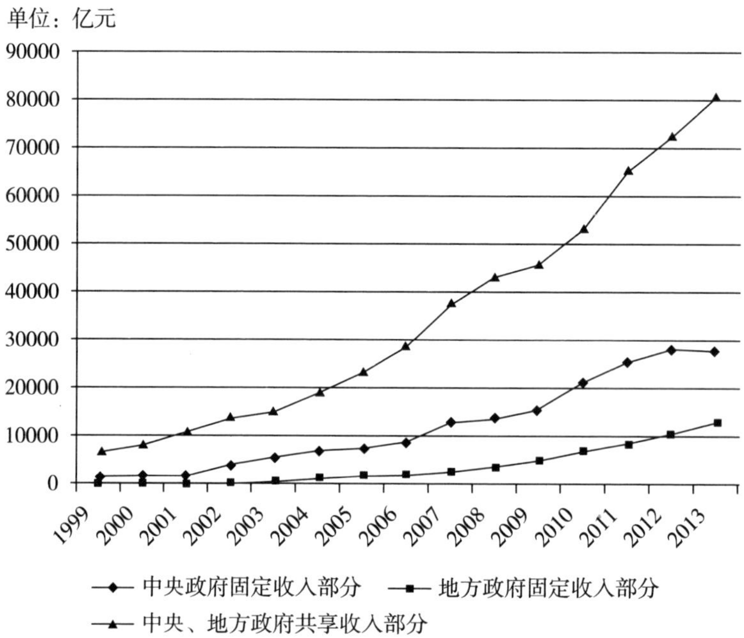

图 4-2 1999—2013 年中央和地方固定收入和共享收入情况

中央政府主动博弈的一个重要策略是将 1994 分税制框架下属于地方政府所有的税种重新调整为属于中央和地方共同所有的共享税，最明显的例子是个人所得税、企业所得税和“营改增”。图 4-2 描述了 1999—2013 年中央和地方固定收入和共享收入的变动情况，从中可以看出：(1) 在所有观察年份，中央固定收入部分都高于地方固定收入部分；(2) 在所有观察年份，中央和地方的共享收入部分远远高于固定收入部分，而在共享收入中，又以中央分成比例为主。因此，最终中央收入部分远高于地方收入部分。

3. 中央政府擅用税收减免权，随意减少归属地方的税收收入

从前述表 4-1 可以看出，1994 年之后历次的税收减免，比如 2000 年

之后停征固定资产投资方向调节税、2003 年取消屠宰税、2004 年取消牧业税和除烟叶外的农业特产税以及 2006 年取消农业税，减免的税种都是原归属于地方的税种。

中央主导型的分税制政府间财权关系随意调整，正是由于缺乏法律制度的约束。由于没有法律基础，事先的政府间财权分配约定由主导税权的中央政府随意更改，对地方尤其是基层财政运营的确定性和稳定性造成很大冲击。分税制作为时代的产物，其法律制度欠缺反映了我们这样一个发展中和转型国家在现阶段遇到的主要问题，即行政权过大、立法和司法地位相对弱化。分税制缺少法律制度保障，表面上看只是缺少应有的法律文件，实际上反映了分税制所规范的各级权利主体缺乏一个规范的框架探讨各自的利益与分配。

4. 省以下分税制的法律保障更为缺乏

首先，地方各级政府缺乏税收立法权。虽然我国《立法法》第七十二条规定，地方人大以及常委会在不与宪法、法律和行政法规相抵触的前提下，可以制定相应地方性法规。但是由于《决定》规定："中央税、共享税以及地方税的立法权都要集中在中央，以保证中央政令统一，维护全国统一市场和企业平等竞争"，因而地方政府实际上在开征税种方面并没有权力。绝大多数地方税种的税法、条例以及与其相关的实施细则都是由中央来制定和颁布的。地方仅拥有部分税种的税率幅度范围内的调整权和税收优惠政策制定权。[①]

其次，省以下分税制更缺少法律制度保障。1994 年的分税制当时主要解决的是中央与地方政府划分税权的矛盾，对于省以下各级政府的税权划分的问题，《决定》的第 7 条只规定：各地区要进行分税制配套改革。各省、自治区、直辖市以及计划单列市人民政府要根据本《决定》制定对所属市、县的财政管理体制。实践中，省级以下的分税制大多采用效仿中央与省的分税分权办法，省、市级财力大大增强，越是基层，特别是县乡政

① 王乔、席卫群：《现代国家治理体系下的地方税体系构建》，经济科学出版社 2015 年版，第 54 页。

府财政收入越短缺。[①] 而省以下分税制所依据的法源也多是地方政府的行政文件。

（二）地方被动博弈

相对于政策制定者的中央政府，地方政府作为政策执行者，由于更贴近税收来源地，相对掌握更丰富的信息。在“理性人”的假设下，他们虽然不能利用税法相关权力追求税收分成最大化，但是也会利用征管信息的不对称，进行被动博弈。

1. 地方政府利用税收征管信息不对称，征收“过头税”或“运动式清税”来调节税收缴纳

税收的征管信息不对称，在这里指的是地方政府相对中央政府更了解实际税源的征纳情况。征收“过头税”这种情况往往发生在中央与地方税收收入既有分成比例发生改变之时。例如，1994 的分税制规定增值税的分成以 1993 年的增值税额为基数，就出现了 1993 年年末地方政府增值税额大幅增加的局面。另一个典型的例子是 2002 年国务院出台政策，改变企业所得税按企业隶属关系的归属权，规定以 2001 年地方企业所得税额为基数，以后超出部分按比例分成。结果 2001 年年末的几个月，各地地方企业所得税额大幅增加，以致财政部紧急将该情况报告给了国务院，国务院办公厅专门给地方政府发文通报（国办发〔2002〕1 号）。根据这份报告显示内容，[②] 2001 年 11 月和 12 月上中旬，地方企业所得税收入迅速增长，分别比上一年度的同期增收 99. 23 亿元和 89. 82 亿元，增长幅度分别为 139. 4%和 187. 1%，增长幅度不断扩大。并且随着时间越接近 2001 年年底，每旬的增幅愈加明显：2001 年 12 月上旬的增幅为 157. 8%，到了 12 月中旬增幅进一步扩大为 198. 8%，增幅逐次递加。在这之中，共有 24 个省、市、地区 12 月上中旬增幅超过 100%。增幅在 500%以上的有 5 个地

① 熊文钊：《大国地方——中央与地方关系法治化研究》，中国政法大学出版社 2012 年版，第 243 页。

② 国务院办公厅：《国务院办公厅转发财政部关于 2001 年 11 月和 12 月上中旬地方企业所得税增长情况报告的紧急通知》，《山西政报》2002 年第 4 期。

区，分别为江西省、宁波市、河南省、广西壮族自治区和青岛市，其中江西省增幅最大，达到 816%，是 2000 年同期的 8 倍之巨。[①] 虽然后经财政部和审计署联手，查清了 2001 年度企业所得税的非正常增长因素，但是地方政府消极应对改革的策略可见一斑。

同样的例子发生在 2016 年 5 月 1 日“营改增”改革全面推行之前。由于“营改增”后，原属于地方政府所有的营业税将成为中央与地方共享的增值税，2016 年第一季度出现了营业税和营业税改征的增值税大幅增长的非正常增长情况。为此，财政部和国税总局特别发文要求“严禁跨月、跨季度征收或调整预征缴办法提前征收……严禁运动式清理欠税、补税……严禁 5 月 1 日前要求纳税人先缴或多缴，5 月 1 日后办退或少缴……严禁与企业串通调账等”。

在地方政府不能有效通过制度内渠道诉求合法利益时，则会利用信息不对称，寻求制度外的隐性博弈。这种隐性博弈既会增加政府的管理成本，影响税收政策的有效性，同时也破坏了税收的法定主义，影响了税收法治的严肃性。

2. 地方政府利用税收征管信息的不对称调节税收任务的完成情况

税收法定原则要求地方政府对所辖税源应收尽收，不征收“过头税”，也不漏征税。但是在实践中，上级政府往往采取对下级政府分配年度应缴税收计划的形式完成年度缴税总额，这种“计划”从上到下，各级分配。按照分税制的规定，由于中央政府对地方政府的税收返还比例是按照在 1994 年分税制基数的基础上按 1∶0.3 的系数增长，即增值税和消费税两种税收收入总和全国平均每增长 1%，中央财政对地方的税收返还将增长

① 实际情况是江西省增长 816%、宁波市增长 708.7%、河南省增长 609%、广西壮族自治区增长 597.7%、青岛市增长 577.2%、内蒙古自治区增长 496.9%、浙江省（不含宁波市）增长 467.5%、宁夏回族自治区增长 462.2%、安徽省增长 404.5%、贵州省增长 376.5%、新疆维吾尔自治区增长 352.9%、吉林省增长 314.8%、山东省（不含青岛市）增长 235.6%、天津市增长 230.1%、江苏省增长 223.5%、重庆市增长 197.5%、湖北省增长 179.2%、河北省增长 173.3%、甘肃省增长 167.4%、大连市增长 164%、山西省增长 155.7%、云南省增长 142.8%、湖南省增长 128.6%、陕西省增长 104.6%。

0.3%。由于地方政府只能从增量税中获得小头，其实际征管积极性并不高。而中央政府对地方政府能完成税收任务的实际能力并不知情，导致在实践中，地方政府常常以完成税收任务为最高目标。而在税收任务完成之后，其对当地存在的应缴税源常常利用信息不对称将其延缓至下一年度征收。①

第三节 典型国家分税制法治经验借鉴

一、典型国家分税制考察

目前世界上大多数市场经济国家都采用了分税制财政管理体制，用以调整中央和地方政府间财权和税权的分配关系。结合我国单一制的行政管理体制，这里我们主要考察单一制国家的分税制制度，包括英国、法国和日本。

（一）英国

英国是一个严格分税制国家，中央和地方严格区分税种，没有共享税，两级政府分别设立不同征税系统。

在税收的立法权上，英国是一个典型的集中制国家。税收立法权完全由中央政府支配，地方政府无权享有。但是，地方政府可以对地方税的征收和减免作出决定，同时对税率的调整也有一定权限。但即便这样，中央有时也会对地方仅有的税权进行干预。

在税种配置方面，英国的中央税收约占全国税收总收入的90%，所有主体税种都由中央独享。② 具体税种分为：属于直接税的个人所得税、资本利得税、公司税、遗产税、石油收入税和印花税；间接税税种包括增值税、燃油税、烟草税、酒税以及关税、赌博税、垃圾掩埋税、航空税和气

① 贾康：《怎样看待“税收任务”?》，2001年7月23日，见 http://www.people.com.cn/GB/jinji/36/20010723/517839.html。

② 李海、张达芬：《分税制国际经验介评——以英、法、德、美四国分税制为例》，《税务研究》2014年第11期。

候变化税等；还有社会保障税、投资利息等其他税费。属于地方的税种实际上只有市政税和营业税，其中市政税是对居民住宅的房产评估价值进行课征，纳税人为房产的实际使用人；营业税则由从属于地方财政部门的税务机构征收。但是营业税收入并不归地方政府直接所有，先要全额上缴中央，中央再根据特定的公式，主要是参考各地区的居民数，重新计算分配给地方。因而，营业税也常被视为中央政府税，其收入专门用于向地方政府提供拨款。①

由于财政收入的总额大部分由中央政府占有，为了平衡地方政府的财力，英国中央政府对地方政府的转移支付规模也非常大，中央补助占地方支出部分大约60%。英国政府将转移支付分为一般补助和专项补助两种，主要是为了保障公共服务均等化。占据转移支付主体的是一般补助，大约占总额的90%，而专项补助只占到10%。一般补助不区分支出用途，主要用于维持地方政府的财力平衡；而专项补助则有专门的指定用途，如城市的公共基础设施、环境保护或者社会治安等特定职能支出。

（二）法国

法国作为单一制国家，其税权也是高度集中在中央政府。并且，中央政府不仅拥有税收立法权，还同时拥有税收收入分配权。中央政府责成财政部具体制定税收条例与法令，并且地方税的标准税率也要由财政部核准。地方政府的税权很小，只在部分地方税上拥有一定的机动权。在税收的征收管理上，也由财政部负责，其通过设置国家税务局和关税局来负责征管。地方政府在税收征管上也无权力，地方税由国家税务局的派出机构来代为征收。但是，最终的使用权仍归地方政府，地方税收收缴国库后，国库会分成12个月逐月返还给地方。

在税种划分上，中央税包括增值税、所得税、消费税等大宗、稳定的税种，其税收收入约占全国税收总收入的75%；而地方税则只占全国税收

① 寇铁军：《政府间财权事权划分的法律安排——英、美、日、德的经验及其对我国的启示》，《法商研究》2006年第5期。

总收入的25%，主要以房地产税为主。①

同样，由于中央政府的收入占比较高，法国也有较大规模的中央对地方的转移支付，地方总支出的35%有赖于中央补助。同英国一样，法国政府的中央对地方转移支付的主要目的也是为了保障公共服务均等化，分综合补助和专项补助两种。以综合补助为主，该补助约占全部补助总额的70%，而专项补助通常只占到30%。同英国一样，综合补助通常没有指定用途，其规模通常取决于地方的人口规模，同时也参考地方的征税能力。而专项补助也是用于地方政府的特定支出，如专项工程。

（三）日本

日本的政府层级共有三级，也是典型的单一制国家。政府层级中除了中央政府，都道府县和市町村都属于地方政府。日本立法体制产生于第二次世界大战后，属于一种中央集权和地方自治共存的立法体制。《日本地方自治法》是保证地方自治的具体法规，但是对地方自治进行根本确认的是日本的《日本国宪法》。无论是形式上还是实践中，在日本地方自治体与中央政府的关系中，自治体的自治权和独立地位均得到切实的保障。对应的是，日本的分税制也体现出这种独特的中央与地方的关系，具体说来，日本在税收立法上，立法权较为集中，但是执法权相对分散。在税收收入上，收入相对集中，但是税收支出相对分散。

日本的三级政府各有归属税种，中央税主要包括个人所得税、公司税、汽油税、酒税、消费税、烟草税、航空燃料税和关税等主体税种。都道府县的主要税种有居民税、事业税、香烟税、不动产取得税、高尔夫球场利用税等。属于基层政府的市町村享有的税种主要包括居民税、不动产税、国民健康保险税、特别土地占有税和矿产品税等。

在转移支付方面，日本中央和地方每年的财政支出比大概为2∶3，但税收收入比率却是3∶2，事权与财权相互不匹配使得政府之间的转移支付

① 李海、张达芬：《分税制国际经验介评——以英、法、德、美四国分税制为例》，《税务研究》2014年第11期。

不可或缺。日本各级政府之间的财政转移支付主要包括四种：地方交付税、国库支出金、地方让与税和地方特例交付金。其中前两者是主要形式，两者约占到总体转移支付数额的90%以上。①

二、分税制经验借鉴

（一）成熟法治国家分税制建设是以明确政府间事权为基础

成熟法治国家的分税制建立目的就是更好地促进地方公共品的提供，甚至是均等化提供。② 因此，有关的法律规定会具体阐明各级政府的职能和支出责任。以法国为例，朱丘祥（2008）指出，法国是一个传统的中央集权型国家，地方通常没有自主权。尽管这样，法国各级政府间的职能和事权责任的划分却较为清晰，地方财政也具有较大自主权，中央仅对地方财政进行事后的法律监督。而日本的情况与法国不同，日本的政府间事权划分则以中央和地方共同提供主要公共品为特色。除国防、外交和公安明确由中央政府负责，其他大多数公共品或公共服务，包括教育、卫生、社会福利、公路、河流、工商等都由中央和地方政府共同提供。尽管中央和地方两级政府共同负责诸多事务的提供，但并不表示地方政府的职能仅是中央政府职能的延伸。相反，两者间更多的是合作分工的关系。值得注意的是，尽管成熟法治国家各级政府“事权”与“财权”相对应，但“财权”并不等于“税权”，这其中还需要规范的转移支付来保障。

（二）政府间分税分权有明确的法律制度保障

成熟法治国家对政府间财权税权的划分有明确的法律规定，一般都在宪法或基本法中体现。如美国宪法第一章第八节规定“国会拥有征集税收的权力”。第一章第七节规定，“征税的提案由众议院提出”。对于地方政府的征税权，美国宪法第十修正案规定，“除了宪法规定赋予联邦政府之外的、没有禁止州政府不能享有的权力，都属于州政府或其人民享有”。因

① 刘琳、孙磊：《日本转移支付制度概述及其经验借鉴》，《商业研究》2012年第3期。

② Rostenkowski D. D.,“Tax Sharing and the Constitutional Convention”, *DePaul Law Review*, No. 17, 1967.

此，这可以理解为只要不违背联邦政府的税收法定原则，州政府有权在其他税收领域作出自己的决定。而日本则是通过《日本地方自治法》规定了地方自治体与中央政府的关系，并对政府间的事权和财权作出概括性划分。

再如德国主要由三级政府组成，包括联邦、州和地方（市镇）。每个州制定自己的宪法，联邦政府和各州政府都要依据《德意志联邦共和国基本法》(也即《联邦基本法》）分别在各自的范围内履行职责。《联邦基本法》第10章“财政制度”分别对各级政府支出权限、税收立法权的分配、税收收入的分成、联邦对地方的转移支付等各项内容都作出了具体的规定。① 比如第106款对收入在各级政府间的分配做了详细规定，联邦政府的财政收入主要包括国家垄断经营收益、关税、资本交易税、个人所得和公司所得附加税等，州政府的主要税种则包括财产税、继承税、啤酒税和赌博设施税等，而地方政府的主要税收收入来自不动产税、交易税、消费和支出税，并且地方政府可以在有关法律允许范围内自行制定不动产税和交易税的税率。②

（三）税权配置方式适应各自国情，税收立法权倾向集中

按照朱丘祥（2008）的观点，在中央和地方的财权配置问题上，不论是分权还是集权，也不论是单一制还是联邦制，在政治家的眼中，这些都只是国家治理的工具而已。各国在税权配置方面也是根据各国自己的国情作出了符合时代的需求。

如上所述，单一制国家中，法国、英国和日本的共同特点是税收立法权高度集中在中央一级政府或议会。但是税收管理权则各不相同，英国和法国在税收管理权上也较为集中在中央政府，如法国是由财政部下属的税务局来进行税收的征收管理。而日本虽然也是单一制国家，但是地方自治

① 寇铁军:《政府间财权事权划分的法律安排——英、美、日、德的经验及其对我国的启示》,《法商研究》2006年第5期。

② 《德意志联邦共和国基本法》，见 https://www.bundestag.de/blob/284870/ce0d03414872b427e57fccb703634dcd/basic_law-data.pdf。

程度较高。日本的税收管理使用权分散在地方。

（四）转移支付制度具有法定性

首先，成熟法治国家大多对财政转移支付制度通过宪法和法律进行了明确规范。例如，德国在《德国税收基本法》中强调了“生存条件一致”原则，规定经济发展水平高的州必须对经济发展水平低的州提供一定的补助。并且，还在一些相关法规中，如《税收分配法令》和《联邦与州间财政平衡法令》，对财政转移支付作出了具体规定。

其次，转移支付制度本身的设计也体现了客观性和确定性。比如，日本的交付税在地方政府之间的分配数额是根据一定的标准、公式和程序计算得出的，这种分配制度的公式化本身可以较大程度地避免人为因素对财政转移支付的干扰。而英国中央对地方的转移支付采取了典型的因素法，按照各大城市、地方、郡、县等各级政府所承担的职能，以占有大量翔实、完整、准确的资料为基础，先算出政府支出所需总资金，然后再考虑具体各地的支出和情况差别，设计出一个具体模型，以此作为地方转移支付的依据。

第四节　构建法治化分税制的基本思路

一、构建法治化的政府间分配关系

从法律和制度的形式上看，中央和地方两级政府间的权力关系是建立在一定利益之上的，此关系中以权力为外壳，实则包裹的是两级政府的利益之争。从这个意义上来看，中央与地方关系的合理定位已然成为法治化分税的前提和基础。我国中央与地方关系的政治发展经历了两个阶段，分别是1949年后至改革开放前的中央高度集权体制阶段，以及1978年12月党的十一届三中全会提出应该有领导地大胆下放过于集中的权力，使地方具有更多的自主权。尽管如此，地方自主权在很大程度上仍旧受限，分税制仍需继续坚持以我国国情为前提，集权与分权相平衡原则，使中央与地方责权对称，经过法律程序，明确规范，保持相对稳定。

（一）以法律形式规范政府行为

改革与法治在一定意义上是对立的事务和进程，但是在深化改革和法治建设同时成为实现中国梦所不可或缺的前提条件的情况下，二者应当相伴而生且应共同成为顶层设计中不可或缺的部分。[①] 在当代中国，分税制预算管理体系改革过程中所必须正视的首要问题是如何以法律形式规范政府行为。

分税制运行过程中，政府在其中扮演主体的角色缺乏有效法律规范，使得改革中的稳定性、确定性和持续性欠缺。一方面，现有分税制对政府间税权关系的调整过于强调集权与分权，使得政府间财权关系不稳定。中央政府经常因本身财力比例的变化在集权与分权中不断改变政策，地方缺少合法权利，不利于稳定各级政府预期，导致一些寻求制度外利益的短期行为。另一方面，由于我国社会经济事务管理模式有三种，分别是中央管理模式、地方管理模式、中央与地方共同管理模式。因此，除了前两种模式下中央和地方管理事务权责有明确划分外，共同管理事务的范围较为广泛，二者之间没有明确的界定，不同层级政府间存在着职能的“错位”“越位”“缺位”等现象。由于各级政府间事权常作非正式调整，地方政府财权有限、财力不足、财权事权不匹配的矛盾日益突出。

近年来，我国政府更加注重和强调依法治国，发挥法律的监督与约束作用。各级政府要充分简政放权、依法行政，避免政府的缺位及越位。在市场经济的背景下，政府应做好自己应该做的事，弥补市场的不足之处。政府要转变职能、发挥好市场的补充作用。为避免中央和地方陷于“收权”和“放权”的治乱循环中，应推动中国税权配置从对“人治”的路径依赖转向“法治”的良性循环。以法律界定中央与地方各自拥有的权力并使之互相监督是规范中央与地方基本财政关系的基础。以权力制约权力，避免行政分权的随意性和不稳定性，是保障中央与地方税权配置在

① 陈金钊：《法治与改革的关系及改革顶层设计》，《法学》2014 年第 8 期。

“公平”和“效率”下更好运行的重要手段。

（二）以法律形式明确政府间财权与事权划分

新中国成立以来，我国一直在进行法律体系改革，但短暂的进程并不足以完成系统和规范的政府间财权和事权分配的法律体系。而与发达国家相比较，如英国、美国，他们从市场经济制度基本确立到制定比较规范的政府间财权与事权匹配法律条例分别花费了300多年、200多年，日本在第二次世界大战后才开始的法治化改革也经历了50多年的时间。就目前而言，我国的社会主义市场经济尚未最终建立，且短暂的法律建设进程并不足以完成规范的政府间财权与事权匹配的法律制度安排。另外，发达国家目前的成果是建立在不断地试错和挑战的基础上，而对于我国法律建设安排看，不可能花费大量的时间成本和机会成本用于政府间关系的调整。因此，我们应在借鉴成功国家经验的同时，结合本国国情，尽量在减少试错成本的要求下完成政府间财权与事权相匹配体制的建设。

健全我国政府间财权与事权匹配体制需遵循以下几个基本原则：法治化原则、发挥中央和地方“两个积极性”原则、政府间适度分权原则、受益范围原则和责权对称原则。划分事权与财权时应以法治化原则为基础，其他原则为衡量标准。其中法治化原则指出新中国成立后，我国对中央与地方关系调整不成功的主要原因是调整依据是政策而非法律，调整手段难免带有浓厚的人治色彩。因此，必须明确划分中央及地方政府的事权及其支出责任范围，以法律形式进行规范和固定，保证政府在合法的范围内运行。此外，政府还应积极构建以法律为保障、各项法律为支撑的法律体系，并在此基础上完善政府法律法规与规章制度，这是市场经济国家分级财政体制实践中的必然要求。

为构建事权与财权相匹配的法律框架，首先应从宪法的层面进行规范，明确划分中央及地方各级政府之间的事权范围。在此基础上，中央政府要统筹全国的事务；地方政府要管理本级政府内的事务；对于有交叉范围的部分，各级政府要明确自身的支出责任，对于不同的情况要进行合理划分。在市场中，应逐步划分中央与地方各级政府之间的职责范围。此外，应以明确的事权支出为基础，未能一一列举的项目，可由中央或中央交地方行使权力。其次，明确各级政府的事权后，通过相关法律从税收、转移支付和预算等方面科学界定政府间财权，要求地方政府要拥有与其事权范围相对应的财权，从制度上、财力上规范政府职能和行为，从而构建起我国中央与地方事权与财权相匹配的基本法律框架。最后，需要在进一步明确划分中央与地方各自的职责和权力范围的基础上，建立健全规范的中央和地方纠纷解决机制。建立中立的常设性裁决机构，通过设立专门的中央地方关系调处机构，通过政治协调机制来处理中央与地方权限纠纷，或以司法机关通过规范的争议解决机制来处理中央与地方权限纠纷，调解过程中引入民主的程序，建立中央与地方纠纷解决的协商模式。

（三）以法律形式规范政府间税收分配关系

在我国现有的法律体系中，地方政府享有独立法人地位，却缺少独立自主的财政收入权力，且中央对地方的控制程度和方式虽有政策性原则说明，但却缺少具有针对性和可操作性的规范方法来解决遇到的问题和矛盾。出现此问题的根本原因在于我国没有在宪法和基本法的层面上对中央和地方关系包括财政收支关系进行清晰的界定和规范。目前，我国财税体制的立法层级相对较低，除了《中华人民共和国预算法》中的个别条例有对财税问题进行详细说明之外，其他可作为分税制改革直接依据的就只有《国务院关于分税制财政管理体制的决定》，这样一个行政决定用于分税制改革效力实属牵强。参照其他法治完善的市场经济国家，德国和日本在宪法中对中央与地方财政收支关系进行了规定，英国和法国在基本法中也有专门的规范。

地方或部门往往有自身的利益，在其进行立法与执法的过程中，难免会有所偏向，从而导致其谋取私利、损害公共利益的行为时有发生。此外，地方立法往往存在不规范、权威性不够等问题，最后导致效果不佳。由此可见，分税制改革已历经20载，提升法律层级，将中央与地方财政收支关系实现宪法规制势在必行。应强化全国人民代表大会的宪法职责，以法律的形式总结和规范分税制公共财政体制，可改变我国公共财政方面的立法现状。在实际操作中，一方面，通过立法对地方税收之外以收费等方式获取财政收入的权限、收益分配、监督、使用等环节进行明确规定；另一方面，也应赋予地方政府适度的财政自主权。例如，以财政民主为基本准则，把地方政府看作一个权力主体而不仅仅是义务主体，给予地方政府一定的税费立法权，即使是在民主国家的建构和巩固阶段，必须加强中央的权威，也不可以完全剥夺地方财权为代价。这样不仅能刺激地方财政积极性，还能通过加强地方对辖区内事务的独立性和自主性，减轻中央负担。

二、构建法治化税收体系

众所周知，保障人权、促进人权是“依法治国”追求的终极价值，政府公共职能的充分发挥是人权改善和实现的重要保障，而充足的财力则是保障政府职能充分发挥的物质基础，政府需具有法定的财权是获取财力的正当手段。由此可见，以事权与财权相适应原则实现各级政府财权合理规范的配置是解决问题的关键所在。在现代市场经济体制下，政府财政收入的主要来源是税收，于是破解问题的核心环节就在于通过分税制改革在中央与地方政府之间进行合理而规范的税权配置。

（一）科学立法，税收立法权回归人民代表大会

税收法定原则即指“有税必有法，未经立法不得征税”，其中的“法”代表立法机关制定的狭义的法律。关于税收立法的表现形式，基于税收的基本定义，可以从民主性以及科学性两个角度来考虑。从民主性的角度来看，税收政策的受众是广大的人民群众，而体现民主性的主要形式则是让公民实际意义上参与到其中并且充分表达自己的意志。而从科学性的角度来看，法律的强制性能够给纳税群体约束力，而更高位阶的税收法律对程序制定的规范、透明、科学水平也有更高的保障。同时，税收法定原则对征税机关加强征管、提高税法层级、增强税法刚性都有着积极的影响。税收法定原则在今日已为广大群众所认可，能够对税收立法产生制约效果，为我国的税收政策指明方向，能够辅助制定更加适合我国国情的税收法律。

政府应坚持税收法定的原则。我国规定由全国人民代表大会及常务委员会行使税收立法权，1985 年全国人民代表大会却对国务院进行广泛授权。在转型时期，此种做法在一定程度上促进了税制的完善，保障了经济的快速发展。而今，我国法治建设不断完善，公民的法治意识也逐步提升，作为纳税人，更应该将税收作为“公共财产”，它不仅牵系着财政收入状况，并且与公民的财产权保护息息相关。在这种观念下，要求税收基本事项由法律规定的重要性就进一步凸显出来了。目前我国税法领域的法律规范数偏少，我国现行的主要税种有 18 个，但是我国目前只有个人所得税、企业所得税、车船税三个税种有税收法律，而其他的税种大都由法律以外的形式如行政法规的形式规定。在适当时机将涉税权回归全国人民代表大会无论是对公民财产的保护，还是对人民代表大会权力机关地位的强化，抑或是对行政机关依法执政能力的提升都是有好处的。从长远看，税收立法权回归人民代表大会是历史趋势与之相对应，符合《宪法》和《立法法》的精神，人民代表大会代表的法律知识、法律能力得到进一步提升也是大势所趋。

考虑到复杂的历史原因和现实困难，税收立法权回归全国人民代表大会是一个渐进的过程，可以考虑直接废止和间接收回（尽快地把现行的税收暂行条例上升为法律）两种方式废止“1985 年授权决定”。[①] 同时做好以下三点：一是保持税收政策改革的稳定性和连续性。新设税种不再由国务院制定税收暂行条例实施，而是必须经过全国人民代表大会立法的同时，承认现行税收行政法规在税收法律出台之前的有效性。二是遵循“从易到难，循序渐进”的基本策略，根据具体情况和客观规律来制定科学的流程图，规划税收立法权回归人民代表大会的详细蓝图，尽可能快地将增值税、消费税等主要税种立法。三是在立法过程中充分考虑公民的意见，体现民主精神，了解公民的需求，提高税收立法的透明度，在此基础上由相关税收方面的专家及团队讨论如何起草科学的、创新的、民主的、公开

① 刘剑文：《税收立法权回归人大路径分析》，《华夏时报》2013 年 3 月 18 日。

的税收立法草案，并提交至全国人民代表大会的相关部门进行审核，推进立法的进程。

（二）完善税法，划分央地税收收益权

1994年，我国进行了分税制改革，将税种划分为中央税、地方税、中央与地方共享税三大类，确定了税收收益权的划分。但目前地方政府的财政支出远远大于财政收入，税种划分不合理使得地方财政困难日益加剧。税种划分根据塞利格曼提出的税种划分三原则，即效率原则、适应原则、恰当原则，税的税基流动性、再分配功能、调控功能、财政功能、征管效率等多种因素综合权衡。所以说，中央税种应注重全国范围的分配问题，对于受经济影响较大、税源范围分布广泛、流动性强的税种，应由中央政府管理，例如关税、消费税等。这将有利于中央政府的宏观调控、调动各级政府的积极性，从而促进经济要素的流动及市场经济的发展；而对于有利于市场发展以及全国范围内的税种，应作为中央与地方共享税种，例如我国的增值税等；此外，对于一些税源分布广泛、税基固定的税种，如以部分动产和不动产作为课税对象的耕地占用税、土地增值税、房产税、契税、车辆购置税等税种，其税基不易移动有利于税务机关的征收管理，应当属于地方税。对随后开征的税种也应当以此为标准确立其财政收益权的归属。如房地产税主要针对城镇居民住宅等不动产进行课征，其税基不易移动，易于征管，其税收收入应当归属于地方政府为宜。再如遗产与赠与税，遗产与赠与的财产既包括动产也包括不动产，不仅包括有形的财产也包括无形的财产，其税基易于转移，若各地具体税目与税率不相一致，必然导致税基的转移，造成税源输出的效果。再加上遗产与赠与税开征的目的在于重新调整收入分配，如各地税负差异明显，同样无法达成收入再分配的目标。因此，基于上述考量，遗产与赠与税应当作为中央税。① 唯有如此，才能实现各级政府事权有相应的财权与财力作保障，在能力范围内完成其应承担的各项事务。

---

① 刘剑文：《强国之道——财税法治的破与立》，社会科学文献出版社2013年版，第182—185页。

（三）严格执法，促进税务机构内部改革

分税制后我国设立了国税和地税两个税务机构，分属中央和地方，有利于加强税收征管，促进中央和地方财政收入稳定增长。但在运行过程中，国税局和地税局的征管存在职责不清、执法不一、权限交叉等矛盾，造成征管中的漏洞并影响两机构征管的积极性。自 2012 年起，我国开始取消营业税，并改为增值税，原为地方第一税种的营业税改由国税局征收，并于 2016 年 5 月 1 日起在全国全面推行。地税的功能亟须重新定位，国税、地税征管体制改革更加迫切。为此，2015 年 10 月 13 日，中央全面深化改革领导小组第 17 次会议审议通过了《深化国税、地税征管体制改革方案》，旨在理顺征管职责划分、创新纳税服务机制、转变征收管理方式、深度参与国际合作、优化税务组织体系、构建税收共治格局，成为国税、地税征管体制改革的行动纲领。国家税务总局局长王军指出："营改增以来，的确出现了国税部门征管工作量加大而地税部门减少的现象，但随着环境保护税和个人所得税改革的推进，地税部门征管工作量将逐步增加。"① 因此，欲做到严格执法，税务总局应从自身问题出发，建议实施法治化长效改革机制。首先，需通过对《税收征管法》的重新修订明确国家税务总局和国税、地税机关的主体地位，规定税收执法主体的范围，用法律形式规范税务机构行为。其次，在《税收征管法》的基础上对税务机构进行内部改革，加强执法力度。一方面，根据税种的划分理顺国、地税的执法权限，实现税种属性归位，权责对称。国税应首先树立"为纳税人服务"的理念，利用现代化管理手段，关怀内部职工，要建立起从职业技术延展到核心价值观的一套系统的培训和人力资源管理制度，完善考评制度，增强工作积极性。其次加大税收信息和政策的宣传力度，通过完备的网络监控系统建立风险规避机制，着力推进个体建账建制工作，并建立税收网络征管系统等便民服务系统，减少税收流失。另一方面，为解决地税征管工作中存在的"三大不对称"（信息不对称、手段不对称、能力不对

① 厉征：《顺应民心服务大局推进税收现代化》，《中国税务报》2015 年 12 月 28 日。

称）、“三个过大”（责任过大、权力过大、风险过大）、“三个不力”（执行不力、管控不力、监督不力）、“三个不实”（成本不实，逢报有少、逢转有虚；申报不实，逢查有漏、逢清有欠；管理不实，逢核有差、逢票有假）、“三个不清”（数据不清、税源不清、政策不清）、“四个不到位”（服务不到位、优惠不到位、政策不到位、宣传不到位）等问题，以依法治税为核心，以纳税人为中心，以电子税务局为载体，构建现代化纳税服务、税源监控和稽查管控体系，实现管户向管事、粗放向精细、控权向放权、传统管理向科技管理、分散管理向集中管理、纸质管理向电子化管理、人工监察向电子监察的七大转变。①

三、构建法治化预算监督体制

分税制预算管理体制是指在合理划分各级政府事权范围的基础上，主要按税种来划分中央与地方政府的财政收入。各级地方政府之间的预算应相对规范，并适当平衡各级政府财权与支出责任。此外，对于地方各级政府的财力不平衡问题，应注重通过我国的转移支付制度进行适当的调整。每个人的吃穿住用都实实在在与国家预算有关，从这个角度看，预算法是最重要的民生法。本质上应当强调以权力制衡权力，也即通过法律途径，预算法改革的核心问题是要进一步强化监督，依靠各个监督主体约束政府的行政权力，保障预算的公开化和透明度。

（一）人民代表大会监督

全国人民代表大会更好地发挥预算监督权，加强对预决算的审批力度，进而得以实现对政府财政收支行为的控制。首先，应落实人民代表大会在预算全过程中的监督：在事前的预算编制阶段，人民代表大会应积极主动地参与行政机关的预算编制活动，以获取相关的信息；在事中的预算审批阶段，应当廓清人民代表大会的预算审批权范围，充实预算审批权的内容，并对预算案的执行情况实时监督；在事后的预算反馈阶段，人民代

① 周权：《坚持问题导向深化税收征管改革》，《中国税务报》2015 年 2 月 4 日。

表大会要做好对预算执行结果的审计，加强绩效评价，为下一个预算周期的工作改进提供经验。其次是加强议事规则和制度的构建，推动议事公开，充分贯彻少数服从多数原则，鼓励议事过程中的发言和辩论，增强人民代表大会代表对议事对象的了解程度。此外，这种制度的建立与规范对于维护市场的基本秩序有重要作用，这将会导致各项事项的审议程序得到平稳的运行。最后，还应对政府部门的组织制度进行规范、完善与健全，增加专业人员的比例，加大对工作人员的培训，提升其职业能力水平，只有这样才能为全国人民代表大会的财政监督提供专业、系统的辅助。

（二）财政部门监督

财政部门应充分发挥其监督职能，加强财政部门的监督力度，提高各部门间的协调与监督作用。首先，针对各职能部门的特性进行有效的监督管理，财政部需要专门成立独立的监督机构来进行监督检查，其中主要包括对预算部门的合理性、地方税收征管的及时性、财政支出的安全性等进行监督检查。其次，有效的风险防范管理机制是不可或缺的。各职能部门根据自身行政管理的特点，对风险进行区分分类，并针对不同的风险类型建立事前识别防范、事中控制转移、事后整改完善的管理机制，在行使行政职能的同时做好自我监督。再次，以立法的形式强制规定各部门不仅需要对本部门负责，同时需要向财政部负责，确保监督管理能够有效进行。最后，构建激励机制能够有效提高监管的积极性。对于具有显著贡献、检查仔细认真负责、有奉献精神的人员进行激励，有利于整个监督管理机制的运行。如此构建一个由财政部领导牵头的，由自身进行监督的管理机制。

（三）社会监督

从经济学范畴来看，财政是以政府为主体，集中一部分公民收入用于满足公共需要的收支活动，是以达到优化资源配置、经济稳定和发展的为目标的经济行为。因此，赋予公民知情权、监督权是彰显以人为本的政治理念，推动预算编制的科学化与民主化，这是我国进行阳光财政的主要渠道。应注重普通民众对财政制度的监督，公民可以通过各种公开的途径，例如论证会、座谈会、民意表决等对预算的主要程序、预算的合理性、预算的管理机制等进行了解与监督。其中预算听证是国外公众参与预算监督的基本方式。如在美国已经有了较为完善的社会监督机制，国会以及专门委员会能够就财政预算的制定、审议和划拨以及执行各个阶段对预算的收入和支出、斥资、国债和预算平衡、投资和管理等广泛内容举行专题听证。1996 年，我国颁布了《行政处罚法》，正式确立了法制的听证制度，并为《立法法》所肯定。但是，从具体制度上来看，《立法法》的调整范围是法律、法规和规章，并没有明确规定人民代表大会参与预算的审批、预算方案的调整和决算的权力。相比之下，我国虽然逐渐意识到财政预算民主化的重要性，但较美国等发达国家的社会监督力度仍然存在较大的差距。因此，借鉴美国等国家的经验，结合我国的大环境因素，进一步从听证范围、主体、程序和效力完善预算听证制度是有大必要的。

第五章　法治背景下的地方税问题及建设

第一节　法治背景下的地方税建设理论分析

税收法治是国家法治化建设的重要组成部分，由一国整体法治化总体水平所决定。税收法治的实质要件包括：税收法律、法规理念必须符合“公平正义”；税收法律、法规制定必须满足良法要求；税收法律、法规执行必须遵循税收法定原则，即税收法律、法规规定的纳税主体依法纳税，税收的征收和管理者——政府依法征税、依法用税。随着20世纪我国依法治国方略的逐步确立，税收法治在税收和法学领域的研究也逐渐深入，并在税收法治的内涵和外延方面产生了“公平正义是税收法治的根本要求，依法征税是实现税收法治的落实途径等”共识。

地方税体系在保证地方公共产品和公共服务的供给上发挥着关键作用，是一国税制体系和地方政府财政收入的重要组成部分。我国财税体制改革和法治国家建设决定了地方税的法治化的建设进程。目前，我国法治化国家建设正如火如荼地开展，财税体制改革也在不断深化，这两者的建设进程将会在很大程度上促进我国地方税的法治化建设。

一、地方税、地方税体系内涵分析

关于我国地方税和地方税体系的内涵，在理论研究界和税收工作实务部门中目前尚存争议，并未达成共识。纵观国内外地方税的理论界研究和实践界操作，大多从地方税的“三权”（即地方税收法权、地方税收征管权和地方税款所有权）角度来界定地方税和地方税体系的内涵和外延。

（一）地方税内涵分析

税收理论和实践界对地方税内涵的界定存在广义和狭义两个视角。广义视角下的地方税包括所有构成地方政府收入的税种，即无论立法权、征管权属于哪一级政府，只要一个税种的全部或部分收入属于地方政府收入，那么这个税种就属于地方税。狭义视角下的地方税只包括地方拥有完全立法权的税种。

如果从狭义视角来界定地方税，从国内外实践来看，世界大多数国家（包括我国在内）“地方税”税种数量都将非常少。从研究意义上讲，如果从狭义视角来界定地方税，将会面对“地方税”税种过少、收入规模过小等问题，进而导致研究无意义。而从广义视角来界定地方税，即将与地方经济密切相关、征收管理权归地方政府或者中央政府、收入全部或部分划归地方的税种都归类为地方税，则可以有效解决地方税狭义视角下的研究不便。因此，本书研究中将地方税定义为：为了保障地方政府公共支出需要，实现地方政府经济管理、社会管理等职能，根据相关法律规定，由中央或地方立法等机构制定税收法律、行政法规，由中央政府的税务征管机构或地方的税务征管机构征收管理，税款收入全部或部分由地方政府使用的各类税种的总称。

在上文地方税定义的基础上，根据税款最终归属分类，可以进一步将我国地方税分为纯地方税（即税款完全归属于某一级地方政府）、中央与地方共享税（税款共同归属于多级政府）。

（二）地方税体系内涵分析

地方税体系的内涵是在地方税概念基础上形成的。一般认为，地方税体系是指在一国的财政管理体制中，由中央或地方通过行使立法权，由中央政府的税务征管机构或地方的税务征管机构征收管理，税款收入全部或部分由地方政府使用的各类税种的总称。因此，地方税体系是一国多级财政管理体制的结果，其立法、征管和税款归属既体现了中央政府与地方政府之间的收入分配关系，又体现了地方政府间的收入分配关系。地方税体系是国家税收体系的重要组成部分，它的划分依据为中央与地方政府、各级地方政府间的税权。此外，它是以调控区域经济发展、优化地方发展环境、保障地方各级政府财政收入为目的，通过地方税和保障条款制度化的各种法律、法规、规章制度所构成的有序整体。

在充分借鉴国外经验的基础上，结合我国政府间财政关系现状和改革开放的实际需要，我国于 1994 年进行了“分税制”改革。“分税制”改革下，我国实行税收体系“分税、分权、分征、分管”模式，将已开征的税种在中央与地方政府间进行划分形成了现行的地方税体系。地方税体系范畴在本书的研究中主要包括纯地方税、中央和地方共享税两类。

二、法治背景下地方税建设原则

征税是国家权力的体现，以国家强制力为保证无偿占有纳税人的经济利益。由于其具有强制性，因此征税权力容易被滥用。在税收实践中，应保护征纳双方的合法权益，坚持法治原则。税收法治原则是法治在税收领域的应用，规定了征税权行使的相关准则。法治背景下地方税法治原则主要包括以下几个方面：

（一）税收法定原则

税收法定原则是指必须且只能由国家立法机构制定法律规定，明确税法各主体的权利、义务以及税收制度的各项构成要素。税收法定原则下，税务机关必须根据税收法律规定依法征税，纳税人必须根据税收法律规定依法纳税，也被称为税收法定主义。在税收的征收管理中，税务部门应当依据税收实体法和程序法的有关规定向纳税人征税，纳税人也应依法向相关税务部门缴纳税收。此外，税收法律条款的制定与修改也应法定。

（二）税收立法权、征收权、司法裁定权合理分工并相互制约的原则

在我国的税收实践中，税收立法权归属于国家权力机关且不得随意授出；税务机关的税收征收权由税务机关依据税收法律规定独立行使；司法机关的税收司法权由司法机关依据税收法律规定独立行使。税收立法机关、征收机关、司法机关相互独立，又相互监督。这有利于税收工作效率

的提高，也有利于防止权力的滥用。

（三）依法行政的原则

依法行政原则是税收法定原则的一个具体方面，具体表现为税务机关的行政行为必须严格遵守有关法律规定。例如：税务机关不仅要遵守实体法的有关规定，还要保证程序合法；在行使自由裁量权时，应做到公平公正，不得滥用权力。

（四）充分保障纳税人合法权益原则

法律明确规定了纳税人的合法权益，和谐征纳关系的形成需要征纳双方的共同努力。目前，我国在纳税服务工作方面做得还不到位。在税收的征收管理中，应注重尊重和保护纳税人的合法权利，如听证、申诉、复议和诉讼等权利。

第二节　我国地方税法治化建设变迁和现状分析

一、地方税法治化建设变迁

新中国成立以来，我国地方税法治化建设的实践历程大致可分为从初始探索到法律虚无、从新的探索到“以法治税”、从“以法治税”到“依法治税”、从“依法治税”到“税收法治”四个阶段。

（一）1949 年至 1978 年：从初始探索到法律虚无

英国、法国、美国等西方发达国家大多通过革命等暴力手段促进了社会的法治化（包括税收法治化）的发展，而中国的税收法治化进程是一个不断改革与完善的过程。

新中国成立初期，我国对税收法治化进行了初步的探索，规定了中央与地方之间税收收入的划分、税收救济等内容，取得了一些显著性成果。尤其 1950 年 1 月由政务院颁布的新中国“税收基本法”（“税收基本通则”）——《全国税政实施要则》，这种积极探索对我国目前的税收实践也有重要的借鉴意义。在地方税方面，我国地方税法治化也开始了探索，

1950年1月政务院发布的《契税暂行条例》被认为是地方税立法历程的开端,《契税暂行条例》对契税的征税对象（土地和房屋的买卖、典当、赠与和交换）进行了明确规定的同时，省级人民政府可根据《契税暂行条例》规定的幅度确定本地区契税税率。

新中国成立后至改革开放前，由于我国执行计划经济，政府间财政关系更多强调“集权”倾向，这种导向下的中央与地方财政管理体制及其规定的税收收入的归属虽经频繁调整，但也没有形成较为完整、稳定的地方税体系。新中国成立后至改革开放前，我国地方税体系主要由城市房地产税、车船使用牌照税、农业两税（农业税、牧业税)、屠宰税、契税和交易税等具有地方税特征的税种构成。

这一时期，我国税收探索遭遇了巨大的挫折。尤其是“文化大革命”摧毁了税收法治前期的探索成果。“法律虚无主义”阴影下的“税收过时论”和“非税论”使我国的税收法治化建设停滞不前。[①]

（二）1978年至1992年：从新的探索到“以法治税”

在党的十一届三中全会后进入了改革开放的新时期。我国在吸取了“文化大革命”时期宣扬和实践“法律虚无主义”的教训后，社会主义民主法制建设逐步开始，税收法治随着社会主义民主法制建设进程开始进入了“以法治税”的探索阶段。

这一时期，我国逐步制定了各项税收法律法规，税收法治化成果显著。国务院分别于1985年、1986年、1987年、1988年颁布了《中华人民共和国城市维护建设税暂行条例》《中华人民共和国房产税暂行条例》《中华人民共和国耕地占用税暂行条例》[②]《中华人民共和国城镇土地使用税暂行条例》[③] 等地方税法律、法规（见表5-1)。

① 刘剑文:《WTO体制下的中国税收法治》，北京大学出版社2004年版，第24页。

② 该条例被2008年施行的《中华人民共和国耕地占用税暂行条例》取代。

③ 根据2006年12月31日《国务院关于修改中华人民共和国城镇土地使用税暂行条例的决定》修订。

表 5-1　从新的探索到“以法治税”阶段的地方税法律法规分析

年份	法律、法规名称	颁布机构	地方权限
1985	《中华人民共和国城市维护建设税暂行条例》	国务院	授权省、自治区、直辖市人民政府可以根据本条例，制定实施细则
1986	《中华人民共和国房产税暂行条例》	国务院	房产税的征税范围是城市、县城、建制镇和工矿区，居民住房不在征税范围之内；授权省级人民政府确定定期减征或者免征房产税，同时授权省级政府规定缴纳期限，以及制定施行细则的权力
1987	《中华人民共和国耕地占用税暂行条例》	国务院	各地适用税额，由省、自治区、直辖市人民政府在本条第 5 款规定的税额幅度内，根据本地区情况核定
1988	《中华人民共和国城镇土地使用税暂行条例》	国务院	对在城市、县城、建制镇、工矿区范围内使用土地的单位和个人开征城镇土地使用税，授权省级政府，在规定的税额幅度内，根据市政建设状况、经济繁荣程度等条件，确定所辖地区的适用税额幅度；授予省级政府制定实施办法的权力

资料来源：根据相关法律条文整理。

（三）1992 年至 1997 年：从“以法治税”到“依法治税”

随着改革开放的不断深化，我国在逐步进入社会主义市场经济阶段的同时，税收法治化建设进程也大大加快，1993 年“健全社会主义法制”被写入宪法第三条修正案。“依法治税”的理念推行强调在税收实践中，税务机关及其工作人员应严格遵守法律规定，依法征税。征税过程中，在纳税人依法纳税的基础上，税务部门应履行自己的义务，尊重纳税人的权利，保障纳税人的合法权益。

国务院决定从 1994 年 1 月 1 日起以“分税制”财税体制改革代替现行的地方财政包干体制，“分税制”财税体制按照“统一税法、公平税负、简化税制、合理分权”指导原则进行（《关于实行分税制财政管理体制的决定》国发〔1993〕85 号）。其中，“统一税法”是指企业无论国有或私营、内资或外资都适用相同的税法；公平税负是指促进企业公平竞争，解决企业因不同所有制性质带来的税负差异；简化税制是指进一步减少税种，优化税制结构；合理分权是指合理划分中央与地方之间、地方各级政府之间的财权和税权。

我国“九五”计划（1996—2000 年）中，在国民收入分配格局层面，提出要“提高两个比重”①。在政府间财政关系层面，提出要完善“分税制”财政管理体制，合理划分中央与地方的事权和支出责任，并建立规范的转移支付制度；在税收制度建设层面，提出健全地方税体系，逐步开征利息所得税等新税种完善税收制度；在税收征管层面，提出依法征税并严格控制税收减免。

我国“十五”规划（2001—2005 年）提出了建立稳固、平衡、强大的国家财政途径，即逐步建立适应社会主义市场经济要求的公共财政框架。在国民收入分配格局层面，提出要保证财政收入的稳定增长，继续提高“两个比重”。在政府间财政关系层面，提出要继续合理界定政府间（尤其是中央与地方政府间）的事权范围，完善“分税制”及地方税体系，完善转移支付制度等财政再分配政策和功能。

（四）1997 年至今：从“依法治税”到“税收法治”

1999 年作为第十三条第一款被写入宪法修正案的“建设社会主义法治国家”内容在党的十六大（1997 年）中被明确提出。在此背景下，法治国家建设方略逐渐开始贯彻到税收活动实践中，“税收法治”也就应运而生了。这一时期，税收征纳关系中纳税人地位得到了显著提高，纳税人合法权益的保护被更加注重，纳税服务体系也开始逐步建立和完善，税务系统监督制约机制也得到逐步健全。党的十六届三中全会（2003 年）公报中提出了“在统一税政前提下，赋予地方适当的税政管理权”这一地方税法治化的重要决定（《关于完善社会主义市场经济体制若干问题的决定》第 20 条）。

① “提高两个比重”即提高财政收入占国民生产总值的比重、中央财政收入占全国财政收入的比重。

我国“十一五”规划（2006—2010年）中，提出财税制度的实行应有利于促进科技进步、转变增长方式、优化经济结构。在政府间财政关系层面，继续推进财税体制改革，调整和规范从中央到基层政府的政府间财政关系，强调建立健全与事权相匹配的财税体制。我国“十二五”规划（2011—2015年）中提出，通过赋予省级政府适当税政管理权限等方式，逐步健全地方税体系。然而，这些改革尚未触及税收立法权、新税种的开征权等地方税法治的实质内容，只适当扩大了税收法律、法规范围内的计税方式和税收减免等方面的省级人民代表大会、地方政府权限。

2013年10月14日，党的十六届三中全会提出了按照“简税制、宽税基、低税率、严征管”原则分步实施税收制度改革的战略部署，为我国进行新一轮税制改革指明了方向。

党的十七大、十八大、十九大先后提出“全面落实依法治国基本方略，加快建设社会主义法治国家”“全面推进依法治国……加快建设社会主义法治国家……更加注重发挥法治在国家治理和社会管理中的重要作用”“坚持全面依法治国……建设中国特色社会主义法治体系，建设社会主义法治国家……”为促进全面深化改革和全面推进依法治国，党的十八届三中全会和十八届五中全会以及十九大都指出要健全地方税体系，加强地方税法治建设。

二、地方税收法治建设取得的成效

（一）适应市场经济发展的税法框架初步建立

税法框架健全是税收法治的基础。经过1994年税制改革，我国以流转税、所得税为主，其他税种为辅的税制体系架构初步形成。随着我国税制体系的不断完善以及相继出台的具有不同级次法律效力的税收法律法规，我国基本实现了1994年税制改革确立的目标，并逐步建立了适应我国经济和社会发展的税法框架。

（二）符合法治精神的税收征管模式初步建成

税收征管模式法治化是税收法治的实施途径。“分税制”财政体制确立后，我国已经建立了以税务登记、税务检查、税款征收为主要内容的属地管理税收征管模式、税收违法行为的打击以及各税种之间协调配合的一整套比较符合科学、严密、规范要求且有效的税收管理办法。随着我国税收征管的建立健全，目前“集中征收、重点稽查”的税收征管模式在现代化信息手段的支撑下初步形成。随着我国《税收征管法》的不断修订与完善，在法律层面，税收征管中的征纳双方法律上的权利和义务得到了进一步明确和规范；在税收执法层面，税收执法随意性大大减少，税收执法行为日趋规范，保证了税收征管质量的提高；在税收稽查层面，税收稽查也得到了增强，税收案件破获的震慑效应逐步显现；在税收征管质量考核体系层面，征管质量考核体系初步建立，“税收法治”导向的考核重心正逐步形成。

（三）税收执法监督初见成效

税收执法监督是税收法治实现的保障。税收执法检查作为税收执法监督的主要形式由国家税务总局大力推行，于1995年起税收执法检查、督察在全国陆续开展，并成为我国税收执法监督的制度性日常工作。目前，我国税收执法检查的内容做到了税务工作业务范围全覆盖，税收执法检查的形式采取地区性法律、法规、涉税文件合规检查，税收执法过程合规检查，税收违规行为纠正检查等方式进行。我国通过税收执法检查，进一步规范了税收执法行为，提升了税收执法监督成效。

（四）税收法治社会环境明显改善

综合治税和税收保障机制健全是创建税收法治社会环境的重要途径。各级政府对作为本级政府财政收入主要来源的税收收入重视和支持程度均放在重要地位，纷纷出台地方性综合治税和税收保障机制。同时，随着我国法治国家建设的推进，各级政府及其工作人员干预税收制度运行和干预税收执法的现象明显减少。同时，我国目前已经形成了一个较为完善的涉税信息网络，基本实现了公安、工商、银行等部门涉税信息的共通和共享。

税收法治宣传是形成税收法治社会环境的重要途径。当前，随着我国税法宣传力度的不断加大和深入以及法治国家建设中公民对自身权利保护意识的逐步增强，公民在纳税中运用法律手段保护自己合法权利的同时，也开始注重税法制定、修改带来的社会收入分配格局变化。目前，随着我国税收法治的社会环境的改善，依法治税观念日益深入人心，初步形成了公平、公正、公开的税收法治环境。

三、地方税法治化存在的障碍分析

目前来看，在大多数西方国家的地方税体系中，地方税法治化进程中均注重和遵循税收法定原则，即通过颁布中央与地方、地方各级政府间调整税权关系的法律法规形成合理、规范、稳定的地方税权。如与我国同样为单一制国家的日本在《宪法》第 93—95 条中规定地方享有高度自治权基础上，通过《地方自治法》(1947 年)、《地方政府财政法》(1948 年)、《地方税法》(1950 年) 等一系列有关地方税权的基本法律构建了地方税法治化基础。就我国地方税法治化而言，在地方税权的法律现状、"分税制"改革制度实践等方面，我国税权主要集中于中央，未形成地方税权的独立性与自主性，也就未能在地方政府各层级形成与该层级地方政府相匹配的相对稳定的地方税体系。

(一) 税收立法方面存在的问题

1. 立法体制方面：中央税收立法权威不足，地方税权失衡

从税收立法形式层面来看，我国税收立法体制中的立法形式合理性存在很大改进空间。由于我国尚处于法制建设完善过程中，税收立法的过程通常是：人民代表大会授权—国务院制定条例—边执行边修改—条例成熟—人民代表大会通过—成为法律。这种先由立法部门授予行政部门制定条例，再经实践然后上升为法律的过程较为缓慢。在这种税收立法模式下，我国税收相关法律法规只有四部成为法律，其余税收相关法律法规大多处于国务院（或财政部、国家税务总局）制定政策法规这一阶段或处于边执行边修改阶段。这种立法模式形成的税收法律结构，使得税收立法中的国家权力机关主导作用受到了削弱，严重地影响了税法权威，也影响了

我国税收法律法规执行中的刚性。在我国市场经济的建立过程中，这种立法模式不符合现代法治国家要求的税收法定主义基本原则，其所带来的权威性低、稳定性弱、规范性差等弊端，难以保障市场在资源配置中起决定性作用，也不能有效促进社会主义民主政治的实现。

从税收立法权配置层面来看，虽然我国财政、税收相关的基本制度只能通过制定法律形式由《立法法》第八条进行明确规定，然而《立法法》第九条则规定行政法规在经全国人民代表大会及其常务委员会授权下国务院有权事先制定。这就直接导致了《国务院关于实行分税制财政管理体制的决定》成为我国“分税制”改革的最基本依据，这显然违反了《立法法》的上述规定。《国务院关于实行分税制财政管理体制的决定》颁布后直至目前，虽经数次修改，但始终未能就中央与地方事权和支出责任、财权划分形成一个相对稳定的状态。此外，通过对我国税收相关法律规范的梳理，不难发现《宪法》《地方各级人民代表大会和地方各级人民政府组织法》等都未进行地方税收立法权的具体规定，仅有一些极为抽象的边缘性条款。这种地方税收立法权配置的不足，使我国长期缺乏地方税收立法权配置依据，进而加剧了我国地方税权与事权的不匹配，降低了现有地方税权体系的权威性和规范性。

从地方税收立法权配置层面来看，我国中央立法机构层面高度集中了地方税种的立法权限，地方省及省以下立法机构层面的地方税收立法权限则严重不足。按照这种地方税收立法权配置架构，地方省及省以下立法机构层面的地方税收立法权限的严重不足使得地方政府的税收收入难以稳定。由于中央立法机构层面高度集中了地方税种的立法权限，导致了中央政府通过其掌握的地方税立法权调整既有地方税税种的归属、地方税税收收入分享比例等方式，随意改变中央—地方收入税收收入配置方式等一系列的问题。地方税收立法权的不足和地方税收收入的不稳定预期，在我国还表现为地方政府会通过效力层次非常低的文件、行政行为加大保有大量不规范、不完全的税权。在谋取更多的财政收入的动机下，地方政府甚至会利用实际拥有的变相税权以“税收”的名义来收取各项收费，获取税收法律法规之外的经济收入，破坏市场公平竞争，加重纳税人负担。由于国家有关部门对此缺乏明确的管制，因此导致地方政府滥用税收征管权、侵占公民经济利益等违法现象频发。这些税收法律法规之外的收费形式一般以层次低、效力差的地方性法规或行政规章形式出台，这些获取法定税收收入之外的地方性法规或行政规章不仅破坏了我国税法的统一性和权威性，更是严重违背了税收法律主义原则。

2. 法律结构方面：税法体系结构不尽合理

一国税法结构应由基本法、实体法、程序法等构成。就当前而言，我国税法体系缺乏一部税收基本法，主要由税收法律、税收法规、税收规章和税收规范性文件等实体法（部分还不属于严格意义上的实体法）组成。因此，我国税法体系所缺乏的税收基本法使得税收法律体系中的税法的定义、目的、基本原则、构成要素、税法立法权、税收执法权等最基本和最重要的问题没有形成法律上的认可。而在税收程序法中，目前我国只出台了《中华人民共和国税收征收管理法》这一具有通则性质的税收程序法和一些具体的执行管理方法（如各种发票管理规定），如税务机构组织法、税务代理法、纳税人权利保护法、税务违章处罚法、税务行政诉讼法等还有待出台。

3. 法律内容方面：税收法律规范内容不够完善且存在矛盾之处

现行税收法律规范内容不够完善，且各法矛盾之处十分突出。在税收法律规范表述不清、解释失范方面，存在“有正当的理由”“偶然所得”等模糊概念且多处出现，容易导致对存在模糊概念的税收法律规范理解的多义性和税务部门执法中的随意性。在税收法律规范内容前后矛盾、相互冲突方面，如存在“凡依法由税务机关征收的各种税收的征收管理均适用本法”（新《税收征管法》第二条）与“耕地占用税、契税、农业税、牧业税征收管理的具体办法，由国务院另行制定”（新《税收征管法》第九十条）[①] 以及《中华人民共和国农业税条例》（全国人民代表大会常务委员

① 《中华人民共和国税收征收管理法》，中国商业出版社 2001 年版，第 1、24 页。

会制定）的冲突。存在税收法律规范同一内容在不同的法律中不相一致方面，如存在对偷、抗、骗税的追征时效不一致等问题（涉税犯罪的《刑法》规定法定追究时效是10年或20年，而新《税收征管法》规定无限期追征）。上述税收法律规范内容不够完善和矛盾之处，既对税法的统一产生了严重影响，也使得税务执法部门和纳税人难以适从，加大了税收执法中的“设租”和“寻租”的风险。

（二）地方税种障碍

部分学者认为：地方税法基本内容由地方税种设置决定。目前，在已全面“营改增”、地方政府缺乏主体税种的背景下，我国税收实践中产生和逐渐累积的问题对地方税法体系的重建和调整产生了障碍，这些问题既包括地方税种划分，又包括地方税种税目设置，还涉及地方税制结构等。

1. 中央与地方税种划分界限缺陷

1994年“分税制”改革后，我国依据《国务院关于实行分税制财政管理体制的决定》划分地方税种，随着中央与地方事权、财权的划分，“事权下放、财权上收”效应的日益显现，地方税种划分的问题也越来越成为关注的焦点。目前，我国地方税种划分问题的实质是税种划分模糊且比较僵化，中央税、地方税和中央地方共享税之间的边界不清晰。这容易导致公众及社会对中央政府与地方政府之间税权划分的误解，导致部分地方税种不断被边缘化，最终视同共享税，损害地方政府的经济利益。目前，我国中央与地方共享税的共享形式多为税种共享、比例共享，其中共享比例和范围调整并未形成制度。由于和地方政府相比，中央政府天然处于优势地位，税收收入划分界限不清晰将会导致中央政府挤占地方政府的税收收入，使地方政府处于不利地位。

2. 地方税种设置尚待优化

我国地方税种设置依据主要存在如下的观点：从税收征管效率角度出发，地方税种应选择来源于本地的税种，有利于税收征管工作的进行；从提供公共服务职能角度出发，地方税种应选择稳定可靠且相对独立地进行设置，有利于形成地方稳定且规范的收入。由于我国的税收立法权高度集中于中央，且以“提高两个比重”为导向的“分税制”改革，其目的就是加强中央政府的宏观调控能力。因此，对我国地方税种的设置问题缺乏合理谨慎的考虑。地方税种设置不合理问题也是我国“分税制”改革的遗留问题，是财政体制改革的结果。

在我国现行税收体系中，地方税种主要有八个地方享有全部收入的税种以及两个中央与地方共享收入税种。[①] 目前存在的主要问题在于：地方享有全部收入的税种虽然税种较多但是收入太少，且这些小税种的征收成本高；大部分中央与地方共享收入税种则主要依附于增值税、消费税进行分享，这些税种都不具备完全意义上的独立税种概念，存在税基、税率不稳定的风险，这将会对我国的地方税收收入带来较大的不确定性。

3. 地方税制结构不完善

地方税制结构不完善一直备受国内学者关注，学者们的关注点主要集中在地方税体系主体税种设置、地方税体系非主体税种设置、地方税种计税依据和税目设置、地方税种税率设置、地方税收收入划分规范等方面。学者普遍认为地方政府应该有长期稳定的财政收入来源，而实现这一目的必须设置地方政府主体税种和形成较为稳定的地方税制体系。从理论上说，地方税制中的主体税种应具备以下几个特征：税源充裕、稳定性高、税源本土化等。为了避免地方政府之间税收的恶性竞争，应进一步科学设置税基及税目、优化地方税制结构。

（三）税收司法方面存在的问题

1. 税收强制执行和保全措施的刚性较弱

《中华人民共和国税收征收管理法》规定我国税务机关具有税收保全和强制执行的权力。税收保全和强制执行的权力充分体现了税收执法和强制的刚性。然而，在税收征管的实践中，税务机关在执行税收保全和强制执行中却存在诸多困难。如金融部门尤其是商业银行为了自身利益考虑，拖延甚至抗拒执行税务机关提出的暂停纳税人支付和扣缴税款等强制措

① 地方享有全部收入税种包括资源税、城镇土地使用税、房产税、土地增值税、耕地占用税、契税、车船税、烟叶税 8 种；中央与地方共享收入税种包括印花税、城市维护建设税两种。

施，造成税收保全和强制执行困难；又如税务部门扣押、查封物品受到实际工作限制，尤其是对滞销产品进行扣押和查封，生产设备的扣押、查封，很难执行税收保全和强制执行操作。

2. 税收司法保障体系建设较为滞后

根据我国相关法律规定，纳税人涉税额度达到刑事案件标准时，由税务部门移交公安部门管辖。目前来看，我国涉税案件司法保障体系存在下述问题：税务公安、税务法庭成立均缺乏依据，且机构的法律地位不明确；涉税案件办案公安干部大多为兼职，人力和时间无法保障，且缺乏税收法律、法规知识和查账技巧；涉税案件办案税务干部欠缺公安法律知识和工作经验；税务机关与公安、法院等部门在涉税案件办理中的关系有待于进一步协调；涉税案件处理的工作制度、程序有待进一步完善；税务法律文书等有待进一步规范。同时，我国司法机关涉税案件处理中的机构、人员及司法手段还存在进一步完善的空间。为了有效地制裁与威慑税收违法犯罪，充分发挥税收的强制性，我国税收司法改革应尽快适应市场经济的要求，在完善税收司法保障体系的基础上与国际惯例接轨。

第三节 典型国家地方税法治化建设经验借鉴

一、国外地方税收制度一般分析

（一）地方税收制度是财政分权（财政联邦主义）的重要基础

财政分权（财政联邦主义）是指中央与地方、地方各级政府之间在事权和支出责任划分清晰的基础上，构建相对独立的中央税和地方税体系并由各级政府分征、分管，形成较为稳定的中央财政收入和地方各级财政收入的一种财政管理体制。目前来看，财政分权（财政联邦主义）是市场经济国家普遍采用的一种财政管理体制。财政分权（财政联邦主义）的核心是划分中央政府与地方政府的事权和支出责任，并相应匹配各自的税收收入。

地方税收制度是财政分权（财政联邦主义）的重要组成部分，地方税法是地方税收收入的制度化和法律化，其目的是明确征纳税方面的地方各级政府和纳税人之间在具体地方税种中的权利义务关系。地方税法从法律角度同样可以划分为地方税收基本法、地方税收实体法和地方税收程序法。

就地方税收立法而言，税收法律主义原则在世界各国尤其是法治化比较健全的西方发达国家被普遍作为地方税法确立的基本原则，地方税收法律体系也在此基础上建立和健全。就地方税收执法而言，世界大多数国家在税收法律主义原则的基础上均根据本国国情建立地方税收征管系统，在税务机关的设置方面保证工作人员的专业性且有较强的内部控制制度。就地方税税源管理而言，世界大多数国家通过税收信息化、强化重点税源管理等提高税收征管质量和效率，降低税收成本。就地方税税收环境而言，世界大多数国家提高纳税人税收遵从度的主要途径是通过完善税收信用制度等引导纳税人诚信纳税。因此，在建立科学的地方税制过程中，应注重地方政府主体税种的建立，保证地方政府合理的税收收入，保证地方税制结构的科学规范性。

（二）国家行政体制影响国外地方税收制度的形成

19 世纪中叶，财政分权（财政联邦主义）在一些欧洲国家开始出现，经过美国、日本、法国、澳大利亚等国家不断地发展与完善，逐渐成为一种比较完善、成熟的制度。国外地方税收制度的形成与分税制的出现有密切的关系。从表面上看，地方税收制度与财政分权（财政联邦主义）相伴而生；但实质上，地方税收制度由中央与地方、地方各级政府间的税权分配所决定。而中央与地方、地方各级政府间的税权分配又在很大程度上受一国行政体制的影响，这种影响进而反映到地方税收制度上。由于各国的经济发展水平及政治环境不同，因此有关税权分配的财政管理体制存在较大差异。

就地方税收立法权配置而言，地方税收立法权可以概括为省及省以下地方各级政府通过本级权力机关以地方法律形式征收地方税和颁布地方税税制的权力，是一个与中央税收立法权相对的概念。目前，世界上不同国家的地方税收立法权可概括为三种模式：一是美国、加拿大等联邦制国家的地方政府完全拥有地方税收立法权；二是韩国等国地方政府不拥有地方税收立法权；三是日本等国地方政府拥有部分地方税收立法权。本书以美国和日本为例来进行分析：作为典型的联邦制国家，美国各州政府都拥有地方税收立法权，只要地方税收立法不与宪法相抵触，此法就在地方产生法律效力，且美国各州政府拥有的地方税收立法权得到美国 1893 年确立违宪审查制度确定的“不违宪就合法”法律原则保障；作为亚洲单一制国家代表之一的日本，地方政府拥有部分中央政府赋予的地方税收立法权，主要包括在税法规定的税收体系中地方政府有权开征新的税种、地方政府在标准税率额的基础上拥有一定的幅度内自由确定实际课征税率权力，日本通常以《地方自治法》和《地方税法》等法律形式来确定地方政府税收立法的权限及范围，并规定地方政府的税收立法不得与中央政府的税收法律相抵触。

（三）联邦制国家的地方税收制度

联邦制国家的治理结构为分级而治，在典型的联邦制国家（如美国、德国等）相应地方税收制度的制定权被赋予各级立法机构。就其政权主要分为联邦、州和地方三级的美国、德国而言，联邦、州和地方三级政府都有自身明确的事权和支出责任以及与之匹配的财权，地方各级政府普遍都拥有独立的税收立法权和管理权，相应联邦级政府税收有联邦税，相应州级政府税收有州税，相应地方级政府税收有地方税。

1. 本级税收立法权和税收管理权由地方政府独立行使

在美国，从中央政府一直到地方政府（联邦、州和地方政府）都可以在宪法规定的范围内独立行使本级管辖范围内的税收立法权和管理权，即地方政府拥有完全的地方税收立法权和管理权，因此，美国税收制度的特征是联邦税收制度（关税、财产税、遗产税、社会保险税）较为统一，而州与地方（具有关税、财产税、遗产税、社会保险税制以外几乎所有税种的税收立法权和管理权）税收制度差异较大。

在德国，《基本法》规定：联邦和州政府对各州及地方各级政府的专享税均拥有立法权，但是州以下地方各级政府没有税收立法权只有税收的征收管理权以及在制定地方税率、确定减免税方面的有限制的自主权。

2. 地方各级政府拥有相对独立的地方税收制度体系

美国的联邦、州和地方三级政府都有明确的事权和支出责任以及与之匹配的财权，地方各级政府普遍都拥有独立的税收立法权和管理权。在联邦、州和地方三级政府税收对应为联邦税、州税和地方税，主要税种在三级政府同源共享以税率分享的方式划分收入，各级政府也都有自己的主体税种，形成了从中央到地方的各级政府完整的税收体系。同时，与各级政府拥有相对独立的地方税收制度体系相匹配，从中央到地方的各级政府各有一套独立完整且征收管理方式存在一定差异的税务征收管理机构。

3. 各级地方政府间税权、主体税种相对清晰和独立

在德国，联邦、州及地方政府都有完整的税收体系，并确立了各级政府的主体税种，如个人所得税、公司所得税和社会保险税等属于联邦政府的主体税种，销售税、总收入税等属于州政府的主体税种，财产税等属于地方政府的主体税种。

（四）单一制国家（地区）的地方税收制度

相对于联邦制国家，单一制国家的地方政府权力相对于联邦制国家而言较为有限且对中央的依赖程度较高。这种中央与地方政府间的关系反映在税收立法权方面，表现为：中央政府集中税收立法权程度较高，在税收法律有关规定下，地方政府仅享有部分地方税种的税率调整权和税收收入减免权。作为典型的单一制国家，英国实行集中型财政体制，在这种财政体制下划分了中央和地方两级税收管理体制，其主要特点如下：

1. 税收立法权高度集中

在英国，中央政府享有包括税目、税率的调整以及减免税等在内的完全的税收立法权，在设置及开征地方税种的权力方面地方各级政府没有权力。

2. 全国税收总额中地方税收收入占比较小

地方税收收入的总体规模相对联邦制国家而言，大多数单一制国家较小。单一制国家中，地方税收收入在全国总税收收入这一指标中，英国占

比低于 15%，法国占比 10%左右，韩国大致为 20%。

二、国外地方税权制度比较分析

从地方税管理体制在世界各国的实践方面来看，地方政府的税收管理权限划分差异往往受该国政体、国体、经济水平、政府间关系乃至社会习俗的影响而存在显著不同。地方税权制度在世界各国的实践中可大致总结为集权型、适度集权型和分散型三种类型。

（一）集权型税收管理制度

地方税收立法权和征管权都归属于中央（联邦）政府的集权型税收管理制度。地方政府只有在不违反中央政府统一规定的前提下的部分地方税种的税率调整权和税收收入部分减免权。典型国家主要有英国、泰国、法国等。

在法国，税权主要集中于中央政府，包括税收的立法权和征管权。1982 年，法国政府通过了《权力下放法案》。该法案对中央与地方政府关系进行了重大调整，如将印花税等地方税种下放，扩大了地方政府税收自主权范围，使地方政府拥有了一定的税权。法国《宪法》经过 2003 年度的修订后，把条例制定权赋予了承认领土单位。① 这次宪法修订继续扩大了法国地方政府的自主管理权，明确了地方政府拥有税收立法权的宪法依据。②

此外，英国地方政府作为中央集权型国家，与法国相比，在地方税收管理方面权力有限，只拥有类似确定地方税收减免优惠等的权力。近年来，中央返还数额增长较少，地方政府收入缩减，无法满足地方政府公共服务的需要。为了获得更多的财政资金，英国地方政府税额每年都不断上

① 在法国公法上，地方分权团体实现其行政作用的地理空间被称为“领土单位（Collectivité territoriale）”，目前包括大区（la région）、省（le département）和市镇（la commune）三级。在本质上讲，“国家也是领土单位的一种”，领土单位并不像行政区域那样具有行政隶属关系。——引自王建学：《法国国内公法领土观的基本概念与借鉴》，《厦门大学法律评论》2006 年下卷。

② 修改后的法国《宪法》第 72 条第 3 款规定：“依照法律规定的条件，这些领土单位由选出的议会自主管理，并且为行使其职权，其拥有条例制定权”，规定“领土单位享有可依法律规定条件自由支配的收入”“对于每一类领土单位，税收收入和其他自有收入代表其全部收入的决定性的一部分”。

涨，增长额甚至超过了物价的上涨幅度。为了防止地方税收收入增长过快对经济长期发展的不利影响，英国中央政府强制规定了地方税收收入的年增长限额。

就各国实践经验来看，集权型地方税收制度有利于加强中央政府宏观调控能力，对经济长期稳定增长较为有利，因此大多数发展中国家均采用集权型地方税收制度，我国即为集权型的税收管理体制。

（二）适度集权型税收管理制度

税收立法权归中央，地方政府拥有适度征管权的适度集权型税收管理制度（也被称相对集中型税收管理制度）。这种模式在实践中，地方政府仅掌握少部分地方税管理权限，中央政府则掌握地方税的大多数管理权限。此种类型的典型国家为日本。在日本，地方税须经国会讨论批准开征，地方政府制定的具体税法条例提交地方议会进行讨论批准后执行。同时，在严格按照法律规定的框架下，地方政府有权修改地方税法，地方税的征收管理在法律框架内由地方政府负责。适度集权型税收管理制度主要有以下特征：

1. 相对集中的税权

在日本偏重于中央集权的税制架构中，国会拥有地方税税收立法权，即使地方独立管理地方税种也必须经过国会批准，受到有关法律的制约。《地方税法》规定了地方政府征收的税种和法定税种以外开设的普通税的税率，地方议会讨论通过后报中央政府批准后方可开征。

2. 独特的收入调整制度

日本偏重于中央集权的地方税制使得税收收入比较集中于中央，这就造成了地方财政收支存在缺口，日本通过建立中央与地方两级财政间转移支付方式以满足地方支出需要，进而弥补地方政府的收支缺口。中央与地方两级财政间转移支付方式主要有国家下拨税、国家让与税、国库支出金等。从日本税收收入在中央和地方配置的整体格局来看，中央约占65%，地方约占35%。但经过中央与地方两级财政间转移支付后，中央、地方税收收入实际支配格局为中央占25%左右，地方占75%左右。

3. 双主体结构体系

日本适度集权型税收管理制度下的税种按税收收入归属根据归中央、都道府县和市町村三级政府，划分为国税、都道府税和市町村税三个层级，每级政府都以两个税种为主体税种。日本政府间税权划分在事权划分、受益原则的基础上，兼顾各级政府的税种平衡，其中国会负责划分中央税与地方税。在这种划分模式及其操作下，形成了国税体系（个人所得税、法人所得税为主体税种）、都道府县税体系（居民税、事业税为主体税种）、市町村税体系（居民税、固定资产税为主体税种）。

综观人口较多、面积较大、民族较多的发展中国家实际，以日本为代表的适度集权型税收管理制度比较适合于上述发展中国家。

（三）分散型地方税收制度

地方政府掌握了地方税主要管理权限和较大的地方税立法权、征管权的分散型地方税收制度。德国、美国、澳大利亚等典型的联邦制国家均属于这一类型。如美国形成了与其政府级次相对应的地方税收体系，在这种体系框架和上位法律的监督和制约下，联邦、州、地方各自的税收立法权和征管权形成了不同级次的税收体系，但州和地方政府的税权都要受到中央的影响。又如德国的地方政府拥有地方税收益权和征税权。在地方税收益权方面，在地方政府同意的前提下联邦与地方政府的共享税分配才允许改变；在地方税征税权方面，地方税收税率可由地方政府在联邦政府规定的税率范围内确定，地方税收管理权分散于州和地方政府，由联邦税务总局协调下的各州财政总局负责。

三、国外地方税收法治化比较分析

（一）税收立法方面

1. 普遍采用税收法律主义原则

税收法律主义原则（又被称为税收法定主义或税收法定性原则）指一个税种的开征或税收要素调整必须以法律为根据。执行税收法律主义的国家，税收法律依据是任何税收行为必须遵循的，税收的立法、执法等行为只能在法律授权框架下进行，也就是说如无中央和地方立法机构批准，中央和地方就不能随意开征新税、调整现行税种的税收要素以及实行税收执法。税收法律主义的内涵主要包括以下四个方面：

（1）税收要素法定主义。税收要素法定主义是指税收要素，而并不仅限于税种、税率及征收程序等内容都必须经过国家立法机关批准以法律形式颁布。税收要素法定主义无论在英美法系还是在大陆法系国家都得到了重视，很多国家在《宪法》和《税收基本法》中都作出了明确规定，如“征税的法律必须由众议院提出”（美国《宪法》第 1 条）、“征税必须以法律规定”（法国《宪法》第 34 条）、“征收新税或改变现行税收，必须以法律规定”（日本《宪法》第 84 条）等。[①]

（2）税收要素明确主义。税收要素明确主义是指在法律或授权的税收实体法和程序法等法规中，课税要素、税收征收程序等应当进行明确规定，防止税收行政机关滥用税收自由裁量权，同时明确因税收要素不明确造成的纳税人权益受到损害的纠正机关和法律保障程序和内容。

（3）税收合法性原则。税收合法性原则是指税务机关在税收执法中必须严格依据法律规定，税务机关在税收征收过程中只有依法征税的权力。也就是说，税务机关无权不征税，也无权征收“过头税”，同时税务机关不能进行违反税收法律规定的税收减免或延缓征收，也不能与纳税人就纳税义务内容、征收时限等达成非法交易，更不能滥用自身的权力以权谋私，损害国家的经济利益。

（4）税收程序保障原则。税收程序保障原则是指税务机关进行税款征收与纳税人履行税款缴纳必须符合税收征纳程序，如税收征纳双方出现税务纠纷时，应当由法定机关通过法定程序进行解决。

税收法律主义原则是税收法治主义的核心内容，在立法上要求税收立法必须经过严格的立法程序，在税法解释上要求国家立法机关或司法机关等部门授权进行解释，在税收执法过程中要求税务机关严格按照法律、法

① 张同青：《美日法三国税收制度的特点及其比较》，《涉外税收》2000 年第 5 期。

规的规定程序和要求进行税款征收。

2. 税收立法权主要归属国家权力机关

税收法律主义要求“不经立法、不得征税”，同时要求税法具有公正、完备、严肃、实用等特征。从税收活动的整体来看，税收立法是整个税收活动过程的基本前提。由于税法关系在经济上是公民、企业等市场主体收入转移给各级政府，各级政府根据自身征收的税收收入来弥补其提供公共品的成本，这个转移过程涉及国家与公民的经济利益，政府对税收收入的使用影响国民经济的运行。同时，由于税收固有的强制性、固定性、无偿性等特征，世界上大多数国家都将税收法律体系列入国家的基本法律范畴，相应的将税收立法权配置于国家立法机关。以美国为例,《宪法》规定制定全国性税收法律的权力归属于国会，在联邦税收法律框架下制定地方性税收法律的权力归属于各州议会。

3. 税收立法都依一定程序进行

遵循税收法律主义原则的国家，其税收立法程序与其他法律立法程序，即经立法机关通过后由国家元首下令颁布。以美国为例,《宪法》规定包括税收法律在内的举凡涉及增加财政收入的议案由国会议员提交再经一系列法律程序，最后才能成为法律。

4. 税收法律的构成层次分明

税收法律主义原则要求税收法律完备，即税收法律由层次分明的税收法律体系构成。以美国为例，联邦政府税收法律由国内收入法典、国内收入法典的财政部解释、税收案例的判例三部分组成。国内收入法典由国会正式通过，总统签署，属于法律范畴；国内收入法典的财政部解释由财政部根据国内收入法典进行解释，属于我国部门规章范畴；税收案例的判例属于我国司法解释范畴，其由各级法律审理各项税收案例的判例构成。以俄罗斯联邦为例，联邦政府税收法律由基本和专项两大部分构成：税收法典基本部分属于税收基本法范畴，主要内容包括税收基本原则、征纳权利和义务、征收税种、征管程序、计税原理等税收基本内容的规定；税收法典专项部分属于税收实体法范畴，主要内容包括不断完善中的各税种有关条文。

5. 税收法典已成为税收法律主义国家的标志

法律健全国家的一项标志就是将税法编纂成为法典，以凸显税法的法律地位，这也是遵循税收法律主义原则国家的传统。欧洲大多数国家都有具有本国特色的税收法典，美国《国内收入法典》经 1939 年编纂后的历年修订，已成为目前世界最为完备的税法之一。以国际组织为例，美洲国家组织（OAS）、国际开发银行税务署（IDBTA）联合制定并于 1968 年颁布《拉丁美洲税收法典范本》对美洲国家税收法典的发展起到了强有力的推动。虽然部分国家的税收法典是由各类不同的税收法律汇编而成，但税收法典的这一独立编纂形式，能显著提高税收法律的法律权威性和税收法律各条文的统一性。

（二）税收执法方面

1. 税收法律主义下的税收征管机制不断完善

在税收实践中，税收法律经过不断的修订和完善，已经确定了较为规范的税收征管制度和程序。大多数经济发达国家的税收征管程序各个环节的相关制度都渐趋成熟，税收征管机制也渐趋健全。部分经济发达国家实行了具有特色且效果显著的税收征管机制，如纳税人终身识别号制度在加拿大的实行，又如个人所得税纳税征收管理中个人纳税申报、扣缴税制度等在美国的实施。这些税收征管机制的实施对促进纳税人的税收遵从和税务部门税源控管奠定了良好的基础。

2. 税收征管领域先进技术的全面应用

随着信息化的发展，尤其是近几年“互联网+”的发展，推动了各国将先进的计算机网络和技术手段应用于税收征管领域，税收征管各个领域的信息化水平得到了显著提高，促进了税收征管更加科学和有效。以美国和加拿大为例：美国目前形成了 1 个国家计算机中心和 10 个服务中心网络系统组成并与银行、海关、边防等系统联网的税收征管信息系统，形成了强有力的税务保障体系；加拿大在电子申报纳税推广应用中效果显著，纳税人可以方便、快捷、准确地通过电子信箱将纳税申报有关资料传递给联邦税务，有效降低纳税申报成本。

3. 对违反税法行为实行“严管重罚”

税收法律主义原则的另一个重要特征是税收法律执行严格。部分遵循税收法律主义原则的国家，通过构架专门的税务审计机构辅之以社会化的会计和税务机构形成了高度民主专业化的税务审计和稽核机制。以经合组织为例，日本稽核部审计人员占国税局税务人员的 1/3 以上，英国、意大利、瑞典、法国等税务处罚条例中对公司和个人应承担的税收责任规定、处罚规定非常完备，美国对公司纳税人逾期申报、拒绝税务人员审计、查处的偷税等税收违法行为既有对应纳税额 5%—100%的处罚比例规定，还有对违法次数的处罚，德国、意大利和瑞典对公司和责任个人的涉税违法行为在实施对公司或合伙组织罚款基础上再对代表公司行为的个人进行罚款的两次处罚。

（三）税收司法独立健全

遵循税收法律主义原则的国家，十分重视税收司法独立健全，尤其是对纳税人的上诉和行政复议权进行了较为充分的保障。如美国《纳税人权利法案》充分保障了纳税人对税收活动涉及的政府雇员等进行行政复议和民事诉讼行为的权利，纳税人如对复议办公室所作的决定不满意，可向法院申诉且法庭诉讼中的举证责任也由国内收入署承担。美国法院具有对税法条款法律效力的解释权，也就是说法院作出的裁决具有更高的法律效力，即对有争议的条款法院作出的裁决可推翻财政部、国内收入署与法院不一致的税法条款法律解释。

第四节　我国地方税法治化建设政策建议

一、我国地方税法治化建设目标和构架

（一）我国地方税法治化建设目标

受自然条件和要素禀赋的限制，我国各地经济发展水平很不均衡。经济发展水平所决定的税源情况、税收收入也有较大差别。为了充分发挥各地区的财源优势和财税政策对宏观经济的调控作用，我国应构建适度分权

下的地方税收立法与税收管理体制。

地方政府的税收立法权与税收管理权主要受中央政府宏观调控能力、地方政府自我约束力、立法和税收管理对宏观经济和相邻地区的影响等因素制约。就我国目前上述三个制约因素而言，中央政府宏观调控尚待健全，地方政府自我约束力较弱，地方政府间税收竞争严重，因此在这种背景下我国税收立法权与税收管理权的划分应坚持“大权统一、小权下放、重在监管、循序渐进”的原则，重点处理好税收立法权与税收管理权适度集权与分权的关系。

按照“税权集中于中央，地方税权为辅，中央、地方分级分税管理”的基本原则，我国地方税法治化建设目标应为：立法权、停征权归中央，地方政府的税权集中于省级政府，赋予地方一定的调整权和解释权。

（二）我国地方税法治化建设构架

1. 地方税法治化下的税权划分

根据所确定的我国地方税法治化建设目标，中央应集中地方税税收立法权与税收管理权，即中央制定税收基本法、税收权限法、税收征纳程序综合法等税收基本法规；中央税的立法权、解释权、征收权和共享税的立法权、解释权同样应归属于中央；地方税征收权可采取中央专征或中央、地方分征等共享方式。地方税收体系的立法权应仍归中央，同时赋予地方征收权，而地方税收体系涉及的税收解释权、调整权等根据具体情况可采取表5-2中列示的三种方式。

表5-2　地方税收体系税收立法权和税收管理权配置

地方税种特征	地方税种	税收解释权、调整内容	税收解释权、调整权归属
对国民经济影响较大且税基流动性较大的地方税种	改革后的消费税	开征、停征、税目的增减、税率浮动幅度的确定、减税、免税和加税	全国人民代表大会
		中央规定的税率浮动幅度内确定本地区适用税率	省级人民代表大会

续表

<table>
<tr><th>地方税种特征</th><th>地方税种</th><th>税收解释权、调整内容</th><th>税收解释权、调整权归属</th></tr>
<tr><td rowspan="3">税基较固定、区域性特征比较明显的地方税种</td><td rowspan="3">城镇土地使用税、房产税、土地增值税、资源税、环境保护税、契税等</td><td>基本的税收法规</td><td>全国人民代表大会</td></tr>
<tr><td>在中央规定的统一幅度和范围内的实施办法、税目、税率的调整等税政调整权</td><td rowspan="2">省级人民代表大会</td></tr>
<tr><td>中央限定条件下的税收减免以及征收管理等</td></tr>
<tr><td rowspan="2">零星分布、征收成本较高的地方税种和具有特定用途的地方税种</td><td rowspan="2">烟叶税、城市维护建设税、教育税（将现行的教育费附加改造成教育税）</td><td>开征、停征权，征收方案备案</td><td>全国人民代表大会</td></tr>
<tr><td>税收政策的制定权</td><td>省级人民代表大会</td></tr>
</table>

2. 理顺地方税法治化下的税收执法权（征管权）划分

税务机关是在特定税收法律框架和税收征收管理制度下实施征管活动的，其主要职责是依法征税，保证税款足额进入国库。在西方财政分权（财政联邦主义）管理体制下，中央与地方各级政府对构成各自收入的税种行使税收征管权，无论中央税收还是地方税收都各入各库，形成中央与地方各级政府的财政来源，即实行较为彻底的税收征管分权管理。财政分权（财政联邦主义）管理体制下的国家都设置中央与地方两套税务机关，依据税收体系中的收入归属原则划分各税种征管权限，分别实施具有一定差异的税收征收管理。虽然我国在“分税制”财政管理体制实施初期建立了国税、地税两套税收征管机构，但国税、地税两者之间征管权，尤其是企业所得税等中央与地方共享税种的征管权始终未能实现彻底分权（分征、分管）。随着“营改增”的全面实行，我国税收体系征管权更加明显倾向于国税机关，这既容易引起国税、地税税收利益分配的矛盾，也导致地方税体系中的共享税征收管理面临税款难及时入库、地方税由国税代管的征管效率降低等问题，这些矛盾和问题不利于提高国税、地税征管效率和征管积极性。

因此，促进我国地方税体系征收管理中的国税、地税的协调，提升地方税体系征管效率和执法水平，应进一步理顺地方税各税种税收执法权限，整合两者的信息化资源，建立联合办税制度，加强国税、地税机构的协作。

3. 落实地方税法治化下的税收司法权划分

地方税法治化进程中税收立法、执法的落实依赖地方税税收司法权的合理划分，这种保障有利于维护地方税税法权威、保证地方税税收立法和执行中的公平和正义。目前，我国税收司法权，尤其是达到税收刑事案件的管辖、侦查、拘留等权力分散在中央和地方之间、同级政府的公安、检察院、法院、司法等部门之中，未形成有效整合，影响了地方税法治化下的税收司法权执行效率。本书认为：在短期，应在整合税收刑事案件的管辖、侦查、拘留等权力的基础上，通过省及省以下各级政府建立联席会议制度等形式，形成稳定的载体解决税收刑事案件跨部门协调议事的有序进行，保证税收权力的良好运行；在长期，应按照经济区域设置运作独立于各地国税及地税系统之外，由中央垂直领导为主，突破地方行政区划限制的统一、完整、规范的税收司法保障体系（由税务普察、税务检察、税务审判等机构组成的），从而有效保障我国地方税法治化下的税收司法权得以贯彻落实。

二、我国地方税法治化下税收收入划分政策建议

（一）地方税法治化下的税收收入划分模式

从各国实践看，税收收入的划分主要表现为两种模式：一是“大共享税”模式，即以共享税为主体、以地方税体系配合的模式。在这种模式下，地方各级政府通过按比例分享“大共享税”后，本级财政来自“大共享税”的收入往往超过地方主体税种的收入。以德国地方政府2005年度财政收入为例，州政府有80%的税收来自共享税。二是“地方税为主、共享税为辅”模式，即以地方税体系为主、共享税分成为辅的模式。相较于

“大共享税”模式，这种模式下地方税收收入主要来自地方固定税种，同时也享有中央与地方共享税的分成收入，但共享税占本级政府税收收入的比重较低。此外，还存在法国等国家的地方政府税收收入完全通过地方税体系取得的情况。

就我国而言，1994年“分税制”财政管理体制建立时就形成了地方政府主体税种（营业税、所得税）、中央与地方共享税（增值税）在内的税制体系。随着我国2002年起实行“所得税分享”后，营业税开始逐步成为地方主体税种。至2011年，我国增值税（中央与地方共享税）、营业税（地方税）两税收收入合计占地方全部税收收入的47%以上。随着全国开始实施“营改增”，这一税收制度改革举措进一步缩小了地方主体税种在地方政府税收收入的比例，而共享税收入所占比重则大为提高。在2013年共享税收入占地方政府税收收入的比例就达到67.85%以上。

我国地方税收收入现状以及我国地方主体税种的建立需要现有地方税种的培育和完善，决定了实行“大共享税”模式是当前比较合适的选择。在这种形势下，有必要先确立“大共享税”模式，形成地方财力的“共享税分成为主、地方税补充”的多元化收入格局。随着地方税的培育和发展成熟，逐步降低地方税收入中共享税比重、扩大地方主体税种收入比重，最终形成“地方税和共享税比重大体相当”的模式。

（二）地方税法治化下的地方主体税种建设政策建议

基于上述分析，我国地方税法治化下的地方主体税种建设的现实选择是从“大共享税”模式过渡到“地方税为主、共享税为辅”模式。因此，当前应着手培养地方主体税种，以确保地方政府具备一定规模和稳定税源的税收收入。一般来说，地方主体税种应具备以下条件：首先应能保障地方税收收入需要，地方税课税对象应税基较宽、税源丰富、具有增长潜力；其次应能满足地方政府调节本地区经济发展需要，地方税课税对象应涉及本地区收入分配和产业结构；最后应能符合地方政府税收征管需要，地方税税收制度应透明度高，便于征管。

因此，地方税法治化下的地方主体税种的选择必须符合我国地方经济发展实际水平和现有税收制度结构，地方主体税种确定过程应采取分阶段、动态的调整路径。按照“弱市虚乡”的政府层级改革思路，我国政府级次在未来将演变为：中央、省（直辖市、自治区）、县（市、区）三级模式。在这种三级模式下，财政也将由现在的五级模式调整为与政府级次对应的中央、省、县三级财政。因此，地方税法治化下的地方主体税种在三级财政下的构建应采取先确立省一级的地方税主体税种，再确立县级财政的地方税主体税种的路径。

1. 省级地方主体税种——改造现行消费税税制

在近期，可以派上用场、充作省级地方主体税种选择的是消费税。借鉴美国和德国以消费税（或称销售税）为州政府（行政级次相当于我国省级政府）主体税种的做法，并参考英国地方车辆消费税、德国汽车税归州政府的经验。本书建议在中央地方共享税中划入原属中央税的车辆购置税和消费税。

当前，我国车辆购置税、消费税的税收制度较为成熟，税收收入已经具有一定规模。就消费税本身性质而言，虽然属于中央税，但其间接税的属性决定了消费税税收负担最终由消费地企业和居民承担。此外，由于我国消费税收入由中央返还地方的特征，决定了消费税设置之初就不是纯粹的中央税，尤其在成品油税费改革之后，其绝大部分需要返还给地方以弥补地方政府道路维护支出。就车辆购置税本身性质而言，其属于财产购置行为的一次性税收，可将其整合进入现行消费税税收制度，形成以消费税为主体税种的地方税体系，使其成为地方税主体税种。同时，根据国际惯例，中央税应保留对烟草等特殊商品和一些国家专卖品征收的特殊消费税。

据此，本书提出的新消费税制度的设计将对消费税的征税范围、纳税环节等方面进行改进，并建议适当调整消费税税率。一是进一步扩大新消费税税目范围，将奢侈品（如私人飞机、游艇、高档家具等）、书画收藏品、名贵艺术品等新兴的消费产品交易纳入消费税税目；二是实行消费税差异税率，允许各地在中央规定税率的幅度范围内自行确定消费税各税目税率；三是将征税环节从生产环节部分转移到消费环节。通过调整高能耗、高污染产品、部分高档消费品等新增加税目的消费税征收环节、税率等，相应地扩大消费税税基，增加消费税收入。

同时，为使消费税收入地区间分布更为均匀，保障地方消费税税收收入的稳定持续增长，可以将消费税征收环节由现在的应税消费品出厂环节前移至应税消费品零售环节。消费税征收环节的调整将促进地方政府创造良好的市场环境，促进当地消费，有助于区域经济结构的调整和转型。

消费税成为我国省级地方主体税种后，省级政府将取得较稳定的收入来源，中央政府还可适当下调中央与地方共享税的地方分享比例，也可减轻中央对地方转移支付的压力。根据我国税收收入数据，2015 年度大约 7000 亿元可以成为省级政府收入。①

2. 县市地方主体税种——开征房地产税

县市地方主体税种的构建，将为我国基层政府良治奠定坚实的财力保障。借鉴国外地方政府主体税种确立过程中的成功经验，并综合考虑我国房地产市场的发展，本书认为县市级新地方税体系应以房地产税为主体税种。从国外地方政府主体税种来看，财产税是一种普遍选择，体现了地方政府公共品供给水平与当地财产增值之间的正向关系；从地方政府税收收入来源来看，财产税作为主体税种能为地方政府提供稳定且广阔的税基。2015 年我国房产税收入为 2050.9 亿元，占全国税收总收入的 1.64%。② 但是，加上土地增值税、城镇土地使用税、契税，房地产税收入之和占到全国税收总收入的 8.45%。从财产税的税收征管效率来看，县市级地方政府熟悉财产税征税对象，尤其是对房地产业主、房地产价值评估等信息更具优势，县市级地方政府征收该税种具有显著的成本优势。在近期，房地产税等财产税尚处于立法前期阶段，本书建议短期内应着手改造现有的房产税，主要发挥其财政收入功能；长期内，构建房地产税制，将城镇土地使

① 2015 年度车辆购置税 2792.56 亿元，2015 年度消费税 10542.16 亿元，扣除 2015 年度烟草消费税约 5000 亿元（数据来源于中国税务统计年鉴）。

② 数据来源于中经网数据库。

用税、耕地占用税、土地增值税及相关税费合并纳入房产税制。

3. 适时推进其他地方税种的改革

在消费税、房产税改革的同时，应进一步推进资源税的改革，在完成了现有资源税从价计征改革的基础上，逐步扩大征税范围，把国际上普遍采取保护性开发和利用的水资源、森林资源以及牧场资源等列入征税范围，以利于我国这些稀缺资源的保护和合理利用；通过开征环境保护税，实现环境税与改革后的消费税相协调、功能互补，促使企业、个人的环保意识，增强其环保动力。

基于以上分析，本书认为未来地方税体系的架构可用表 5-3 反映。

表 5-3　未来地方税体系架构

税种	属性	分享比例	备注
增值税	共享税	中央与地方 6 : 4 分成	收入归属省级政府的，由各自治区、直辖市、省政府决定与县（市）分享比例
消费税	共享税	烟草消费税收入归中央，其他收入归地方	车辆购置税并入消费税，收入归属省级政府的，由各自治区、直辖市、省政府决定与县（市）分享比例
企业所得税	共享税	中央与地方 5 : 5 分成	收入归属省级政府的，由各自治区、直辖市、省政府决定与县（市）分成比例
个人所得税	共享税	中央与地方 5 : 5 分成	收入归属省级政府的，由各自治区、直辖市、省政府决定与县（市）分成比例
保有房地产税	地方专享税	收入全部归县（市）政府	短期内改造现有的房产税；长期内，将房产税与耕地占用税、城镇土地使用税、土地增值税及相关税费合并打造成新的房地产税
资源税	共享税	海洋石油资源税收入归中央，其他资源税收入归地方	属于地方部分收入归属资源地
印花税	共享税	证券交易印花税收入归中央，其他收入归地方	属于地方部分的收入归属县（市）政府

续表

税种	属性	分享比例	备注
城市维护建设税	地方专享税	收入归属县（市）政府	
契税	地方专享税	收入归属县（市）政府	
烟叶税	地方专享税	收入归属县（市）政府	
环境保护税	地方专享税	收入归属省级政府	由省级政府决定县（市）政府分享比例

第六章　法治背景下的税收征管问题及建设

第一节　我国税收征管制度改革回顾

一、税收征管制度及其变迁

制度是一个在经济学中使用频率比较高的概念，但在不同的学科范畴、不同的理论流派，甚至不同的学者个体对“制度”这个概念的内涵和外延都有不同的理论解释和看法。制度经济学告诉我们，制度就是约束和规范个人行为的各种规则和约束（袁庆明，2012）。[①] 制度存在的意义在于这是一种有效规范行为人经济行为，是增加行为的可预见性及可控制性的重要途径，同时，因为行为的可预测性，信赖利益成为市场共识，交易成本也随之大大降低。经济学中的征税，其实质是一种物权流转的方式，国家利用其优势地位，将经济个体所创造、拥有和支配的财富通过一定的手段和路径转变为国家拥有和支配，优势地位并不当然意味着国家就能达成这一目的，其实现必须依靠一套切实可行且确定承认的方法，此即税收制度。因此，制度经济学的研究范畴自然包括税收征管制度在内。

在分析研究经济问题时，供求分析是新古典经济学的基本工具。在分析制度变迁问题时，新制度经济学自然也可借鉴、采用供求分析这一方法。

随着社会的发展进步，制度变迁总体呈现出一种适应社会、经济发展

① 袁庆明:《新制度经济学》，复旦大学出版社 2012 年版。

的态势，即由一种更新的、效率更高且成本不断降低的制度不断替代陈旧的、效率低下且成本巨大的制度。这个过程实质上反映出作为国家、个人等经济的每一方主体渴望用更小代价支配更多财富的共同追求，这种理念迫使每一个参与税收的主体不断调整、不断协调彼此关系，从而推动制度变迁和更新换代。

税收征管制度是一种公共品，这一公共品的消费者主要包括国家及各级政府、税收征管部门和纳税人，需求曲线也具备公共品的特征。制度变迁的供给与一般商品的供给有所不同。一般商品供给主要涉及供给数量的问题，而制度变迁供给解决的不是供给数量的问题，而是供给什么性质和质量的制度的问题。这也意味着，制度变迁供给的主体不可能局限于经济活动中的平等关系的参与者，一定会有一个强大的，诸如代表国家行使权力的政府，是游戏规则的制定者和推动者。当然，在某一特定历史时期、某一特定社会环境中，某一社会阶级或者社会团体组织，甚至某一个人等也会成为制度变迁供给的主体。但无论如何，在国家概念既有形成中，税收征管只能由代表国家的政府实施，其变迁是由国家强制实施的。

税收征管制度变迁的供给与需求存在均衡与非均衡两种状态。此处的均衡是一种行为上的均衡，是税收征管制度的征税方与纳税方进行不断博弈达成的短暂的、脆弱的“势均力敌”，这种关系是不断改变、不断运动的。而因为双方参与的目的和力量对比本质上是矛盾和不等的，因此充满了对抗性和不对等性，这也就决定了非均衡的状态是常态，均衡则成为一种特殊形态。

税收征管制度的非均衡主要表现为供给不足。在税收征管制度的发展和形成的进程中，出现一个或若干个制度供给不完善、不及时的现象往往不可避免。当然，配套制度的缺失并不必然导致整体制度失去作用，但不可否认，此种情形下，整体制度运行会变得艰涩且拖沓。任何制度都不可能是“包治百病”、一成不变的。面对新的经济社会发展情况，变迁方式亦应随之调整。众所周知，任何制度都存在边际效率递减的规律，一味地墨守成规，试图以制度对抗社会发展，都会陷入边际效率降低的怪圈而无法自拔，制度也就因此失效，甚至失控。而由新古典经济学派的理论推演可知，在税收征管制度变迁的边际效率接近零时，也就是制度效率最高之时。这是推动新制度落地生根的最有利时机，可有效规避制度陷阱。

回顾我国税收制度的发展历史，由于我国大政府主义的集权制度根深蒂固，我国税收制度的变迁发展也显著地呈现出这一特点，强调政府主导、自上而下，且多是通过国家行政力量强制推动。因为，从制度供给角度来看，税收征管制度的颁布实施，只能是依靠政府来进行；对于税收征管制度的推行而言，政府的作用是任何一方力量都无法代替的，必须依靠政府强力推动。

近十几年来，我国税收征管建设取得了令人瞩目的成就，其突出体现的是税收征收率和征管效率的大幅提升。以增值税为例，我国增值税的征收率由 1997 年的 44.60% 上升至 2006 年的 86.26%（国家税务总局，2008）。[①] 大量文献显示，分税制后我国税收征管效率逐年提升，1997—2007 年税收征管效率年平均提高 3.6%（杨得前，2010），[②] 税收征管效率的提升为税收增长作出了重要贡献（王德祥等，2009；杨得前，2012）。[③]

当然，我国目前的税收征管制度也存在不少问题。为避免掉入制度陷阱，应该及时转换制度变迁方式。根据制度经济学理论，制度的约束包括三个方面：正式约束、非正式约束和实施机制。

其中税收征管制度的正式约束指的是国家或行政主体制定的关于征税等方面的法律法规和规章制度；非正式约束指的是普通民众对征税的普遍看法和认识，必须结合社会文化、教育、宣传等方面加以考量；实施机制指的是确保征税能够正常开展，实现征税目的的具体制度规定。从税收征管制度的正式约束来看，我国税收法律法规并不完善，目前仅有部门规章

---

① 国家税务总局：《金税工程增值税征管信息系统》，《中国科技奖励》2008 年第 10 期。

② 杨得前：《我国税收征管效率的动态评价：1997—2007——基于 Malmquist 指数的分析方法》，《当代财经》2010 年第 8 期。

③ 王德祥、李建军：《我国税收征管效率及其影响因素——基于随机前沿分析（SFA）技术的实证研究》，《数量经济技术经济研究》2009 年第 4 期。杨得前：《中国税收增长方式转变的时空特征分析》，《税务研究》2012 年第 11 期。

指导，立法层次不高；税收征管制度稳定性、合理性和可操作性等方面，都需要进一步改进、完善和加强。从税收征管制度的非正式约束来看，诚信纳税价值观并未形成社会共识。我国目前仍处于初级发展阶段，诚信体系仍然薄弱。由于历史文化发展的局限性，很多人仍然将征税混为“皇粮国税”，错误地认为是自己为国家提供服务，忽视了税收的公共性。任何制度，究其最终，均是由人实施，因此，代表国家征税的税务机构和税务人员，如何平衡自身利益和国家权益，如何更好地履行职能，是一个亟待解决的难题。地方保护主义盛行和地方政府不当扶植企业导致税收流失严重。同时，也存在极少数税务人员进行权力寻租，导致税收流失，损害国家利益。

二、我国税收征管制度改革历程

我国税收征管制度的改革历程大体可以划分为以下三个阶段。

（一）计划经济时期的税收征管制度改革

新中国成立初期，我国社会主义税收理论研究开始起步，研究重点只落脚于国民经济恢复时期的税收政策和税制建设问题。以 1950 年国务院颁布的《全国税政实施要则》为标志，税收制度得到了统一，制定了 14 个税种。在税收征管方面，当时主要依靠人民群众，坚持走群众路线，采用“民主评议”“查账征收”“定期定额”等征收方式，分行业、分区域进行管理。在不同的流转环节实施不同的征管方式，如在生产环节实行的是“源泉控制”的征管方式，流通环节实行的是“随货查验”的征管方式，销售环节实行的是“控制发票”的征管方式，分配环节实行的是“严格监督”的征管方式，这些征管方式在当时有效地为国家进行社会主义改造提供了财力保障。在生产资料所有制社会主义改造的完成和国民经济的逐步恢复的背景下，我国的社会经济结构也随之发生了根本性变化，新中国成立初期的多种经济成分并存的经济结构逐渐转变为国营、集体经济占统治地位，少量个体经济为辅助的比较单一的社会经济结构。在这种背景下的税收征管也发生了变化，采取的是由基层税务机关直接指派税务人员，具体负责分管单位的一切征税事宜，实行“专管员固定管户”，“一员进厂，各税统管”的征收模式（杨斌，2006）。[①] 这种征管模式可以称为征管统一模式。这种“保姆式”的征管模式为社会主义改造的顺利完成在财力提供方面发挥了积极作用，但是对于提高纳税人的纳税意识没有起到积极作用，甚至导致税款征纳中的权利与义务关系发生扭曲，从而最终影响到征管效率的提高。到20世纪50年代中后期，受苏联“非税论”的影响，国有经济税收和社会主义税收的必要性被否定，税收的地位被削弱。

（二）改革开放至分税制改革前的税收征管制度改革

党的十一届三中全会以后，社会主义有计划的商品经济体制逐步确立，国家经济结构也发生了巨大变化，即由过去较为单一的公有制经济结构发展成为以公有制为主体、多种经济成分并存的经济格局，税收的地位逐渐恢复。国家在1983年和1984连续两年进行了利改税的改革，也就是两步利改税，改革了工商税制，税收收入“蛋糕”越做越大，在国家财政收入中所占的比重迅速提高。此时税收征管的重点工作也随之发生变化，由国营、集体经济为主，转变为多种经济成分并重。税收征管模式也从征管统一模式调整为征管分离的模式。从1983年和1984年的两步利改税开始，实行“征管与检查两分离”或“征、管、查三分离”的征管模式，使得税款征收和检查工作从专管员手中分离出来，从而形成税款征收、纳税管理、纳税检查相对分离的征管模式。与之相适应，省级以下的税务机关设置若干个税款征收、纳税管理和纳税检查处、科、室，分别形成征收、管理、检查等不同的系列。这种“两分离”或“三分离”征收模式的建立，有效地促进了税收征管工作向专业化分工的方向发展，在解决权力过分集中、防止以权谋私、严控偷逃税行为、提高税收征管水平等方面，发挥了非常积极的作用。以1986年4月国务院颁布的《中华人民共和国税收征收管理暂行条例》为标志，我国税收征管制度的统一化和法制化初步实现，税收征管制度开始单独立法。1992年9月七届全国人民代表大会常务

① 杨斌：《选择税收征管模式的原则》，《税务研究》2006年第3期。

委员会第二十七次会议通过的《中华人民共和国税收征收管理法》，是我国第一部调整税收征纳方面权利义务关系的法律，是税务机关税收征管的基本法，该法于1993年1月1日起施行。

(三) 分税制以来的税收征管制度改革

党的十四大以后，根据我国社会主义市场经济体制的目标模式要求，对原有的财政管理体制和税收管理体制进行了重大改革。1994年实行了分税制财政管理体制改革，与之相适应，税收征管机构设置也进行了改革，设立了国家税务局和地方税务局两套机构。同时，税制结构方面也进行了全面的大规模的改革，实行了新的税收制度。为了保证新的税收制度的顺利实施，提出建立“申报、代理、稽查”三位一体的税收征管模式，以适应分税制改革。这种模式在合理划分税收管理权限的基础上，确保中央收入，并明确中央与地方的收入级次，理顺分配关系，发挥税收宏观调控作用，有效保证税收的公平竞争。

在税收征收管理方面，国家税务总局在1996年确立了“30字”征收模式，即“以申报纳税和优化服务为基础，以计算机网络为依托，集中征收，重点稽查”。这“30字”的税收征管模式，建立了新型的税收征纳关系，强化了纳税人的主体地位，税收征收成本大幅降低，大大提高了税收征管的质量和效率，有效地促进了依法治税环境的形成。

但是，这种税收征收模式没有体现税源管理的重要性。在新的征收模式建立和实施过程中，各地出现了“疏于管理，淡化责任”的问题。于是，国家税务总局在2003年，对上述“30字”税收征管模式进行了补充完善，加了四个字：“强化管理”，强调突出管理的作用。即“以申报纳税和优化服务为基础，以计算机网络为依托，集中征收，重点稽查，强化管理”，即“34字”模式。到2009年，税收征管引进风险管理理念，开始注重数据的利用。这就是我国现行的税收征管模式。

随着计算机及其网络技术的发展和应用，为税收征收管理带来极大的方便与支撑，并赋予了新的内容。相应的税收征收管理体制，也随着征收管理模式的优化而不断创新和完善。目前，全国各地在“征”“管”“查”

大背景下，以优化服务为基础，以计算机网络为支撑，建立起了税收征收服务部门、管理部门（分局、所）和稽查部门，不同的部门在办理相关环节的业务上相对独立，但在工作中既相互协作又相互制约。在纳税申报及涉税事项处理方面，探索出了高效快捷的办税方式，比如：网上申报、邮寄申报、预约申报，以及通过银行网点办理纳税申报等；在税收征收管理方面，按经济区域或划片区来设置管理机构，有效地加强了对纳税户和税源的日常监控管理，对增强税务人员工作的责任心起到了积极作用；在税务检查方面，通过合理设置稽查机构并强化稽查力量，实施专业稽查和一级稽查，有效地发挥了稽查在整个税收工作中的重要作用。

我国税收征收管理经历了半个多世纪，特别是改革开放以来三十多年的改革与实践，已经初步建立起了一个与社会主义市场经济体制相适应、符合国际税收征管一般原则和做法、有较先进技术手段、走上了依法治税轨道的税收征管体系。但是随着经济全球化发展，给我国现行税收征管模式带来了一系列的挑战，突出表现在行政效率不高，纳税评估作用有限，“重点稽查”没有力度，税源信息难以准确掌握，对跨国、跨地区经营的大企业集团管理缺乏手段，税收征管质量和效率不高。尽管税务机关内部不断进行着一些修补式的改革，但解决不了根本问题，现行税收征管模式必须实施转型升级，才能获得新的发展。

第二节　我国税收征管法治建设存在的问题

一、依法治税有待加强

（一）重人治、轻法治

在我国税收实践中，税收行政机关使用不属于自身权限内的权力、滥用权力和处罚草率等的行为比比皆是。个人在行使权力时目无法纪，“人情税”“关系税”的情形屡见。例如：有的自行改变税收法律，改变税法明文规定的计税依据、税率、处罚标准；有的无法明晰权力的界限，行使不属于自身权限内的权力进行处罚；等等。总体来看，我国税收执法过程中，“人治”现象较为频繁。

（二）重实体法、轻程序法

目前，税务人员对税种的规定比较清楚，但对《中华人民共和国税收征收管理法》中规定的征纳双方的相关权利、应履行的义务的认识还有待提高，对所赋予的行政处罚权、税收保全权、税收强制执行权基本了解，但具体的执行程序却不甚清楚，在执法过程中经常出现违背程序法的现象。《行政处罚法》的实施进一步增加了税务人员的顾虑。许多税务行政干部在执法过程当中多有顾虑，担心引起行政诉讼和行政复议，但这样的执法行为难以体现税收法律的刚性。

（三）重主观臆断，轻执法程序

基层地区的税务行政人员普遍存在这样一个现象，即在每日正常的税务活动中不能严格按照税收执法程序而是更多地按照自身的经验和习惯来进行，视税务执法手续为无物，更有甚者，对于应当告知相对人的具体行政行为的依据和理由的，也不详细告知；按税法执行程序要求要撰写税务处理决定书的，却以方便或习惯这样的原因用税收检查报告或罚款缴款书来替代；对于某些相关资料，登记备查工作达不到要求，有的甚至连“先补税后罚款”；纳税人的一些行为违反了税务规章，依法应采取税收保全措施，却只是扣押保证金，这样的执法行为，严重损害了执法公正。

（四）税收计划管理有违税收法治精神

行政机关的职责往往具有多维度、多任务的特征，且不容易量化（Tiroe，1994）。[①] 税务机关也不例外，税务机关的任务不仅包括按照相关法律进行征税，而且要积极为纳税人提供服务，尽量提高纳税人的遵从度（杨得前，2006）。[②] 在这些任务中，有些任务容易测量，而有些任务不容易测量。对税务机关治理的核心是要解决上下级税务部门之间的问题，特

① Tiroe, Jean, “The International Organization of Government”, *Oxford Economic Paper*, 1994, 46: pp. 1-29.

② 杨得前等:《上下级税务机关间的交易成本与契约选择》,《税务与经济》2006年第3期。

别是纵向机关之间的信息不对称问题、监督问题与激励机制问题。上级税务机关必须在各种条件的约束下，选择一种交易成本较小的契约来激励下级税务机关努力工作。在现行条件下，上级税务机关考核下级税务机关的征管质量是个非常棘手的问题，主要难点在于高额的考核成本。因此，在考核成本较高的情形下，不进行考核或者减少这方面的考核成为上级税务机关的现实选择，而选择偷懒则是下级税务机关的现实选择，但这些行为将导致税款的征收缺乏有效保障。于是，我国对税务机关的治理采用了以税收计划为基础的模式，根本原因在于：(1) 测量税收计划的完成情况要比税务机关是否做到依法征税，应收尽收容易得多；(2) 税收计划契约是一种高激励契约，可以激励各级税务机关想尽一切办法来完成税收计划，以免在绩效考核中被一票否决。但这种契约极易导致税务机关的努力配置扭曲，将精力完全集中在可测度的任务上，而忽略了同等重要但不易测度的其他任务（Holmstrom et al.，1991；周黎安，2008）。[①] 这种扭曲至少带来了如下负面效应：(1) 税务机关配置在纳税服务上的努力明显不足；(2) 税务机关采取征收“过头税”“藏富于民”“藏富于企”等方式人为调节税收入库进度，这明显违背税收法治精神。

（五）税收征管质效评价方法有待进一步规范

在税收征管实践中，国家税务总局印发《税收征管质量考核办法》（国税发〔2003〕50 号），文件中提出的税务部门征管质量考核主要指标为：登记率、申报率、入库率、滞纳金加收率、欠税增减率及处罚率等，并将考核结果按照质量高低分为“优秀”“良好”“一般”和“较差”4 个等级。上述指标虽然可以较为直观地反映税务部门的征管质量及效率，但是由于我国各个区域税收征管情况存在显著差异，且指标的统计与评估有很强的主观性，因此需要进一步地规范和完善。

上述评价方法存在诸多问题，具体表现为：(1) 在考核指标设计方面，指标设计未能与时俱进，相关指标较为落后，难以全面、准确地反映税收

① Holmstrom, Bengt, Milgrom P., “Multi-task Principal Agent Analyses”, *Journal of Law, Economics and Organization*, No. 7, 1991. 张军、周黎安：《为增长而竞争》，格致出版社 2008 年版。

征管的实际情况。(2) 在义务和责任方面，存在混淆纳税人与税务机关人员义务的现象。如采用“申报率”来考核税务机关及其工作人员。事实上，“申报率”的情况应当主要由纳税人负责。(3) 在评价与监督方面，缺乏税务机关的自我评价，也缺乏社会大众和新闻媒体的广泛监督。(4) 在评价形式方面，征管质量评价的形式欠缺规范，在执行过程中反映出较大的随意性，从而直接影响着评价结果的公平公正（王文波，2014）。[①]

因此，为了客观评价税务部门征管工作的质量和效率以及纳税人对于税法的遵守程度，需要建立一个易操作、可量化的税收征管评价体系。此外，评价体系应包括纳税人税法遵从度及满意度、税收流失率和征纳成本等方面。

二、依法纳税有待强化、纳税意识有待提升

就缴纳税收本身来说，纳税义务的履行会导致纳税人可支配收入绝对额的减少，而这明显有悖于纳税人的利益最大化目标。征税会直接减少纳税人的经济利益，是对纳税人利益的直接社会占有，而这种占有不会因为税收制度的科学与公平发生实质性改变。直接就政府的层面看来，无论这种观点的正确性有多不合理，但是对于纳税人而言都是一种事实。这种心理在实际纳税行为中就表现为主动履行纳税义务的较少，更多的是被动履行纳税义务，而积极纳税的少，得过且过者、逃税者居多。出于机会主义心理的考虑，因为逃税的利益是确定的。然而因逃税造成的损失是不确定的，即补缴税款、接受罚款以及信誉下降的损失是不确定的。因而，如果其他因素确定，并且纳税人逃税而造成的非物质财富损失较小；在侥幸心理的影响下，就使得一部分纳税人特别是那些风险偏好高的纳税人趋于逃税。而从其意愿上来讲，他们就是趋于少缴税甚至是不缴税的。

我国对税收的定义一直是把税收和政权联系在一起的，将税收定义为是国家凭借政治权力，强制地、无偿地参与社会剩余产品的分配和再分

① 王文波：《构建现代化税收征管质量评价体系的思考》，《税收经济研究》2014 年第 2 期。

配。政府征税的根本目的一是为了满足政府实现其职能的财政需要，二是为了满足社会公共的需要。无论政府征税是基于取得财政收入的考虑，还是基于实现公平收入分配和调节宏观经济的目标，其最终都是政府为提供公共服务，弥补市场失灵而服务的。税收对政府来说是一种必要的收入，而对于纳税人来说则是一种必要的支出。从某种意义上说，政府和纳税人形成了一种相对较为稳定的关系，在维持稳定关系的基础上，征纳双方都在谋求自身利益的最大化。因而，纳税人为了自己的利益，理智的选择是依法纳税，而税务机关选择依法征税也是出于全体纳税人根本利益的考虑，因而依法纳税与依法征税是政府和纳税人的利益共同点，同时也是纳税人选择依法纳税的理论依据。虽然现实生活中的情况是，政府积极履行其各项经济与社会职能，而公民也乐于接受政府提供的各项公共产品与公共服务，但是因为对税收理论存在理解上的错位，导致了纳税人积极行使其税收权利与义务的意识缺失和政府在征税过程中对纳税人权利缺少应有的尊重。在我国的税收工作宣传中，一直着重强调的是纳税人的义务，重点宣传的是公民应如何及时正确缴纳税款以及不纳税或消极纳税应承担的不利后果等；相反，对纳税人所享有的权利及权力的行使宣传明显不足。这一方面使得我国纳税人对于行使这些应有的税收权利处于无意识状态，另一方面也因税务机关缺乏纳税人的监督而造成依法行政执行力度较弱，而这也进一步造成了纳税人权利与地位的缺失，不利于公民依法纳税意识的形成。

“取之于民、用之于民”是社会主义税收的本质追求，公民有义务依法纳税，但是同时又有知晓政府税款收入支出的权利，并能对政府的收支行为进行监督。政府有义务向纳税人报告税款收支情况并且科学合理地使用每一笔税款，这既是政府的职责，也是形成公民纳税意识的一种必要手段和工具。但是，目前我国财政预算不够公开透明，纳税人不容易知道自己缴纳的税款流向何处，也很难知道自己接受了政府提供的哪些公共产品与服务。因此，当纳税人未能明显感知从公共产品或公共服务中所获得的收益时，也就不能真正理解税收的本质，进而影响其纳税意识的提高。

三、纳税人权益保护有待规范

纳税人不仅是纳税义务人，同时也是纳税权利人，在税收征管中享有应有的权利。长久以来，我国过分注重纳税人义务，没有做好对纳税人的权利保护与救济。在税务机关与纳税人的关系中，纳税人一直处于不利地位，纳税人权利很容易因为立法缺陷与执法不当而遭到侵害。“无救济即无权利”，纳税人的损害只有通过有效的救济才能得到补偿，纳税人权利才能得到确保。与发达国家相比，我国目前的税收救济制度存在诸多不足，具体表现为以下几个方面。

（一）税务行政复议机关缺乏独立性

税务行政复议的目的在于科学判断行政行为的合理性与合法性，其应当遵守客观、公正的基本准则。处理税务行政争议的机关应该具有充分的独立性，即完全独立于双方当事人，裁判者不应为任何一方当事人。目前，我国处理税务行政复议的主体行政机关是作出具体行政行为的被申请人的上一级税务机关，也就是说税务行政复议当事方之一的税务机关和裁判具体税务行政行为的复议机关有上下级关系，在人事、经费等方面相互联系，从而很难确保公平与公正的复议裁决。

（二）日益复杂的专业涉税救济案件考验着各级法院法官的专业素养

目前，我国法院的法官多数从事于民事、刑事法庭，同时法官也以民商法、刑事法为其主要知识结构，缺乏对于税法的研究。虽然为了更好地处理日益增多的金融类与知识产权类的相关案件，近年来一些地方法院开设了金融庭和知识产权庭，注重培训法官的相关专业知识，可是对于涉税案件的重视程度仍然不足。目前，正从事审判工作的法官很少有人专门进行过税法的研究，导致具有税收专业知识的法官比较匮乏。

（三）税务司法救济中的行政“复议前置”程序与“清税前置”程序不利于纳税人权利的保护

根据规定，纳税人对征税行为有异议的，应当先向税务机关提出税务行政复议，并在对复议结果不满后才能寻求司法救济，即所谓“复议前置”程序；而在给予行政救济之前又要求纳税人清缴税款，即纳税人只有在按税务机关的决定解缴税款或提供纳税担保之后才能提出行政复议，即所谓“清税前置”程序。这套规则在经济效果上给纳税人行使救济权利带来了一定的成本负担，启动税收救济程序也就表示着纳税人需要先行缴纳税款从而带来一定的机会成本，这就意味着纳税人的税收救济利益需要大于解缴税款带来的损失，否则纳税人可能放弃救济而选择直接缴纳税款。“清税前置”程序在一定程度上将那些无法解缴税款和无法承受税收救济损失的纳税人拒之门外，剥夺了其应有的税务救济权利，造成了纳税人和税务机关在争议解决机制中地位的不平等。而“复议前置”程序更加深了这种不平等，这种要求首先进行纳税行政复议的程序，在一定程度上造成了税务机关在纳税争议解决机制中的垄断优势。为了保证自身利益的最大化，税务机关可能利用自己的垄断优势延长争议解决时间，从而增加了纳税人寻求税收救济的成本，使其放弃行使税收救济权利。

四、税收法治环境有待优化

（一）税收征管能力有待提升

1. 税收征管能力与税制改革不相适应

目前，我国深化税制改革的重要方向是逐步提高直接税比重，完善地方税体系。在目前的税收收入来源中，源于企业的税收占 90%以上，源于个人的不到 10%。税源监控体系、征收管理也主要是围绕企业纳税人建立的，随着税制改革的深入，税制结构中直接税的比重肯定会增加，自然人纳税的比重肯定会增加。在此背景下，如何对自然人的税源进行管理是一个现实问题。税收制度的设计受制于征管能力，理论上设计得再好的税制，如果没有现实的征管能力相配套，往往不会取得好的效果，我国多次的税制改革也说明了这一点。正如刘尚希所指出的那样，税收征管能力是国家治理能力的重要体现，如果税收征管能力不强，相关税收政策的目标就难以达到，税法、税制也难以得到贯彻实施，那么国家治理就会落空

（刘尚希，2016）。[①] 然而，我国的现行税收征管体制与税收治理现代化的目标还不相适应。例如，在税收征管的社会环境方面，广大民众对课税的法理性、税负程度等方面均有讨论，相关的质疑也越来越多；在税收征管的法治环境方面，尽管依法治国已经是我国的基本治国方略，但税收执法的独立性依然受到诸多挑战，地方政府及其他部门干预税收执法的现象时常发生；在税收征管的协作环境方面，各部门之间的综合治税还未取得实质性进展，信息获取与共享依然是第三方涉税信息建设的难点之一（王道树，2012）。[②]

2. 税务组织结构效率低

税务部门内部存在诸多问题，归纳起来，税务组织结构的主要问题包括以下两个方面：一方面，内部激励不足。我国目前的税务组织为垂直管理结构，具体表现为，“科层次”结构。这种税收管理机构的组织结构造成了一些不合理现象：一是文牍主义。税务部门通常采用发文件的形式进行税收事宜的上传下达，这不仅会浪费大量的资源，也会导致行政效率低下。二是本位主义（李光明，2004）。[③] 我国现行的税务组织机构是典型的“科层制”，而这种体制的一个主要特征就是职能部门众多、中间环节众多。在以“做好本部门工作”为指导思想的情形下，本位主义现象就难以避免，单位内部的内耗现象较为普遍。三是效率低下。“科层制”组织体制不仅造成本位主义，而且由于部门、环节众多，解决相关问题需要层层过滤，所耗费的时间是可想而知的，从而使得其效率十分低下。四是官僚主义。这主要与组织机构臃肿有关，部门多就容易助长官僚作风，管理人员技能单一、适应性差。另一方面，外部监督机制薄弱。自上而下的税务组织管理和自下而上的税务组织报告，形成了一个缺乏外部监督以及控制的封闭体系，主要表现为：税务人员自由裁量权的使用不透明、不规范，致使纳税人对于自己的裁量结果只知其然而不知其所以然；在救济机制方

① 刘尚希：《税收征管事关国家治理》，《中国财经报》2016 年 2 月 23 日。

② 王道树：《中国税收可持续增长问题研究》，《财贸经济》2012 年第 5 期。

③ 李光明：《创建现代税收征管体制的思考》，《学习与实践》2004 年第 7 期。

面，由于税务行政自由裁量权的不规范与不透明，使得税务系统的上级与下级机构之间存在垂直管理的关系，在法律规定不很透明的情况下，纳税人很难实现自由裁量权的行政救济和司法救济；税务系统内部，司法、人民代表大会、社会的外部监督体系都不太完善，从而对于税务行政自由裁量权的运用存在不足，导致税务行政绩效水平低下。

当前我国分设国税和地税两套独立平行的税务机构，自 2015 年国家颁布国地税合作规范以来，国地税积极发挥各自的优势，建立机制、整合资源，推动信息共享和征管合作，并取得了初步成效。但是在实际工作中，也还存在一定的问题。具体表现为：首先，表现为真诚合作意识不强。对国、地税合作的重要性和意义认识不足；工作量的不一致，也导致了心态不一，例如国税受托代征地税税款，导致工作量加大，从而产生排斥心理。其次，由于国、地税的工作流程和征管方式不一致，就需要对征管制度进行完善以符合合作工作的要求。再次，有些单位合作内容虚化，深度不够，重点不突出，合作重形式轻内容。最后，国地税合作缺乏统一的办税服务平台，由于双方管理体制和办税软件的差异性，双方很难做到信息融合，降低了合作的预期效果。

（二）税源管理机制亟待完善

我国有较为严重的税源管理问题，可以从以下几个层次来说明：

1. 职责划分不合理，管理理念落后

依据“重要少数”的原则，层级较高的税务机关在理论上有更多的资源和能力管理重点税源，因而重点税源管理应由较高层级的税务机关来完成。而目前我国税源管理绝大部分是由基层税务机关来完成的。当前许多地市级以上的税务机关是按税种设置工作机构的，这导致税务机关着重就企业各个单一税种分类管理分析，而分析各税种间的相互联系和影响的内容则显得不足，这种方法人为分割了管理对象，使得具有行业共性的税收风险变得更难发现。

2. 税源管理方法滞后，不能实现专业化管理

“划片管理、各税统管”的税收管理员制度是我国目前各地区比较普

遍的税源管理模式，尽管“淡化责任”的问题可以在一定程度上得到缓解，但是因为监督机制的缺失，管理上粗放和税源不清的情况仍然存在。

3. 资源配置不尽合理

大部分的管理员从事着占税收收入很少一部分的税源管理工作，而较小部分的税收管理员从事着重点税源的管理工作。再者，税务工作中日常管理问题过多，职责不明晰及职责交叉普遍存在；从事专业化管理的人员素质参差不齐。此外，第三方信息难以采集。多部门协作是国际实践中一种重要的税收信息共享方法。第三方信息包括工商、金融、房管等多个政府部门和供应商、客户、税务代理组织等社会个人与组织。一般各方基于自身利益的考虑，不太愿意主动提供信息，因而通过第三方获得的信息很难满足税源管理的需要。

（三）税制有待优化

当前的税制问题主要表现为以下几个方面：

1. 税收政策纷繁复杂，使得税收政策变得更难掌握

目前我国共有税种 17 个，每一税种都有与之相对应的税收实体法律和相关附加规定，再加上与税收实体法律相配套的各种税收政策，如管理、评估、稽查等一系列规定，导致整个税法体系显得十分复杂。再加上目前我国正处于经济发展的转换期，会经常更新一些税收规范性文件作为现有政策的优化与调整。这样快速的政策更新往往使得税收政策不能及时执行到位。

2. 政策表述的不确定使得政策执行效率下降

首先，语言表达不明晰。部分政策规定的表达模棱两可，用词缺乏严谨性，容易导致理解的差异性。其次，政策规定不够明确。这也给予了纳税人一定的税收筹划空间，而其后果将是国家税收的流失，并且有违税收公平主义原则；这也可能造成政策理解的差异化与执行的多样性，使得政策意愿与实际情况不一致。

3. 税收政策之间缺乏衔接，使得税法适用变得更加困难

目前我国税种纷繁复杂，各税收政策之间具有衔接不畅的问题。即对

同一事项可能有多个政策给予规定，且这些政策之间存在一定的差异性。这也加大了税法适用的不确定性，降低了税收征管效率。

第三节 税收征管国际经验借鉴及启示

一、税收征管的国际经验借鉴

（一）美国税收征管模式

与其政府机构相适应，美国税收征管模式实行的是联邦、州和地方三级政府课税制度，各级政府各自独立行使属于本级政府的税收立法权、征收权，是彻底的分税制国家，也是联邦与地方分权型国家（兰竹青，2013）。[①] 在美国，联邦、州和地方政府各自有自己的税收管理机构，分工明确，不存在上下级之间领导与被领导的关系。按照纳税人类型设置税务机构。1998 年 9 月，美国国会通过的《联邦税务重构与改革法案》，是美国有史以来最大规模的税务机构改革。对以前按照税收征管功能和税种类别设置税收征管业务组织机构的做法，进行了改革。美国国内收入局（IRS）根据纳税人的社会部门性质、经营规模和个人所得税来源方式等类别重组税收征管业务组织机构，以争取为相同类型的纳税人提供均等的服务，把收入局的绝大部分业务分配到了四大业务管理部门。其主要特征体现在以下方面：

第一，提供优质纳税服务。国家的征税理念在税务部门的税收征管工作中起着重要的作用。美国一直坚持“客户管理”的理念，同时也对纳税人的权益进行充分的保护。即在税收征管工作中把纳税人当作客户来看待，对于纳税人在税收法律关系中处于一种主动的状态。这种管理理念一直强调保护纳税人的合法权益，在普通征税部门之外设置专门机构为纳税人提供纳税服务，在建立完善的纳税服务制度、提供先进的纳税服务技术

---

① 兰竹青：《我国中央与地方政府税收划分问题研究》，博士学位论文，山西财经大学，2013 年。

的基础上，还要注重积极发挥包括社会中介机构在内的社会力量，建立科学有效的纳税服务考核评价机制，尽力在纳税服务和税收执法之间取得平衡。为了提高纳税人的纳税意识，应通过多种形式对纳税人进行引导。

第二，提升公民的纳税意识。为了让纳税人便利地掌握办税流程和税收政策，美国国内收入局通过多种渠道，给纳税人提供方便，他们会及时编制税收宣传资料，或编印成册，或制作成光盘，或在网站上公开等。为了提高纳税人的自觉纳税意识，让所有美国人从中学就开始学习、了解美国税收制度，并专门制定针对学生的宣传教育资料。

第三，保护纳税人的合法权益。美国国内收入局采取了多项措施以保护纳税人的合法权益：(1) 设立了快速调解程序，为纳税人快速协调解决纳税争议问题；(2) 设立了权利维护机构，为纳税人通过一般方式难以解决的问题提供解决的渠道；(3) 设立专门的上诉服务机构，负责处理上诉案件。通过这些措施，使纳税人可以通过上门、上网、电话或函件查询本人申报、税款和退税情况，获取相关涉税信息服务。此外，美国国内收入局还为纳税人提供五年以内提交的申报表的复印件和副本资料等有关纳税资料，以满足纳税人的需要（康延东，2008）。[①]

第四，按纳税人类型设置业务部门。美国国内收入局的机构组织结构如图 6-1 所示。美国国内收入局的主体部分是"纳税服务与执法部门"，按照纳税人的社会部门性质、经营规模和个人所得税来源方式等类别设置了四大业务部门：小型企业和自雇经营业主局、大型企业与国际局、免税组织与政府机构局、工资薪金和投资收益局，这四大业务部门几乎覆盖了美国所有的纳税人。在管理方面，这四大业务部门在美国各个地区都分别设有各自的地区办公室或者工作小组，管理所辖各类纳税人的诸多涉税事务，如纳税申报、税款缴纳等。此外，这四大业务部门实行机构、编制、人员及经费的垂直管理。

第五，注重信息化管理税源。美国加快信息化税收征管的步伐，建立

① 康延东：《信息化视角下税收综合征管能力问题研究》，博士学位论文，福建师范大学，2008 年。

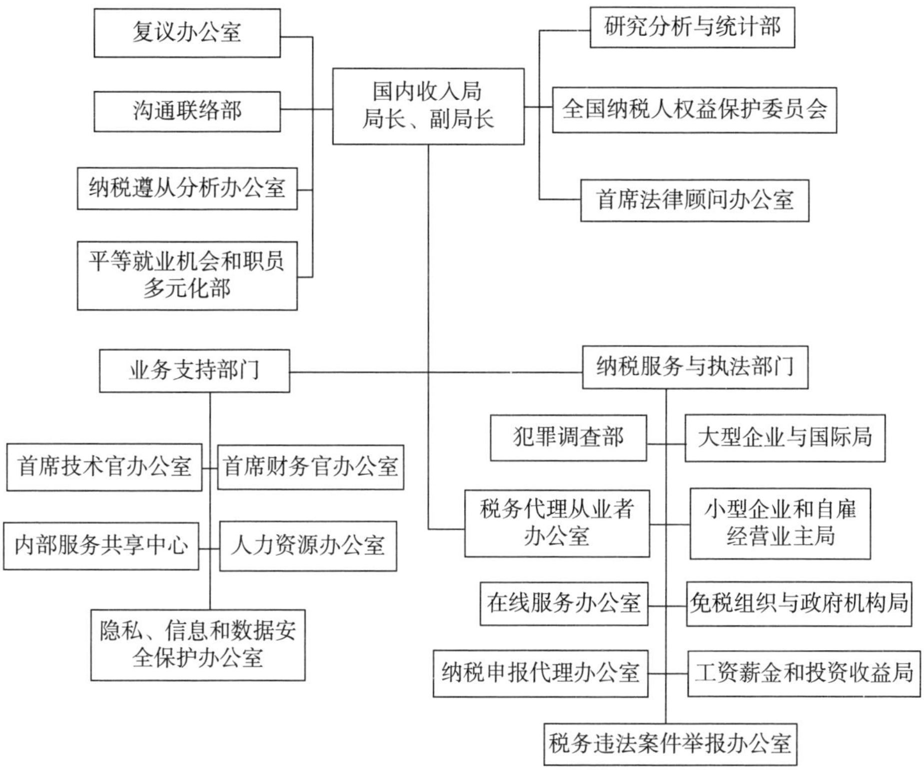

图 6-1　美国国内收入局组织结构图

独立而强大的税收管理信息系统，加快实现技术与业务的融合，利用数据开展纳税人税收遵从行为趋势的研究，美国建立了典型的信息密集型税务机构，有力地确保纳税人涉税信息的真实性。在税务信息化建设过程中，美国采用了先进的科学技术手段，对信息系统的执行效率进一步优化，降低了社会成本。此外，对税务信息化建设进行了科学性、合理性的规划。

第六，强化税务稽查。美国的税收征管实施专业化的审计，由于现代技术手段的不断成熟与便利，纳税人可以自行通过网络手段进行纳税申报，因此税务机关的工作主要为税务审计，据统计，进行此项工作的人员占税务部门全部员工的 50%以上。税务审计无形中对纳税人形成了威慑作用，进而使纳税人不得不自觉进行纳税申报。

此外，随着新公共管理运动在美国的兴起与不断发展，美国税务部门对于征管质量的评价也十分重视，形成了一套完善的税收征管评价理论和程序。美国联邦政府还专门组建了国家税务征管质效评估委员会，其目标是“提升效能、降低成本”，建立了包括投入、产出、成本、效率、能量、结果和生产力六大类指标的绩效评估体系指标（张清廉等，2009）；[①] 各州都根据本州自身的实际情况设置了不同的评估指标和标准；美国国内收入局将纳税人视为顾客，收入局的角色是一个以纳税人需求至上的私营企业。建立一套包括税收征管机构绩效评估、征管人员绩效评估、税务人员满意度评估、纳税人满意度评估、部门成果衡量等项目的绩效平衡评估系统，对国内收入局内部各级部门及税务人员进行评估。

（二）日本税收征管模式

税收征管机构设置。日本采用中央与地方相结合的税制结构。在日本，国会拥有包括税收立法权在内的所有立法权。中央、地方政府权利方面，中央政府拥有绝对的税收管理权，而地方政府仅仅拥有少量地方税的减免权和解释权。日本有国税、地税两个税务系统，并且彼此相互独立。国税系统的机构包括国税厅、国税局、税务署三级，实行垂直管理。这三级机构各有其责，国税厅的职责主要是制订税务工作计划、对税法做统一的解释，并对国税局、税务署的税务工作进行指导和监督；国税局则按经济区划进行设置，其内设机构与国税厅的机构相对应，受国税厅的指导和监督；税务署是国税征管最基层的机构，其内部又设置了多个部门，包括总务课、管理征收部门、法人课税部门、个人课税部门、资产课税部门等。

税收征管法律制度。在税收实践中，日本不断完善本国的税收法律制度，逐步形成现代化税收体系。首先，日本在宪法中确立了税收管理的法治原则，这是税收现代化建设中的重要环节。其次，形成了相对独立、健全规范的实体法律体系。《国税通则法》是日本税收管理的基本程序法，主要规定了日本国内税收管理的一般程序。日本的实体税法主要包括《国税

① 张清廉、于传岗、于长立：《我国地方财政支出绩效评价研究——以因子分析法为基础的分析》，《河南社会科学》2009 年第 6 期。

征收法》《国税违章取缔法》《法人税法》《继承税法》《物品税法》和《消费税法》等（吴林霖，2013）。[①]

设立专门的机构和法律程序保护纳税人的合法权益。日本为了能够使纳税人的合法权益得到充分的保护，更好地解决国家税务机关与纳税人之间的争议，专门设立了直接隶属于国税厅的裁判机构。日本还设立了十二个国税审判机构，来解决纳税人对于税务机关的行政行为不服的事件，国税审判机构具有很大的独立性，保证税收事件能够在一个公正的环境下处理。如果纳税人对税务机关更正纳税申报表的行为有异议，一般向税务署长提出，对于税务署长的处理结果仍不满意的可向国税审判机关提出审诉要求。而对于那些保持良好纳税记录的纳税人，即持有蓝色申报的纳税人可直接向国税审判机构提出审诉要求。这样清晰的法律程序从根本上解决了纳税人权益得不到保护的担忧，建立了一套相对完善的以维护纳税人权益为目标的税收服务的体系。

利用信息化手段提升公民的纳税意识。日本税务部门为了提升纳税人的纳税意识，广泛利用各种现代媒体，加强税收宣传和咨询。在日本，税收法规的宣传很受重视。日本将每年的 11 月 11—17 日定为“了解税收周”。随着媒体行业的发展，日本以网络、电视等媒体作为传播媒介，向纳税人发布最新的涉税信息，宣传并解读国家的税收政策。此外，日本税务部门主动从纳税人的角度出发，在提供优质的办税服务的同时，本着方便纳税人、服务纳税人的理念，日本在各级税务机关的设置上始终秉持高度集中、按需分布的原则，进一步提升了纳税人的纳税意识。

细化税收征管质量评价指标，提高税收征管质量。日本国税厅对于税收征管质量评估主要有四个方面，包括“业务实绩、业务能力、税务机关工作人员的性格以及其对于税收环境的适应程度”。然后对这四个方面进行细化的设置。其中，业务实绩方面包括税务机关工作人员在日常的工作中所体现出的工作效率和领导力，以及对纳税人员的态度；业务能力细分

① 吴林霖:《我国税收强制执行制度研究》，博士学位论文，西南大学，2013 年。

为几个不同性质的方面，有执行力、判断力、理解力等；税务机关人员的性格则从平时工作中体现的性格进行划分；对于环境的适应程度体现为在税务机关工作中角色定位的明确性等。同时，日本国税局在制定征管质量评估指标的过程中也积极与税务工作人员进行交流，共同协商确定考核指标，也通过媒体手段向社会公开考核评估报告，接受社会各界人士的监督与意见。

税务稽查职能分别由四个征管职能部门共同完成。调查部的主要职责是纠正纳税人的不实申报，一般会对较大规模的企业法人进行常规性调查；征收部主要负责对数额较大的滞纳税款进行调查；资料调查部的职责主要是对困难、复杂和未定性的案件进行调查；稽查部主要负责调查税额较大、影响较为严重的偷逃税案件。

（三）加拿大税收征管模式

税务机构设置。加拿大的税收征管由国家税务总局负责。国家税务总局机构庞大，隶属于财政部，其下设有关税司和税收司两个分支机构。其中，关税司主要负责对进出口商品征收关税以及本国的进出口事务；而税收司的主要工作是负责本国除关税以外所有的联邦税收事务。加拿大国家税务总局系统设置了三级不同的机构，即税务部、大区税务局和小区税务中心。第一级是税务部，由各职能部门组成，职责主要是掌握和处理包括推动相关计划和项目进展、制定相关政策以及协调各项工作等全局性的事务；第二级是大区税务局，主要负责税务额的实际工作；第三级是小区税务中心，主要工作是代替各省征收公司所得税，以及处理与联邦政府相关的税收事务工作。加拿大的三级税务机构相互之间权责分明、分工明确，形成了一个较为完善的税收征管系统。

税收征管科技化水平高。主要可以体现在以下几个方面：第一，纳税申报方面，申报方式注重信息化。在加拿大，纳税人可以通过直接申报、邮寄申报和电子申报三种方式进行纳税申报。对于大公司和个人而言，邮寄申报采取较多，发达的通信为邮寄申报提供了良好的基础；对于一些个人所得税的申报，更多的是采用一些许可软件进行电子申报。第二，报表审核以及数据处理方面。加拿大的税款征收、报表审核及涉税信息的处理实行信息化管理，这项工作主要由国内七个税务征收处理中心负责。在每年的纳税申报期内，各税收征管处理中心都会对那些因申报表填报错误而遭到计算机拒绝接受的数据转入人工处理。在经过对比纳税人所申报的个人所得税申报表、雇主所填制的雇员情况登记表及金融管理部门填制的投资申报表的基础上，对纳税人申报个人所得税的真假加以辨别。一旦发现问题，税务部门就会向纳税人发放税款审核通知单，纳税人就必须按照最新接收到的通知单来补缴税款和利息。

突出强调为纳税人服务。加拿大税务局的一个宗旨就是为纳税人提供服务，其职责定位是良好的沟通、高质量的服务和负责任的执行，创建良好的纳税环境。从某种程度上说，这项举措提高了国内纳税人的税收遵从度，有利于建立和谐的税收征纳关系。“公正、专业、尊重、合作”是加拿大税务局的工作理念。有资料表明，在2009—2010年度，加拿大税务局及时主动将99.7%的儿童福利金、家庭津贴等收益金给予纳税人，并及时办理99.2%的GST/HST退税申请（查弦，2013）。[①] 加拿大税务机构的这种强调并提倡为纳税人服务的做法，不但树立了一个优质的政府形象，而且给纳税人带来了便利，有利于提高纳税人的纳税意识，使纳税人诚信纳税，形成一种和谐的税收征纳关系。

强调税务审计以及行政复议便捷。在加拿大，税务部门中审计人员所占的比重很大。审计的重点对象是大公司，而对于营业额比较低的小公司以及自然人纳税人的审计则很少。

二、启示

（一）科学的税收立法，并进一步加强税法宣传，接受广大公民的监督

大多数西方发达国家的税收立法模式一般采用的是“宪法+税收基本法+单行税法”，《税收基本法》在税收法律体系中起主导作用。例如，日

① 查弦：《加拿大征管对我国的借鉴》，博士学位论文，西南财经大学，2013年。

本的《国税通则法》和德国的《租税通则》，都集中规定各类单行税法的一般规则。此外，西方发达国家在其税收立法中注重相关法律制度衔接配套，如美国、德国都以法律形式推行统一的纳税人识别号，规定有关经济部门必须提供纳税人的涉税信息，税务部门就可通过网络了解纳税人的涉税信息。同时，各级政府之间的税收政权划分也十分明确，保证地方政府在税收上拥有一定的自主权，激活地方政府的税收征管活力，使地方财政有更大的主动性。做好科学税收立法的同时需要辅之以更充分的税法宣传，在媒体中专门留出一个关于税收新闻的突出位置，最新的税收法律法规以及税收政策在媒体中及时公布，使公民能够及时了解税收信息，也使税务部门能够得到社会各界的意见，及时反馈，使税收法律法规以及相关税收政策得到更好的贯彻执行。此外，税务部门应该建立自己的专门网站，以便及时向社会公布信息，方便纳税人能够掌握、熟知相关税收情况，了解自己的税收缴纳情况，并接受社会各界的举报和监督。

（二）树立以纳税人为中心的服务理念，以法律的形式充分保护纳税人的合法权益

在许多发达国家的税收征管法律中，税务机关常被冠名为“Service”，称纳税人为“Client”，彰显出以服务为主的税收征纳理念。发达国家的税务部门都十分重视对纳税人的服务态度和服务质量，通过提供优质的服务可以收获三大好处：提高依法纳税率、降低税收征收成本、形成良好的征纳关系。树立纳税人是“Client”的服务行政理念，视其为合作双赢的合作伙伴，充分考虑并保障纳税人合法权益，通过优良服务和遵从管理，引导纳税人自觉遵从，提升纳税意识。我国的税务部门也应转变职能，进一步强化纳税服务，增强为纳税人服务的意识，做好纳税服务工作，将税收管理与纳税服务有机结合起来。发达国家都普遍重视以法律的形式来维护纳税人的合法权益，对于纳税人与税务机关的争议问题，美国设立了快速有效的调解程序和权利维护机构，日本则直接设立了独立性强的专门的裁判机关，对于那些纳税记录良好的纳税人甚至进行优惠对待，可直接向国税审判机构提出审诉要求。另外，美国专门设立了上诉服务机构，为纳税

人的税务审诉提供一个更加便利的平台，税务部门则保留了纳税人五年以内的纳税资料，可为纳税人提供更好的纳税信息服务，通过以法律为支撑和保护的纳税人合法权益得到了充分的保障。

（三）税务机构设置低成本化，通过细化税收征管质量评价指标等多种手段，提高税收征管质量与效率

发达国家税务机构设置较为精简，所处理的工作都与税务事务息息相关，不会浪费大量的人力物力财力去处理部门内部的行政管理或者与税务无关的社会活动，各个税务部门之间应该明确各自的职责，确定清晰的税务管理目标，提高税务工作人员的素质。同时，税务机构设置的原则是有利于提高税收和方便纳税人，征管效率税务机构上下级层次少，呈现扁平化的特点（伦玉君，2013）。[①] 虽然各个国家国情差异较大，税制改革的力度和时间也存在着显著差异，但整体看来，以最低的成本取得应征税款是各国税务机关的共同追求。许多发达国家通过重组和改革税务机构，成功地降低了税收成本、提高了工作效率、减少了内部摩擦、强化了税收管理的效果，使征纳双方的关系更为和谐。目前，西方发达国家对税务部门要求实行成本预算和核算，以严格控制支出，降低成本；对税务人员则注重激励，实行绩效工资和业绩奖励；对纳税人则强调服务理念，把纳税人满意度作为重要指标，建立纳税服务绩效评估体系；对税收征管工作进行全面评定，由单一地追求税收收入增长的征管目标发展到全方位地追求税收收入、执法公平、成本投入、服务质量、工作态度、征税能力和社会责任等方面（杨斌，2013）。[②] 西方国家的税收征管体制、模式不断改革，税收征管方法、手段的持续改进有效地提高了税收征收管理水平和纳税服务质量，极大地改善了征纳之间的关系。

（四）以现代信息技术作为保障和支撑

在“互联网+税收”时代，加快信息化过程无疑是现代税收征管模式

① 伦玉君：《外国税务组织机构改革初步研究》，《税收经济研究》2013年第6期。

② 杨斌：《永州市地方税务局税收征管绩效评估体系研究》，博士学位论文，湖南大学，2013年。

的重中之重。征管工作的方方面面，都明显地表现出了一个共同特征，即计算机和网络技术的广泛应用。一般地，税收信息化建设主要包含税收管理信息化、税收业务信息化以及税务支撑手段信息化三个方面。其中，税收管理的信息化是信息化建设中最为关键的部分，税收业务的信息化是信息化建设的重要组成部分，税务支撑手段的信息化是信息化建设的具体手段形式，三者是相互联系的。在全国，通过改善计算机网络硬件环境、开发适合业务需要的软件环境、整合全国税收业务，将使税收成本大幅下降、使税收征管的效率得到显著提高、促使税收服务水平得到明显改善，同时也保证了税收公平性得到最佳体现。任何事情的发展都离不开人，税务信息化建设的支撑层是高素质高能力的税务信息人才。必须要重视对各类信息人才的培养，增加信息人才的比重，形成信息人才的递增化现象。世界上诸多国家的税收征管工作和实践都已充分证明了信息化建设的重要性。

（五）推进税源科学化精细化管理

实践证明，对税源实行分级分类管理能有效地推进对税源的科学化和精细化管理。首先，对税源进行分级分类，在区分重点税源、一般税源和零散税源的基础上，根据差异化的税源设置管理机构，加强对重点税源的管理，对其他税源实行分类化及层次化管理，同时开发出以纳税信誉等级评定、纳税评估等方式的新的税源监控途径。如在美国，国内收入局专门设置了大企业管理机构，以负责全国范围内较大规模企业的公司所得税税收管理以及相关的涉税处理。不断完善评估指标体系，提高税务部门评估工作的效能，使税源管理趋于精细化。其次，在国内建立统一的纳税登记代码制度，并在全国范围内进行推广，使自然人、企业法人都拥有唯一的纳税登记代码，该代码的使用范围和管理要求有着明确的规定，并使该代码关联着企业、个人的生产经营活动、社会信用等情况，同时逐步完善国税系统与相关部门在信息上的共享制度，以建立税收管理信息网络，以便扩大监控税源视野，实现信息共享以及系统控制。其实，税务代码制度在国外非常普遍，发达国家基本上都建立了统一的纳税人登记号码，规定一个纳税人一生只能有一个税务代码，并用该代码办理一切涉税事宜，方便税务机关能交叉核对纳税人的各种信息，监督其照章纳税。例如，美国、法国、意大利等国家，他们的计算机系统都采用统一的代码对纳税人进行登记，并与社会保障号码挂钩或与社会保障号一致，如果没有税务代码就不能在银行开户，也无法享受社会保险，交易合同没有税务代码也无效。通过这些信息和档案，方便税务部门掌握全国税源的大致情况。

（六）分级分类稽查

在稽查方面，首先，建议以风险评估为导向，对稽查对象进行分级分类，依据稽查对象的不同来确定不同的检查频率、周期。如德国税务稽查，按照企业规模分类，其中小微企业随机抽样稽查，中型企业稽查周期为三年一次，而重点行业的大企业稽查周期一般为一年一次。在选定目标的基础上，对可疑点进行识别和评估，确定或评定案件的风险等级，根据风险等级来选择相应的人员配置和稽查方式，做到稽查资源的优化配置（见图 6-2）。其次，对稽查人员也应分级分类管理。以打造行业专家团队为目标，重视对稽查人员的行业岗位技能的培训、行业稽查经验的积累、信息化人才的培养。美国国内收入局研究并归纳了国民经济主要涉税行业的稽查培训手册，以供稽查人员参考使用，这种做法非常值得借鉴。再

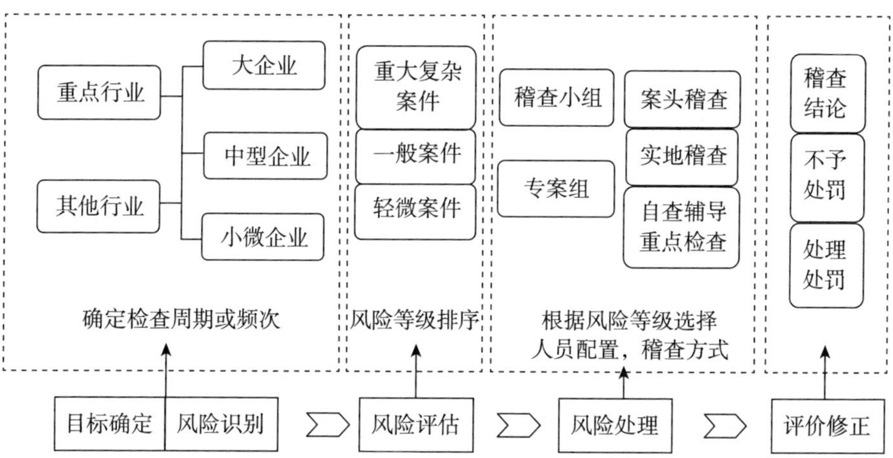

图 6-2　以风险管理为导向的税收稽查模式

次，分级分类稽查管理离不开信息化的支撑。实践证明，信息化是突破分级分类稽查的“瓶颈”的关键因素。无论是选案还是检查，都必须以先进的软件和信息技术为依托，强化内外部数据的深入分析应用，这是提高稽查质量和效果的最佳途径。最后，加强部门配合，发挥税收分析、税源监控、税务稽查、纳税评估的良性互动。

第四节 完善我国税收征管体制的政策建议

一、完善税收法律，优化税收管理与服务，有效强化依法治税

（一）深化税收法治理念，完善税收法律体系

1. 落实税收法定原则

税收法定原则表现为税收主体的相关权利与义务是由法律明确规定的，税收法律的各个组成部分与核心要素也必须是由法律明确规定的。换言之，征税主体所享有的权利与应当履行的义务都是由法律明确规定的，如果找不到法律依据，任何征税或减免税都是不允许的（张守文，2015）。[①] 为了进一步落实税收法定原则，需要从以下几个方面着手：首先，应当在宪法中规定税收法定的原则，并根据分税制财政管理体制的要求，明确不同层级的税收立法权，同时在宪法中充分强调纳税人权利保护的要求。其次，需要进一步明确税收立法权限，从以行政部门为主导的税收立法体制，向以人民代表大会为主导的税收立法体制转变，提高税收法律层级，落实税收法定原则，推进税收法治化进程。再次，要对税收执法行为进行全面严格的监督，严格规范执法是落实税收法定原则的重要保障。为了确保税务机关的严格规范执法，防止税务行政权力被滥用，需要运用税收执法行为检查，完善税务行政救济制度等方法工具，来引导税务机关规范执法。最后，需要对税收司法活动形成全面有效的监督。提高税收司法的公开透明度，真正实现税收司法的公平与效率。

① 张守文：《税制变迁与税收法治现代化》，《中国社会科学》2015 年第 2 期。

2. 完善税收实体法律

完善税收实体法律即要求我们在完善旧制度与创新新制度之间作出合理权衡。因此，健全我国税收实体法律制度可以选择两条路并行，一方面，健全与完善现有的税收实体法律；另一方面，根据需要制定新的税收法律。就完善现有法律而言，最紧迫的便是完善增值税法律制度，做好全面完成“营改增”后的制度完善问题，做好相关衔接工作。其次便是加快房地产税的立法，完善个人所得税制度和消费税制度。就制定新法律而言，要加快《环境保护税法》实施细则的出台，尽快将遗产税和赠与税的立法项目提上议事日程，尽快将社会保障缴费改为征收社会保障税。同时，税收立法过程中，要充分尊重税制结构与税收征管相协调的原则，使得税制设计要与税务机关的税务管理能力相适应。

3. 完善税收征管法

一个科学的税收制度体系需要一个完善健全的税收法律制度，这首先表现为需要一部贯穿税收工作全过程的基础性法规，即税收基本法或税法通则。但是由于种种原因，我国一直没有完成税收基本法的立法。税收征管法作为我国税法体系中的税收程序法，明确了税收征纳过程中纳税人与税务机关的权利与义务问题，发挥了类似于税收基本法的作用。因此在税收征管法的完善中，需要将其作为具有基本法功能的税收程序法来看待，在修改中进一步加入一些具有税收基本法性质的内容。具体包括税法的基本原则、纳税义务变动、纳税人权利等。其次，需要将税收征管法从管理型、技术型法规向服务型、权利型法规转变。目前的税收征管法更强调对纳税人的管理、管制与对征管技术的依赖，忽视了对纳税人权利的考量（刘剑文，2014）。[①] 不过，作为规范纳税人与税务机关的权利义务关系的实收程序性法规，不应该只注重对税务机关授权而不限权，而更应强调税务机关规范行使权力，通过程序规范来实现职权规范。

---

① 刘剑文：《税收征管制度的一般经验与中国问题——兼论〈税收征收管理法〉的修改》，《行政法学研究》2014 年第 1 期。

（二）正确认识与利用税收计划管理，推动依法治税的深入进行

税收计划管理模式与依法治税存在一定程度的不兼容，在实际工作中政府对税收计划的完成情况的过度考核已经在一定程度上阻碍了依法治税目标的实现，税务机关的税收计划管理方式已难以满足新情况的要求。因而，要推动依法治税的不断发展，需要在思想观念转变和制度机制优化等各个方面着力。

（1）各级政府与税务机关要逐步确立依法治税的思想，不能盲目追求税收收入的增加，逐步创造条件减少对税收计划管理模式的依赖。税收工作中的法治观念要在各级政府和税务机关中逐步增强，征税活动要遵循经济发展的内在规律和税源变动的客观情况，根据实际情况编制本级预算，避免以税收收入高增长作为目标和以税收计划完成情况作一票否决，避免税收计划层层加码与征收“过头税”现象的发生，避免税收计划对日常税收征管工作的干预，从而更好地实现依法治税。

（2）税务机关要始终以组织收入作为工作准则，以日常税收征收实践促进依法治税的推进。在实际工作中，要做到依法征税，不征收“过头税”，另外，也要应收尽收。另外，要做好税收政策教育宣传工作，促进各方依法治税的意识。

（3）逐步改进与健全税收工作考核方法，使得考核重点向征管质量的考核转变，摒弃以税收计划完成情况作为考核的标准。

（4）优化税收计划管理工作方法，逐步完善税收预测。税务机关要改变观念，以实际情况测算税收的计划数和影响收入增减变动的主要因素，上下联动、互相配合，共同做好测算税收计划的工作。

（5）做好税收数据分析。以收入管理理念为依据，遵循从经济到税收的工作思路，找到一个做好税收分析工作的长效机制。

（三）构建税收征管质量评价体系，提升税收征管质量

要构建一个高效率的税收征管质量评价体系，首先，需要切实定位好税收征管工作，明确税务机构的发展目标并以此为依据，设计一个涵盖全面指标、重点明确、客观科学实际的征管质量评价指标体系。在以市场经

济这一大环境为条件的基础之上，我国税收征管工作的价值定位应当是更高效地提供公共品，切实处理好税务机关与纳税人之间的关系，提高税法遵从度，在经济发展大目标下做好税收保障。其主要的工作目的应该是满足整个社会公民的需求以及税务机关管理“纳税遵从行为”的能力上。因此，为构建一个能够满足我国不断复杂化的税收征收管理制度的征管质量评价体系，需要从以下几个方面为基础进行设计：

1. 将考核变为评价

考核指的是过去的行为与既定的标准对比评分，一般与利益挂钩，考核结果相对刚性。而评价则着重于对目标的整体性判断，是将计算、观察、分析整合在一起的复合分析过程。评价一般不会设计一个固定的标准，并且有些被评价的事物可能也并不能被量化，而且可以相对更综合与弹性地去利用结果。

2. 完整地去评价税收征管

在实际评价中，可将税收遵从度、纳税人满意度、税收流失率以及征纳成本等指标作为一个有机协调的整体纳入税收征管质量评价体系中。税收遵从度与纳税人满意度相辅相成、相互补充、相互促进，税务机关税收征管质量的内在和外在两个方面都能够得到体现，税收征管的客观实际效果则可以由税收流失率来得以表现，征纳成本是征纳双方在纳税过程中的无谓损失，这四个类别分别从不同方面对税收征管进行分析，是税务机关改进税收征管工作的一个科学客观的标尺。

3. 税收征管绩效评价的关键应是效能及流程规范

税务行政机关的工作效率和质量、制度与体制的革新，都是建立新的征管模式过程中需要面对的问题。要对征管过程中的核心部分与业务以及征收管理效率与工作流程进行评价，与同级税务机关的各项指标进行比较评估，作为横向比较；以当年结果与以前年度结果进行比较，作为纵向比较；对税务行政机关的，同时对税收征管能力进行全面的周期性检查，这能为税收征管质量与效率的持续改进提供一个科学客观的参照值，也能够为税务行政机关提高工作效率以及缩减工作流程。

4. 构建一个简化评价工作的多样化评价方式

对于如何准确测算税法遵从度，需要以科学性为前提，设计一套关于税法遵从度衡量指标体系；可以对广大群众问卷调查、网络征集、对相关人员进行座谈调研以及委托相关第三方机构等方法，收集纳税人满意度的调查数据；对于税收流失率的测算，采用多种不同测算方式；运用抽样统计的方法对纳税过程中的人财物消耗进行核算，收集比较客观的税收征纳成本数据。

（四）转变纳税服务理念，促进税收治理现代化

1. 实现从“管理”到“治理”的理念转变

党的十八届三中全会将财政确定为国家治理的基础和重要支柱，因此，税收治理现代化是实现国家治理体系与治理能力的现代化的重要节点。治理不同于管理，治理包含了管理的内涵，同时，治理还是一个包括善治、法治与共治的集合体。治理本身更强调政府、社会、群众之间的动态合作与互动，强调法治、透明、责任、效率与回应（张雷宝，2015）。[①] 治理运用在税收征管过程中，则突出表现在征纳双方平等的互动关系，而过去的征纳关系中，总是将纳税人作为被管理的对象，将纳税人推定为有纳税不遵从的倾向。因此，在新的治理观念下，应在税收征管中表现出税务机关与纳税人之间对等的关系，将纳税人作为“服务”的对象，而不是“管理”的对象，充分尊重纳税人的权利，更新服务理念，从而形成一个善治、法治与共治的税收征管新格局。

2. 以信息化推动纳税服务现代化

纳税服务信息化建设需要不断优化与完善现有税收业务，推进税收信息化建设是税收征管建设的重要前提。实施信息化建设中，同时考虑效率与实用原则，推动纳税服务信息化建设工作实现从“被动响应”到“主动应对”的跨越。对于信息化建设规划，要注重税收信息化的顶层设计工作，打破各地信息化建设各自为政的状况。另外，在应用信息化数据时，建立健全税务机关与其他涉税机构之间的信息共享机制，促进税务机关与

① 张雷宝：《税收治理现代化：从现实到实现》，《税务研究》2015 年第 10 期。

其他涉税机构之间的信息交流与资源共享，同时运用信息交互系统与摆渡机制，努力推动涉税信息共享。

3. 充分利用各种服务资源、积极推进现代化

纳税人需求的多样性与层次性决定了在对纳税人提供纳税服务时，必须根据纳税人需求分类满足、区别对待。首先，建立以办税服务厅为主的基础平台。其次，优化整合现有的“12366”纳税服务热线服务，构建在全国范围内统一规范的电话咨询系统，为纳税人提供最新、最权威的各类涉税信息的能力提供保障。再次，构建网上办税为主的信息平台。税务机关应将网上办税平台尽可能建立成为一个和实际办税厅功能相同的服务平台，纳税申报、发票认证等具体业务应当实现在线办理，并且还可以将税收政策法规宣传、投诉举报等功能包括在内。在软件开发过程中，应注重内外部软件的整合和系统的维护，以保证系统的稳定可靠。最后，加快构建以社会服务为主的特色平台。税务中介机构服务是涉税社会服务的主要内容，所以，优化提升税务中介服务是提升社会服务的重点。

4. 建立现代化纳税服务监督评价机制

为实现纳税服务工作持续高效推进，需要构建各方共同参与的监督评价机制。有效的监督可以真实反映税务机关的纳税服务质量，进而帮助税务机关及时改进纳税服务。高效科学的纳税服务考核指标在将定性和定量相结合时将各个事项分类整合纳入考核，从质量和数量两个方面明确标准要求，从而建立一套科学、易施行的纳税服务考评指标体系。同时，要注重社会监督对促进纳税服务水平的不可替代作用。同时，要加强对税务工作人员的奖惩，从而增强税务工作人员的参与度与责任感。

二、提升公民纳税意识，促进依法纳税

（一）做好税收宣传工作，提高公民税收意识

完善税收征管工作，不仅要严格执行相关税收法律法规，对纳税人的违法行为采取强制措施；还应对公民进行积极正确的引导，进一步加强税法的宣传教育，促使纳税人形成良好的纳税道德。在进行纳税宣传教育

时，应注重对公民进行税收法律法规的宣传工作。此外，还应充分发挥媒体的社会传播作用，对税收的基本法律和概念进行宣传，认真解读国家有关部门新出台的税收政策。提高公民税收意识是一个长期的过程，需要包括税务部门、社会媒体、专业学者在内的全社会共同努力。

（二）增加纳税人违法成本，严格税收处罚制度

首先，完善税收征管制度中的惩罚机制，增加纳税人违法的经济成本。应从法律方面对税收的惩罚细则进行相关修改和调整，加大对偷、逃、抗税的处罚力度；应解决目前普遍存在的处罚数量模糊、处罚标准较低、相关处罚的弹性较大的问题，同时还应规范税务部门的执法行为，加大执法力度；应严格压缩、控制税务部门存在的以补代罚、以罚代刑的行政行为，切实消除税务部门在处理税收违法行为中的“人治”成分。其次，推行纳税人信誉等级制度，增加纳税人违法的社会成本。例如，如果纳税人有违反税收法律法规的行为，应记入其社会征信系统，使违法纳税人不仅付出经济代价，也降低其社会信用。最后，提高税收检查工作的效率和质量。当前，我国税务机关的税收检查工作较为混乱，一些低质量的税收检查损害了税收检查的权威和威慑力，进一步滋生纳税人的违法行为。在税收检查中，发现纳税人的违法行为，应进行严厉惩治。此外，税务部门应减少实地检查的次数，对于涉嫌违反税务规章的纳税人，加重处罚力度。将税收检查工作做好，将会对纳税人产生极大的威慑力。

（三）提高税务工作人员素质，增强税收服务意识

首先，应提高税务机关工作人员整体素质。税务机关代表国家行使向纳税人征税的权力，应依法征税、依法行政，积极进行廉政建设，做到应征尽征；还应提高征税行为的透明度，严格遵守法律法规。坚持公平原则，坚决杜绝以权谋私，损害国家利益的不公平现象；坚决打击腐败，对违反税收法律法规的税收工作人员进行严厉惩罚。其次，税务机关还应积极建立良好的服务体系，为纳税人提供优质的税收服务。税务机关应改进工作作风，提高服务意识；对纳税人的税收咨询等，要耐心解答。做好本职工作，为纳税人提供税收政策和纳税政策咨询的服务。通过税务部门的

以诚征税、以诚管理，为纳税人的诚信纳税营造良好的社会氛围，推进税收征管工作的进步。

（四）推进政府预算公开化，促进税收支出透明化

政府作出预算草案后应向社会公布，并对草案内容及细节问题通过媒体向社会公布。此外，还应建立预算听证制度，使公众有机会对预算草案发表意见；还应广泛征集社会各界的意见，并采纳可行意见对预算草案进行修改。预算通过审批后应向社会公布，接受社会对预算执行情况的监督。应促使决策制度民主化，确立纳税人的主人翁地位；增加税收支出透明度，定期传递支出信息给纳税人。政府可以通过以上方式来增加纳税人纳税意愿。

三、完善税务救济制度，保护纳税人权利

（一）增强复议机关的独立性

改变目前由上级税务机关统一进行税务行政复议的局面，增加异地复议制度或者独立第三方复议制度。因为上下级税务机关在业务与人事等各方面之间的联系十分密切，这种关系会给复议活动的公正性带来很大的负面影响。裙带关系在各行各业中均存在十分重大的影响，而裙带关系在人员流动性不大、稳定性很强的行政机关中则显得更加广泛。因为各种利益连带关系与人情往来的交织影响，在大部分的税务行政复议裁决中，上级行政机关基本不会给出下级税务机关行政行为不恰当的裁定，除非其违法性、不适当性或不合理性十分显著。地方税务局系统为省级以下垂直管理，其税务行政复议裁决的作出很容易遭到地方行政机关的干涉。由于税务行政行为的特殊性与专业性，其行为介于合法与非法、合理与不合理之间的“范围”很广，非专业人士很难对其合理性与合法性准确快速地进行判断，对同一个纳税争议作出的两种不同但又均为合法具体裁决，对纳税人来说很可能造成完全不同的影响。为此，要保证税务行政复议的公开公正，需要提高税务行政复议机构的独立性。所谓异地复议，也就是将争议案件提交到外省的税务机关进行处理，从而免使复议案件受到地方行政机

关的影响。所谓第三方复议，也就是邀请第三方独立机构，比如税务协会或税务师事务所等机构的人员，对税务行政复议案件进行客观、公平的复议。

（二）在已有的普通法院体系中设置税务法庭，将税务法庭建设成为各级人民法院的专业法庭

以现有的人民法院体系为依托，根据经济社会发展实际情况设置专业税务法庭，这不仅更符合我国的司法实践的具体情况，也是为了能更好发挥法院专业审判人员的作用，从而实现依法治税、更好维护纳税人权利、促进纳税人税收救济权的目标。

（三）取消"清税前置"规则与"复议前置"规则

首先，取消"清税前置"规则。为了避免纳税人假借税收救济程序来实现拖延缴纳税款的目的，税务机关在纳税人提出行政复议或行政诉讼之后，其所作出的征税决定仍可按照《行政复议法》或《行政诉讼法》中的不停止执行原则进行处理，税务机关可对纳税人采取强制征收，确保国家税收利益的实现。其次，取消"复议前置"规则，实现纳税争议解决模式的自由选择。在发生纳税争议时，纳税人可以根据自己的利益在税收行政复议与税收行政诉讼之间选择，扭转税务机关对纳税争议解决机制的垄断优势。

四、完善税收征管模式，健全税制，优化税收法治环境

（一）适应税制改革目标，实现税收征管机制的转换

为与现代化的税制体系改革方向与目标相适应，我国现行税收征管体制也必须向现代化的税收征管体制转换。就基本的转换方向而言，主要体现为：其一，过去的税收征管体制主要适用于以增值税为代表的间接税制，而现代化税制要求提高直接税比重，因此，税收征管体制要向适应间接税与直接税双重税种的机制进行转换；其二，税收征管机制要由以企业法人为主的纳税人向以法人和自然人为主的纳税人转换，税收征管机制的建立要同时兼顾法人企业和自然人；其三，适应现代税收的征管机制要由主征交易环节税收，即现金流税，向主征持有环节，即流量税与存量税进

行转换（高培勇，2015）。[①]

面向自然人的征管体系建设与第三方涉税信息报告是以上三个转变工作中的重难点。前者是税收征管中由来已久的“软肋”，需要直面这一现实问题，根据直接纳税人的特点及其对税收征管的要求，需要我们对现有的税收征管机制进行转换，具体而言，要求我们在法律框架、制度设计、人才队伍等方面均进行真正意义上的转换。而后者的建设是为了提高工作效率，而效率的提高有赖于信息的获取与共享，从各个方面规范各个涉税主体的行为，从而形成企业法人与自然人之间均衡发展的局面，促进税收征管的依法有序进行。

（二）优化税务组织结构

针对我国税务组织结构存在的问题，需要从以下两个方面优化我国的税务组织结构：

1. 建设扁平化与垂直管理并行的税务组织

当前，纵向的结构层次过多、过杂是我国税务组织中面临的一个主要问题，因此，对相关组织机构进行扁平化成为主要方向（王德平，2009）。[②] 那么，理想的扁平化税务组织模式是什么样的呢？根据国外经验与中国的实际情况，本书认为，我国可以尝试构建起三级直线管理的组织模式，即将全国的税务组织机构整合为国家税务局、省级税务局、县级（区）税务局，从而实现“省级机构实体化、县级机构一体化”的目标，进而从整体上改变由于税务组织机构层级问题而导致的税收征管低效问题。

2. 继续深化国地税联合办税

在当前各方面都很不成熟的状况下，国地税可以根据自身特点，在健全制度、丰富内容、搭建平台三个方面做好国地税合作的协调与合作（韩青，2013）。[③] 首先，没有完善的协作制度作为保证，就难免在合作过程中

① 高培勇：《中国近期税制改革动向与趋势》，《国际税收》2015 年第 1 期。

② 王德平：《深化税务机构改革的思考》，《税务研究》2009 年第 1 期。

③ 韩青：《我国税收征管模式改革的思路》，《税务研究》2013 年第 9 期。

遇到合作需求与对方工作计划相矛盾的情况。因此，双方要根据各自的工作情况，对双方合作的内容与方法认真讨论，对合作的层面与手段进行协商，联合制定有关制度和办法。其次，需要提升联合办税层次，联合管理纳税登记、联合管理个体纳税户税款、联合开展企业所得税管理、联合进行纳税检查与纳税评估。最后，需要完善税收信息共享体系，努力实现国地税网络互联互通，制定统一的国地税信息化管理方案，统一双方的管理平台和征管软件。

（三）优化税源管理工作

为了优化税源管理，提升税收征管效率，需要做好以下几个方面：

1. 根据专业化的要求重新设置机构

在办税服务厅的基础上设立综合征收服务平台。由于税款征收是税收征管环节最容易规范与考核的，可以交于第三方（如银行等）进行专业化的管理。根据扁平化的发展要求，不再按行政区划设置税源管理机构，撤销根据地域设置的基层分局，或将其转化为税源管理的机构，同时加大专业人才的培训与培养。

2. 将风险管理渗透于税源管理过程中

有管理就存在风险，税收风险存在于税源管理的全过程。这就需要以风险管理为指向进行税源管理的制度设计与实际管理流程。

3. 将专业化的纳税评估、税务审计和税务稽查相结合

提高纳税评估、税务审计与稽查的独立性，真正发挥其作用，同时需要提高纳税评估、税务审计与稽查的技术水平，保证质量，实现专业化的纳税评估、税务审计与稽查和税源管理相结合。

4. 强化信息管税的作用

强化涉税信息的收集与深度挖掘，强化数据的应用与质量管理，做好数据管理与分析工作，为税源专业化管理提供强有力保障。

5. 完善重点税源管理，推进税收管理社会化

由于税务部门管理资源有限，对所有纳税人的所有生产经营活动实现全面的税源监控管理是不现实的。所以，在税源管理上应分清轻重缓急，

注重效率，积极建立重点税源管理制度（马克和等，2010）。[①] 在税收管理方面，税务部门若要防止税源流失、税款漏征，应加强与工商管理部门、公安部门的协调与合作；在纳税申报和税款入库阶段，要积极与金融、海关等部门配合，保证税款足额入库；在税收稽查环节，要与审计部门、公检法部门积极配合，检查税收违法行为并进行严厉惩处。社会公民也应强化纳税意识，积极举报偷逃税行为，避免国家财政收入的损失；积极与社会各部门配合，完善税收征管工作。

（四）优化现有税制

首先，简化现有税收制度。过于复杂的税制结构，也会使税收征管变得更加复杂，这不但会额外增加纳税人的纳税成本，也会增加税务机关的征收成本，不符合税收征管的经济效率原则。因而，建立一个繁简适中、方便征管的税制就很有必要。其次，简并部分税收政策。为了使税务机关和纳税人更加全面准确地了解与执行税收政策，可以参考出口退税的一些做法，根据税种进行归类，对已有税收政策分类归并。这能帮助初步接触政策的人员对整个政策体系有个比较全面的了解。根据实际情况制定政策，以使相关政策得到有效执行。首先，政策宽严性要适中。政策设计既不能太宽松也不能太严，要恰到好处。过高的政策标准，也会增大与之相伴的责任风险，可能发生税务人员畏惧执法而使得政策不能得到很好的贯彻。但过低的标准可能导致税务人员自由裁量权的滥用。其次，要广泛搜集各方意见，让社会公众广泛参与到税收立法工作中，提高税收立法的科学性与民主性。最后，完善上通下达人员交流机制。建立健全上下级税务机关工作人员之间的合理流动机制，让制定政策的人员下到基层接触基层工作，以便政策制定能够更加贴近实际，从而提高政策执行效率。

---

① 马克和、侯伟、汪俊秀：《推进税源管理专业化的前提与基本模式》，《税务研究》2010年第10期。

结 论

依法治税是依法治国对税收工作的基本要求，是衡量税收质量的基本标准，是依法治国的重要组成部分。因此，适应新形势要求，加快税收制度建设，就成为本书的研究目标。本书以“法治中国建设”为背景，以“完善税收法制”“完善分层治理”为突破口，以实现税收中性、税收法治、税收公平、税负稳定为出发点，着力厘清现代国家治理下依法治税税制体系的内涵与外延、本质、特征，税制结构优化与现代治理国家体系和依法治税的逻辑关系，分税制税收管理体制与依法治税的逻辑关系，税收法治、税收征管与现代治理国家体系的逻辑关系等，并得出了一些重要结论：

一、现代国家治理建设要求实现国家治理的法治化

国家治理结构包含核心价值体系、权威决策体系、行政执行体系、经济发展体系、社会保障体系、政治互动机制等，因此，国家治理能力及其提升，必然体现在上述六个方面的能力。法治与国家治理息息相关，推进国家治理现代化，必然要求推进国家治理的法治化。

“限制国家权力、保障公民权利”是法治的核心，税收法治是法治原则在税收领域的集中表现和具体运用。由于法治与现代税收的契合性，决定了税收法治建设在法治建设中所具有的基础性地位和作用。征纳双方是税收法治建设的主体，建立和谐的税收征纳关系是税收法治建设得以顺利推进的保证。

二、税收法治是适应经济发展新常态的迫切需要

我国经济发展已进入新常态，经济增长进入换挡期，税收治理呈现出

的“税收增速总体放缓、税源结构发生深刻变化”等新阶段特征，对依法管理和纳税服务提出了新的要求。面对经济发展新常态，更需要坚持用法治思维和法治方式调整税收关系、规范税收秩序、化解税收矛盾，为应对经济发展新常态提供坚实的税收法治保障。

通过落实税收法定原则，推进税收制度改革和税收法律体系完善，提升税法层级和效力，加快建立与国家治理体系和治理能力现代化相匹配的科学完备的税收法律制度体系；科学界定政府（国家）与市场之间、中央与地方之间、不同层级政府之间、税收征纳之间等的税收经济利益关系，着重处理好优化税制结构、完善分税制体制、完善地方税体系、完善税收征管体制等方面的问题。

三、税制结构包含宏观、中观、微观三个层次的税制结构

税制结构是指一国税制中各税类（税系）、税种和税制要素之间相互配合、相互协调的构成体系和布局。它包括三个层次的内容：一是税类（税系）结构。属于宏观层次的税制结构。它是指一国税制内部的不同税类（税系）的构成。二是税种结构。属于中观层次的税制结构。它指的是各税类（税系）内部的税种搭配。三是税制要素结构。属于微观层次的税制结构。它是指每个税种的所有税制要素的组合搭配。上述三个不同层次的税制结构互为一体，构成完整的税制体系。

四、一国税制结构模式要随着经济社会发展和税收征管等因素的变化而适时调整

税制结构模式是国家根据具体情况，选择合适的主体税种，将不同性质的税种进行搭配，构成主体税种明确、辅助税种各具特色，各税种互相配合、功能互补的税制体系。一国的税制结构模式并非固定不变，需要随着经济社会发展和税收征管等因素的变化而进行适当的调整。不同税制结构模式的判断主要根据主体税种的不同及各主体税种之间的比重差异进行。

五、我国以流转税和所得税为双主体的税制结构模式需要进一步优化

我国税制结构运行基本正常，主体税种功能突出，辅助税种符合客观需要，形成了以流转税和所得税为双主体的税制结构模式。然而，现行的税制结构仍存在不少问题，突出表现在流转税比重仍然有些偏高、税种结构和税制要素结构设置不合理、资源环境类税制不健全、费改税进程缓慢等。本书运用 VAR 模型的广义脉冲响应函数法和 Eviews 进行模型估计发现，我国税收制度整体上对收入分配具有负面影响，不利于缩小收入分配差距，税收制度还存在着不合理性。因此，适当地降低间接税比重，增加直接税比重，调整我国税制结构，有利于经济的稳健增长。

六、在大力推进法治中国建设的背景下，加快税制结构优化的步伐

税制结构优化应坚持“顶层设计”，保证财政收入，稳定税负，提高税收效率，注重税收公平，与国际上税制结构变化趋势相适应等原则。按照“完善、合并、开征和取消”的思路，构建我国中长期的税制结构体系，即建立流转税和所得税功能主导、财产税系重要补充、辅助税种功能特定的并重双主体税制结构体系。

其中流转税系的优化按照税收中性的要求，建立高效的增值税制度，提高经济效率；调整消费税制度，增强其调控作用。所得税系的优化按照促进公平和稳定经济的要求，建立公平与高效的所得税制度，并逐步提高所得税比重，充分发挥所得税在经济“内在稳定器”和调节收入分配方面的作用。财产税系的优化按照促进公平和完善地方税体系的要求，建立公平与高效的财产税制度，并逐步提高财产税比重，充分发挥财产税在促进地方经济发展和调节社会财富分配方面的作用。

七、分税制实施的前提和基础是财政法制健全，实行以法治财、依法理财

分税制是指在中央和地方政府之间以及地方各级政府之间，明确各层级政府间财政收支范围和权限的一种分级财政管理体制，它通过对税种和税收权限在中央地方政府间的明确划分来确定中央和地方政府的收入分配关系。分税制实施的前提和基础是财政法制健全，实行以法治财、依法理财。分税制的法治化要求将国家财权置于宪法、法律之下，实现对国家财权的有效制约。

法治背景下的分税制，是各级政府财权分配的规范载体，各级主体必须拥有相对平等的对话权，才有可能建立规范的利益分配与诉求通道。目前，我国在处理中央和地方关系机制方面存在不平等现象，中央政府占据主动权，而地方政府难以利用制度化的渠道来对中央的决策施加影响，处于被动博弈状态。

八、我国分税制的完善要坚持法制化的原则

我国分税制的完善必须坚持法制化的原则，首先，在借鉴发达国家成熟经验的基础上，继续坚持以我国国情为前提，集权与分权相平衡原则，使中央与地方责权清晰，构建法治化的政府间分配关系，以法律形式规范政府行为、明确政府间财权与事权划分、规范政府间税收分配关系；其次，要构建法制化的税收体系，将税收立法权回归人民代表大会，合理划分央地税收收益权，严格执法；最后，还要构建法制化预算监督体系，加强人民代表大会、财政部门和社会的监督。

九、地方税的法治化建设以财税体制改革和法治国家建设的进程为依托

地方税体系是我国税制体系的重要组成部分，作为地方政府财政收入的主要来源，在保证地方公共产品和公共服务的供给上发挥着关键作用，

地方税的法治化建设是以财税体制改革和法治国家建设的进程为依托的。经过二十多年的建设，我国地方税收法治建设取得了一定成效，初步建立了适应市场经济发展的税法框架，但税收立法体制仍不尽合理，“重人治、轻法治，重实体法、轻程序法，重税收任务、轻征管秩序”等现象普遍存在；税收司法保障体系建设薄弱，税收强制执行和保全措施刚性不强。

十、我国地方税法制化的建设宜分阶段、动态地进行

我国地方税法治化建设目标应为：立法权、停征权归中央，地方政府的税权集中于省级政府，赋予地方一定的调整权和解释权。在税收划分上近期先确立大共享税的分税制模式，形成共享税为主、地方税为辅的多元化地方财力格局。随着地方税的培育和发展成熟，逐步降低地方税收收入中共享税比重、扩大地方主体税种收入比重，最终形成“地方税和共享税比重大体相当”的模式。

同时，分阶段、动态地确定地方主体税种。按照中央、省、县三级财政的思路，首先需解决省一级的地方税主体税种问题，其次再考虑县级财政的地方税主体税种的选择，而非一次性将各级财政的主体税种全部确定完。其中省级地方主体税种着力改造消费税，县市地方主体税种着力打造保有环节房地产税。

十一、我国税收征管建设离法制化要求还有较大差距

目前，我国税收征管法制建设方面还存在不少问题：一是依法治税有待加强。二是依法纳税有待强化、纳税意识有待提升。现实中对税收理论存在理解上的错位，导致了纳税人行使其税收权利与义务的意识缺失和政府在征税过程中对纳税人权利缺少应有的尊重。三是纳税人权益保护有待规范。税务行政复议机关缺乏独立性，税务司法救济中的行政“复议前置”程序与“清税前置”程序不利于纳税人权利的保护。四是税收法制环境有待优化。现行税收征管体制与税收治理现代化的目标还不相适应，税务组织结构效率低，税源管理方法滞后，不能实现专业化管理。

十二、实现税收征管法制化建设需要多管齐下

在借鉴其他国家经验的基础上，实现我国税收征管法制化建设应做到：一是应深化税收法治理念。完善税收法律体系，正确认识与利用税收计划管理，优化税收管理与服务，推动依法治税的深入进行。二是提升公民纳税意识、促进依法纳税。做好税收宣传工作，提高公民税收意识，增加纳税人违法成本，严格税收处罚制度。三是完善税务救济制度。通过增强复议机关的独立性，取消“清税前置”规则与“复议前置”规则，在普通法院体系中设置税务法庭等来保护纳税人的权利。四是完善税收征管模式，优化税收法治环境。主动适应税制改革目标，实现税收征管机制的转换，税收征管体制应当由主征间接税向主征间接税与直接税双重税种转换，税收征管机制要由以企业法人为主的纳税人向以法人和自然人为主的纳税人转换，税收征管机制要由主征现金流税向主征流量税与存量税转换。通过优化税务组织结构和税源管理工作等来优化税收法治环境。

参考文献

[1] 蔡昌、黄海霞、于洋:《增值税、营业税一体化改革的税制设计框架》,《财会学习》2011 年第 8 期。

[2] 陈金钊:《法治与改革的关系及改革顶层设计》,《法学》2014 年第 8 期。

[3] 陈隆:《国家治理体系和能力现代化框架下税收征管“新常态”的构建》,《税收经济研究》2015 年第 2 期。

[4] 重庆市地方税务局课题组:《税源专业化管理改革下推行分级分类稽查管理探析》,《税收经济研究》2013 年第 3 期。

[5] 代蓉:《我国政府间财政转移支付法律制度研究》,硕士学位论文,湖南大学,2012 年。

[6] 邓远军:《德国税制概况与借鉴》,《扬州大学税务学院学报》2002 年第 4 期。

[7] 董禹含:《国家审计署发布审计公告:97 亿元财政专项资金长期闲置》,《北京日报》2016 年 5 月 18 日。

[8] 高培勇:《世界主要国家财税体制:比较与借鉴》,中国财政经济出版社 2010 年版。

[9] 高培勇:《中国近期税制改革动向与趋势》,《国际税收》2015 年第 1 期。

[10] 葛玉御、李昕凝、樊丽明:《巴西税制结构特点及启示》,《中央财经大学学报》2014 年第 7 期。

[11] 国家税务总局:《金税工程增值税征管信息系统》,《中国科技奖

励》2008 年第 10 期。

[12] 韩青:《我国税收征管模式改革的思路》,《税务研究》2013 年第 9 期。

[13] 贺海涛:《论税制与征管的协调》,《财政研究》1999 年第 5 期。

[14] 洪银兴、尚长发:《公共财政学》, 南京大学出版社 2013 年版。

[15] 黄桂祥:《转型时期税收征管模式特征分析》,《税务研究》2015 年第 6 期。

[16] 贾康:《怎样看待"税收任务"?》, 2001 年 7 月 23 日, 见 http://www.people.com.cn/GB/jinji/36/20010723/517839.html。

[17] 景丽:《发达国家税制结构特点及成因分析: 法美比较的视角》, 硕士学位论文, 山东大学, 2014 年。

[18] 康延东:《信息化视角下税收综合征管能力问题研究》, 博士学位论文, 福建师范大学, 2008 年。

[19] 寇铁军:《政府间事权财权划分的法律安排——英美日德的经验及其对我国的启示》,《法商研究》2006 年第 5 期。

[20] 兰竹青:《我国中央与地方政府税收划分问题研究》, 博士学位论文, 山西财经大学, 2013 年。

[21] 李海、张达芬:《分税制国际经验介评——以英、法、德、美四国分税制为例》,《税务研究》2014 年第 11 期。

[22] 李建英、钮佳佳、周欢欢:《纳税服务体系现代化研究》,《经济与管理评论》2015 年第 3 期。

[23] 李光明:《创建现代税收征管体制的思考》,《学习与实践》2004 年第 7 期。

[24] 李万甫、牛军栋:《关于健全我国税法体系的若干思考》,《税收经济研究》2014 年第 4 期。

[25] 李维社:《税收征管组织优化问题探讨》,《税务研究》2012 年第 4 期。

[26] 李忠:《我国税收负担对经济增长的影响研究》, 博士学位论文,

西南大学，2012 年。

[27] 林跃勤等:《金砖国家经济社会发展报告（2011）》，社会科学文献出版社 2011 年版。

[28] 刘华:《税制结构与收入不平等：基于世界银行 WDI 数据的分析》,《中国软科学》2012 年第 7 期。

[29] 刘海庆、高凌江:《我国税制结构、税负水平与经济增长的关系研究——基于全国 30 个省级单位面板数据的 PVAR 分析》,《财经理论与实践》2011 年第 32 期。

[30] 刘剑文:《纳税人权利保护：机遇与挑战》,《涉外税务》2010 年第 5 期。

[31] 刘剑文:《财税法治的破局与立势——一种以关系平衡为核心的治国之路》,《清华法学》2013 年第 5 期。

[32] 刘剑文:《税收立法权回归人大路径分析》,《华夏时报》2013 年 3 月 18 日。

[33] 刘剑文:《强国之道——财税法治的破与立》，社会科学文献出版社 2013 年版。

[34] 刘剑文:《税收征管制度的一般经验与中国问题——兼论〈税收征收管理法〉的修改》,《行政法学研究》2014 年第 1 期。

[35] 刘剑文、陈立诚:《迈向税收治理现代化——〈税收征收管理法修订草案（征求意见稿）〉之评议》,《中共中央党校学报》2015 年第 4 期。

[36] 刘琳、孙磊:《日本转移支付制度概述及其经验借鉴》,《商业研究》2012 年第 3 期。

[37] 刘明勋:《美国社会保障税探析》,《涉外税务》2009 年第 9 期。

[38] 刘尚希:《税收征管事关国家治理》,《中国财经报》2016 年 2 月 23 日。

[39] 刘怡:《间接税负担对收入分配的影响分析》,《经济研究》2004 年第 5 期。

[40] 刘佐:《中国直接税与间接税比重变化趋势研究》,《财贸经济》2010 年第 7 期。

[41] 刘佐:《中国现行地方税制存在的主要问题和改革设想》,《地方财政研究》2008 年第 7 期。

[42] 伦玉君:《外国税务组织机构改革初步研究》,《税收经济研究》2013 年第 6 期。

[43] 伦玉君:《完善我国税制结构的探讨》,《税务研究》2014 年第 6 期。

[44] 伦玉君、邓巍巍、李珺:《当前国地税合作中存在的问题及政策建议》,《税收经济研究》2015 年第 6 期。

[45] 骆祖春:《美国税制改革历程、动因及未来发展趋势》,《涉外税务》2006 年第 11 期。

[46] 解学智、张志勇:《世界税制现状与趋势》, 中国税务出版社 2014 年版。

[47] 马国强:《税制结构基础理论研究》,《税务研究》2015 年第 1 期。

[48] 马海涛:《政府间事权与财力、财权划分的研究》,《理论视野》2009 年第 10 期。

[49] 马克和、侯伟、汪俊秀:《推进税源管理专业化的前提与基本模式》,《税务研究》2010 年第 10 期。

[50] 迈克尔 · 莱斯诺夫:《社会契约论》, 刘训练等译, 江苏人民出版社 2010 年版。

[51] 毛东庆、刘源:《我国税收管理制度变迁评述》,《地方财政研究》2008 年第 8 期。

[52] 樊欢欢、李嫣怡、陈胜可:《Eviews 统计分析与应用》, 机械工业出版社 2011 年版。

[53] 樊丽明、葛玉御、李昕凝:《金砖四国税制结构变迁比较结构》,《税务研究》2014 年第 1 期。

[54] 樊丽明、李昕凝:《世界各国税制结构变化趋向及思考》,《税务

研究》2015年第1期。

[55] 饶立新:《绿色税收理论与应用框架研究——基于“人与自然和谐相处”观的税收理论、分析与应用》,中国税务出版社2006年版。

[56] 饶立新:《纳税服务的内涵与外延——兼谈服务与管理的区别》,《税务研究》2016年第2期。

[57] 沈立晨:《实现税收征管质量再提高的途径》,《税务与经济》2007年第1期。

[58] 沈寿文:《论我国“分税制”的宪法性质》,《时代法学》2012年第2期。

[59] 苏明吾:《制度变迁中地方政府经济行为分析》,《经济经纬》2002年第2期。

[60] 宋兴义:《中日现代税制结构比较研究》,《日本问题研究》2010年第3期。

[61] 孙开、沈昱池:《大数据——构建现代税收征管体系的推进器》,《税务研究》2015年第1期。

[62] 陶长琪:《计量经济学教程》,复旦大学出版社2015年版。

[63] 汤贡亮、刘爽:《税收基本法研究回顾与展望》,《税务研究》2008年第1期。

[64] 王道树:《中国税收可持续增长问题研究》,《财贸经济》2012年第5期。

[65] 王德平:《深化税务机构改革的思考》,《税务研究》2009年第1期。

[66] 王德祥、李建军:《我国税收征管效率及其影响因素——基于随机前沿分析(SFA)技术的实证研究》,《数量经济技术经济研究》2009年第4期。

[67] 王萌:《试析资源税与环境税的关系》,《财会月刊》2010年第36期。

[68] 王乔、汪柱旺:《我国现行税制结构影响居民收入分配差距的实

证分析》,《当代财经》2008 年第 2 期。

[69] 王乔、席卫群:《比较税制》, 复旦大学出版社 2013 年版。

[70] 王乔、席卫群:《现代国家治理体系下的地方税体系构建》, 经济科学出版社 2015 年版。

[71] 王明明、康忠贵:《进一步完善我国税收征管模式的研究》,《税务研究》2010 年第 1 期。

[72] 王亭喜:《美国个人所得税制优化研究》, 博士学位论文, 吉林大学, 2014 年。

[73] 王文波:《构建现代化税收征管质量评价体系的思考》,《税收经济研究》2014 年第 2 期。

[74] 王文华:《中央与地方政府财政关系的博弈行为分析》,《社会科学研究》1999 年第 2 期。

[75] 王小卓:《法国政府收入分配的财税调控目标——社会公平》,《涉外税务》2005 年第 10 期。

[76] 王秀芝:《税收能力提升的必由之路: 税收征管现代化建设》,《中国人民大学学报》2015 年第 6 期。

[77] 王雪绒:《建立现代化税收征管体系的制约因素》,《税务研究》2015 年第 2 期。

[78] 汪虎生:《我国税源管理方法的国际借鉴》,《中国外资》2013 年第 1 期。

[79] 汪建国:《深化地方税收征管改革的若干建议》,《税务研究》2013 年第 9 期。

[80] 吴林霖:《我国税收强制执行制度研究》, 博士学位论文, 西南大学, 2013 年。

[81] 武辉:《当前税收征管制度及解决策略分析》,《财政研究》2009 年第 9 期。

[82] 武亚军:《绿化中国税制若干理论与实证问题探讨》,《经济科学》2005 年第 1 期。

[83] 肖遥、韩立群、卞民德:《政策聚焦:“一票否决”请别滥用》,2011 年 9 月 21 日,见 http://politics.people.com.cn/GB/15711070.html。

[84] 徐立新、牛其林:《税源专业化管理的实践与思考》,《涉外税务》2013 年第 1 期。

[85] 许树华:《中国财政分权改革的经济学分析》,博士学位论文,云南大学,2015 年。

[86] 熊文钊:《大国地方——中央与地方关系法治化研究》,中国政法大学出版社 2012 年版。

[87] 杨斌:《选择税收征管模式的原则》,《税务研究》2006 年第 3 期。

[88] 杨斌:《永州市地方税务局税收征管绩效评估体系研究》,博士学位论文,湖南大学,2013 年。

[89] 杨得前、严广乐、李红:《上下级税务机关间的交易成本与契约选择》,《税务与经济》2006 年第 3 期。

[90] 杨得前:《我国税收征管效率的动态评价:1997—2007——基于 Malmquist 指数的分析方法》,《当代财经》2010 年第 8 期。

[91] 杨得前:《中国税收增长方式转变的时空特征分析》,《税务研究》2012 年第 11 期。

[92] 杨得前:《中国公民纳税意识变迁及其成因分析:1999—2005》,《财经理论与实践》2012 年第 4 期。

[93] 杨得前:《税制特征与税收遵从:一个经验分析》,《华东经济管理》2012 年第 1 期。

[94] 杨文杰、张楠:《完善我国税源管理的对策探讨》,《经济研究参考》2013 年第 46 期。

[95] 杨志强:《依法治税是做好税收工作的根本保障》,《中国税务》2015 年第 1 期。

[96] 姚键、王周飞、陈爱明:《基于大数据背景的税收风险管理》,《税务研究》2015 年第 11 期。

[97] 杨杨、杜剑、束磊:《我国间接税与收入分配公平关系的实证分

析》,《税务研究》2015 年第 5 期。

[98] 杨志勇:《政府间财政关系该如何调整》,《东方早报》2013 年 4 月 16 日。

[99] 余然:《我国中央与地方政府间权力配置欠缺及其法治完善》,《法制与社会》2015 年第 6 期。

[100] 袁庆明:《新制度经济学》,复旦大学出版社 2012 年版。

[101] 张雷宝:《税收治理现代化:从现实到实现》,《税务研究》2015 年第 10 期。

[102] 张贵:《论税收制度与税收征管的协调》,《内蒙古财经大学学报》2004 年第 2 期。

[103] 张景华、彭骥鸣:《税收风险管理关键绩效指标评价体系的构建及应用》,《财经理论研究》2013 年第 4 期。

[104] 张清廉、于传岗、于长立:《我国地方财政支出绩效评价研究——以因子分析法为基础的分析》,《河南社会科学》2009 年第 6 期。

[105] 张守文:《税制变迁与税收法治现代化》,《中国社会科学》2015 年第 2 期。

[106] 张炜:《对我国税收征管改革问题的思考》,《财政研究》2011 年第 9 期。

[107] 张义军、王艳红:《税制效率与征管效率不协同的原因及对策》,《税务研究》2014 年第 9 期。

[108] 赵德勇:《政府权力法治化的三个维度》,《马克思主义与现实》2014 年第 6 期。

[109] 赵春晓、付敏杰:《国际宏观税负演进趋势与中国的合理区间》,《地方财政研究》2014 年第 7 期。

[110] 赵芳春:《完善我国税收法治的制度安排》,《税务研究》2010 年第 6 期。

[111] 赵志耘、杨朝峰:《经济增长与税收负担,税制结构关系的脉冲响应分析》,《财经问题研究》2010 年第 1 期。

[112] 郑毅:《法制背景下的对口援疆——以府际关系为视角》,《甘肃政法学院学报》2010 年第 5 期。

[113] 周虹、谢波峰、谷昱璇:《从发达国家税收征管经验看我国税收征管机制的改革》,《税务研究》2006 年第 6 期。

[114] 周克清、毛锐:《税制结构对收入分配的影响机制研究》,《税务研究》2014 年第 3 期。

[115] 周克清:《税收制度的分类与税制结构的比较》,《税收经济研究》2012 年第 4 期。

[116] 周权:《坚持问题导向深化税收征管改革》,《中国税务报》2015 年 2 月 4 日。

[117] 朱志刚、高梦莹:《论直接税与间接税的合理搭配》,《税务研究》2013 年第 6 期。

[118] 祝洪溪、国风、靖树春:《推进纳税服务现代化的策略》,《税务研究》2015 年第 5 期。

[119] Ashworth, J. and B. Heyndels, "Political Fragmentation and the Evolution of National Tax Structures in the OECD", *International Tax and Public Finance*, No. 4, 2011.

[120] Directorate, P. F. G. and T. P. Directorate, "The French Tax System", *Tax Policy Directorate*, 2011.

[121] Rostenkowski D. D., "Tax Sharing and the Constitutional Convention", *DePaul Law Review*, No. 17, 1967.

[122] Stiglitz J. E. "Incentives, Risk and Information: Notes towards a theory of Hierarchy", *The Bell Journal of Economics*, Vol. 6, No. 2, 1975.

[123] Tiroe, Jean, "The International Organization of Government", *Oxford Economic Paper*, No. 46, 1994.

[124] Zhang X., "Fiscal Decentralization and Political Centralization in China: Implications for Growth and Inequality", *Journal of Comparative Economics*, No. 4, 2006.

后 记

本书是在江西财经大学王乔教授2014年主持的国家社科基金重点项目《法治中国背景下的税收制度建设研究》(14AZD087)的基础上修改而成的。

随着改革开放的不断推进，我国经济与社会发展取得了举世瞩目的成绩，国家治理在法治的轨道上逐步走向正轨，中国特色社会主义法治体系在逐步建立与完善。目前来看，我国现行的法律制度基本体系已经构建，但在法律执行、实施等方面还存在诸多问题，完整的法治社会意识还未完全建立起来。为了推进现代化进程，党的十八届四中全会对“依法治国”作出了全面的重要部署，而我国当前的税收制度现状也反映了对依法治国的内在需求。成熟的政府财政体制，是政府弥补市场失灵、发挥财政职能的基本保障。从分税制改革至今的财政发展历程可以看出，当前的税收体制存在着税制结构与经济发展不匹配、税收法律体系不够完善、税收执法和税收立法有待进一步完善、中央与地方权责不清晰、地方主体税种缺失、税收征管无法适应现代化的需求等，这对我国社会主义市场经济建设造成较大阻碍。政府作为提供公共产品的主体，建立合理规范的税制体系是推动我国财政体制科学化、法治化，深化分税制改革的重要表现，也是从建立社会主义市场经济制度框架迈向公共财政的重要一步。

基于此，本书以“法治中国建设”为背景，以“完善税收法制”“完善分层治理”为突破口，以实现税收中性、税收法治、税收公平、税负稳定为出发点，沿着“法治中国的内涵与税制体系的逻辑关系—优化税制结构—建立规范的分税制税收管理体制，厘清中央和地方财权、事权与支出责任关系—重构规范的地方税体系—健全税收征管法制建设”的技术路径展开研究。在着力厘清现代国家治理下依法治税税制体系的内涵与外延、本质、特征，税制结构优化与现代治理国家体系和依法治税的逻辑关系，分税制税收管理体制与依法治税的逻辑关系，税收法治、税收征管与现代治理国家体系的逻辑关系等的基础上，就税制结构的优化、分税制的建设、地方税的完善、税收征管体制的重建等方面进行了论述。

本书在研究的过程中得到很多同仁的大力支持和帮助。感谢中国税务杂志社副总编王迎春、西南财经大学财税学院院长刘蓉教授、江西财经大学校学术委员会主任胡援成教授、江西财经大学科研处处长匡小平教授等对本书的肯定，这些专家在课题开题过程中所提出的宝贵意见极大地帮助了本书的研究和完善；再次，对参与这项研究工作并付出辛勤努力的各位老师致以由衷的谢意，尤其是张仲芳教授、伍红教授、汪柱旺教授、杨得前教授、周全林教授、伍云峰副教授、舒成副教授、王丽娟副教授、黄思明博士、徐建斌博士等付出了大量的劳动，全程参与了本书的研究和撰写工作，群策群力保证了项目的圆满完成！最后，还要感谢人民出版社的吴炤东编辑为本书出版所付出的努力，使报告得以成书。当然，本书仅是对我国法治中国背景下的税收制度建设研究进行了初步的探讨，今后还需随着国家治理现代化建设和政策的变化进一步追踪调查研究，还望读者多提宝贵意见，帮助我们提高研究水平。在此，一并致以谢意！

作　者

2017 年 5 月